Das Leben ist hart geworden im 21. Jahrhundert. Trotz allen Wohlstands fühlen sich die meisten Menschen ständig unter Druck. Und das Monster der Leistungsspirale lauert nicht nur im Arbeitsalltag, sondern auch im Beziehungsleben. Nun kann man den Anforderungen der modernen Welt nicht so einfach entfliehen. Wie gut wäre es also, so etwas wie Hornhaut auf der Seele zu haben! Eine Lebenseinstellung, die den Blick freudig nach vorn lenkt. Eine Haltung, die auf Gelassenheit und Selbstsicherheit beruht.
Es gibt Menschen, die all diese Eigenschaften haben. »Resilienz« nennen Psychologen ihre geheimnisvolle Kraft. Christina Berndt schildert, welch ungeheure Stärke manchen Menschen mitgegeben ist, und beschreibt, was Neurobiologen, Genetiker und Psychologen über die Entstehung dieser Widerstandskraft herausgefunden haben. All jenen, die diese Stärke mitunter vermissen lassen, gibt sie aber auch praktische Hilfestellung. Denn obwohl die Fundamente der Resilienz schon in frühester Kindheit gelegt werden, so lassen sie sich doch auch später noch aushärten, falls man die richtigen Strategien kennt.

Christina Berndt studierte Biochemie und promovierte in Heidelberg. Als Wissenschaftsjournalistin berichtete sie für den *Spiegel*, die *Deutsche Presseagentur*, den *Süddeutschen Rundfunk* und die *Süddeutsche Zeitung*, wo sie seit 2000 als Redakteurin arbeitet. Sie deckte den Organspendeskandal auf und erhielt dafür den renommierten Wächterpreis. 2013 war sie für den Henri-Nannen-Preis in der Kategorie Investigation nominiert und wurde unter die Top 3 der Wissenschaftsjournalisten des Jahres 2013 gewählt.

Christina Berndt

RESILIENZ

Das Geheimnis der psychischen Widerstandskraft

*Was uns stark macht gegen Stress,
Depressionen und Burn-out*

dtv

Ausführliche Informationen über
unsere Autoren und Bücher
www.dtv.de

Von Christina Berndt außerdem bei dtv erschienen:
Zufriedenheit (auch als eBook erhältlich)
www.dtv.de/dtvdigital

Ungekürzte Ausgabe 2015
7. Auflage 2018
dtv Verlagsgesellschaft mbH & Co. KG, München
© 2013 Christina Berndt
(12 Auflagen erschienen unter dtv premium 24976)
Das Werk wurde vermittelt durch die Literarische Agentur Michael Gaeb.
Das Werk ist urheberrechtlich geschützt.
Sämtliche, auch auszugsweise Verwertungen bleiben vorbehalten.
Umschlagkonzept: Balk & Brumshagen
Umschlaggestaltung: Lisa Höfner
Satz: Greiner & Reichel, Köln
Druck und Bindung: Druckerei C.H.Beck, Nördlingen
Gedruckt auf säurefreiem, chlorfrei gebleichtem Papier
Printed in Germany
ISBN 978-3-423-34845-4

*Für Linn und Tessa,
zwei starke Mädchen*

Inhaltsverzeichnis

Einleitung 9

Hier ist Stärke gefragt 13
   Der tagtägliche Stress 15
   Wenn der Seele das Rüstzeug fehlt 22
   Selbsttest: Wie gestresst bin ich? 32
   Menschen und ihre Krisen 35
      Die verwaiste Mutter 37
      Der Selbstausbeuter 42
      Der Vertriebene 45
      Die Frau, die ihre Identität verlor 48
      Die Männer, die dem Mörder entkamen 51
      Der Schwerstbehinderte 56
      Die Geisel 59

Was zeichnet die Widerständigen im Alltag aus? 63
   Die Widerstandskraft ruht auf mehreren Säulen 65
   Wer stark ist, kennt sich selbst oft besonders gut 74
   Tabelle: Was stark macht und was schwach 82
   Der Irrtum des Immerfröhlichseins:
      Resilienz und Gesundheit 84
   Verdrängen ist erlaubt 90
   Am Unglück wachsen 96
   Wer ist hier eigentlich das starke Geschlecht? 106
   Selbsttest: Wie resilient bin ich? 112

Die harten Fakten zu den starken Menschen:
Woher kommt die Widerstandskraft? 117
   Wie das Umfeld das Leben
      eines Menschen modelliert (Umwelt) 119
   Was sich im Gehirn abspielt (Neurobiologie) 124
   Was die Erbanlagen einem
      Menschen mitgeben (Genetik) 130

Wie Eltern ihre eigenen Erlebnisse
ungewollt weitervererben (Epigenetik) 143

Wie man Kinder stark macht 157
»Man soll seine Kinder nicht in Watte packen« 159
Das Prinzip der Resilienz hält Einzug
in die Bildungspläne der Kindergärten 164
Wie viel Mutti braucht das Kind? 172

Lehren für den Alltag 181
Menschen können sich ändern 183
Die »Big Five« 190
Resilienz entsteht meist früh – Wie man sie auch
als Erwachsener noch lernen kann 192
Gegen Stress geimpft 203
Wie man Stärke bewahrt 211
»Ich bin ja so im Stress!« –
Der eigene Beitrag zur Verletzbarkeit 214
Was ist eigentlich wie stressig? 218
Kleines Achtsamkeitstraining 221
Anleitung zum Abschalten 225

Anhang 231
Dank 233
Verzeichnis der genannten Wissenschaftler 235
Literaturverzeichnis 245
Abkürzungsverzeichnis 265
Personenregister 269
Sachregister 273

Einleitung

Das Leben ist hart geworden im 21. Jahrhundert. Trotz großen Wohlstands, geringer körperlicher Belastungen und allerlei technischer Errungenschaften, die das Leben eigentlich leichter machen sollten, fühlen sich die Menschen ständig unter Druck. Hoch sind die Ansprüche an Schnelligkeit, Professionalität und Akkuratesse im Berufsalltag. Wer früher eine Woche lang Zeit hatte, einen gut durchdachten Geschäftsbrief zu formulieren, muss sich heute schon entschuldigen, wenn er erst am folgenden Tag auf eine E-Mail-Anfrage antwortet. Gnadenlos ist oft die Kritik von Vorgesetzten oder Kunden, die in schnell dahingeschriebenen Computerbotschaften eintrudelt. »Wir pflegen einen offenen Kommunikationsstil«, heißt so etwas in modernen Unternehmen. Zugleich wächst der Umfang der Arbeit mehr und mehr und die Angst sie zu verlieren auch – schon allein, weil die Zahl der Kollegen aufgrund des stetig steigenden Kostendrucks in den meisten Branchen tatsächlich immer weiter sinkt. Wer nicht Schritt halten kann, muss um seinen Job fürchten. Und die seit Jahren immer wieder auftretenden Währungskrisen und Rezessionen machen die ständige Bedrohung für das wirtschaftliche und seelische Lebensgefüge nicht kleiner.

Doch nicht nur im Arbeitsalltag lauert das Monster der Leistungsspirale. Eine Beziehung – und bitte schön, nicht irgendeine, sondern eine glückliche – gehört ganz selbstverständlich zum Repertoire, das ein Mensch von heute vorzuweisen hat, um den gesellschaftlichen Ansprüchen zu genügen. Und ganz nebenbei sollen die perfekten Partner und Arbeitnehmer auch noch besonders gute Mütter und herausragend engagierte Väter sein, die ihre Kinder nicht nur liebevoll, sondern auch freiheitlich und pädagogisch durchdacht erziehen, dabei aber keine Chance verpassen, sie durch Förderung vor allem im sprachlichen, künstlerischen und sportlichen Bereich so gut wie möglich auf das globalisierte Berufsleben vorzubereiten. Dass es traditionelle Großfamilienstrukturen – und mit ihnen die helfenden Hände der Tanten, Onkel und Großeltern – kaum mehr gibt, macht die Ansprüche umso weniger erfüllbar.

Misserfolge, Kritik und ständige Selbstkritik sind bei diesem Alltagsprogramm schlicht mitprogrammiert. Das hat nicht selten gravierende Folgen. Die Krankmeldungen aufgrund psychischer Leiden haben einen nie dagewesenen Höchststand erreicht. Zunehmend werden auch Fälle von Burn-out und Depressionen von Popgrößen und Fußballprofis bekannt – Menschen also, die vor ihrem seelischen Zusammenbruch im Beruf extrem erfolgreich waren.

Nun kann man den Anforderungen der modernen Welt nicht so einfach entfliehen. Als soziale Wesen lassen wir uns unweigerlich beeinflussen von den Wertvorstellungen und Ansprüchen der Menschen um uns herum und machen sie uns allzu leicht auch selbst zu eigen. Ohnehin drohen letztlich sogar demjenigen Schicksalsschläge und Frustrationen, der sich für den Rückzug auf eine Alm oder für eine Auszeit in einem Zen-Kloster entscheidet. Die Abgeschiedenheit kann wohl beruflichen Druck nehmen, aber sie verhindert keine persönlichen Niederlagen, schweren Krankheiten oder den Verlust des geliebten Partners. Probleme, mitunter schwerwiegende, kommen unweigerlich auf jeden Menschen zu, immer wieder und ständig neu – und oft dann, wenn man gar nicht mit ihnen rechnet.

Wie gut wäre es also, so etwas wie Hornhaut auf der Seele zu haben! Ein Rüstzeug, das schützt vor den ständigen Spitzen im fordernden Berufsleben und den oft kaum zu bewältigenden Ansprüchen des Alltags. Eine Lebenseinstellung, die den Blick freudig nach vorn lenkt statt in Trauer zurück. Eine Selbstsicherheit, die den Großteil der Kritik abprallen lässt und gezielt nur das verwertet, was konstruktiv ist.

Es gibt Menschen, die all diese Eigenschaften haben. Wie Felsen in der Brandung sind sie kaum zu erschüttern. Resilienz nennen Psychologen ihre geheimnisvolle Kraft, Widerstand zu leisten gegen die Zumutungen der Umwelt oder aus einer deprimierenden Situation wieder ins volle Leben zurückzukehren.

Eines der anrührendsten Beispiele unserer Zeit ist wohl die Geschichte von Natascha Kampusch, jener jungen Österreicherin, die als Zehnjährige auf dem Weg von der Schule nach Hause entführt und acht Jahre lang in einem Verlies festgehalten wurde (siehe Seite 59 ff.). Als sie nur zwei Wochen nach ihrer Flucht im Fernsehen auftrat, machte sie die Zuschauer sprachlos. Ein hilfloses Opfer hatten die Menschen erwartet, stattdessen präsentierte sich eine selbstbewusste, sich selbst reflektierende junge Frau. Nun mag es sein, dass es Natascha Kampusch nur gut gelang, die Wunden in ihrem Innersten zu verbergen. Doch bedurfte selbst das in ihrer Situation einer psychischen Stärke, die Bewunderung verdient. Der Frage nach der Kraft der Resilienz verschaffte ihr Auftritt im Fernsehen jedenfalls eine ganz neue Dimension.

Wie kann es sein, dass ein junges Mädchen ein solches Martyrium übersteht, während andere Menschen schon nach viel kleineren Schicksalsschlägen den Lebensmut verlieren? Weshalb sprudelt ein Unternehmer nach dem Bankrott seiner Firma gleich wieder vor neuen Ideen, während sich ein anderer aufgibt? Warum nagt ein falscher Satz eines Kollegen an der einen drei Tage lang, während eine andere ihn kaum hört? Weshalb landet ein Mann am Ende einer großen Liebe im Suff, während ein anderer bald neuen Sinn im Leben findet?

Die Frage, was manche Menschen so stark macht, ist eines der großen Rätsel, auf das Psychologen, Pädagogen und Neurowissenschaftler zunehmend Antworten finden. Viel zu lange haben sie sich nur mit den Abgründen der Seele befasst. Haben erkundet, welche Faktoren im späteren Leben Wahnvorstellungen, Depressionen und Panikattacken begünstigen, bis sich Ende der 1990er-Jahre einzelne Abtrünnige der Positiven Psychologie zuwandten. Sie erkunden nun, wie sich die Lebenstüchtigen durch Krisen manövrieren, und sie haben sich auf die Suche nach den Strategien und Ressourcen gemacht, die die Starken dafür nutzen und bereithalten.

Dieses Buch will an Beispielen erzählen, welch hilfreiches Rüstzeug manchen Menschen mitgegeben ist; es erkundet anhand neuester Forschungen, wie es zu dieser Widerstandskraft gekommen ist; und es soll all jenen, die diese Stärke mitunter vermissen, Wege aufzeigen, wie sie nach dem Vorbild der Lebenstüchtigen künftig die großen und kleinen Krisen des Lebens besser bewältigen können. Denn wenngleich die Fundamente der psychischen Widerstandskraft schon in frühester Kindheit gelegt werden, so lassen sie sich doch auch später noch gießen. Man muss nur wissen, wie.

Hier ist Stärke gefragt

Einfach mal faul sein ist völlig out geworden, Langeweile das Schreckgespenst der Leistungsgesellschaft. »Ich bin ja so im Stress«, ist ein so häufig gehörter Satz, dass ihn schon Kleinkinder begeistert nachplappern. Sie spüren, dass all jene, die dies sagen, irgendwie wichtig und anerkannt sind. Dass aber Faulsein und Langeweile erst neue Kraft und Kreativität zutage bringen, wird gemeinhin ignoriert. Hohes Ansehen erlangt dagegen, wer parallel in Beruf, Partnerschaft und aufsehenerregenden Hobbys Erfolge vorweisen kann.

Dabei schadet ein bisschen Stress gewiss nicht. Er fördert die Leistungsfähigkeit und verschafft letztlich jenes wohlige Gefühl, etwas unter Hochdruck geschafft zu haben. Doch die ständigen überhöhten Anforderungen, wie sie heute in vielen Bereichen des Lebens herrschen, führen auf Dauer zu einem durch und durch negativen Gefühl, das irgendwann gar nicht mehr weichen will. Erfolg kann nicht eintreten, wenn die Ansprüche so hoch sind, dass sie sich kaum erfüllen lassen. Wer psychisch stark genug ist, erlebt den Stress nicht als negativ oder lässt sich davon nicht unterkriegen. Doch wer weniger stabil ist, für den stellen die ständigen Stresserlebnisse schließlich ein Gesundheitsrisiko dar.

Oft schlägt sich das Leiden der Seele zunächst noch mit eher unauffälligen Symptomen auf den Körper und seine Organe nieder: Das Kreuz schmerzt, der Bauch grimmt. Bei anhaltender Ignoranz folgt dann aber oft der psychische Zusammenbruch. Mehr seelische Widerstandskraft brauchen längst nicht mehr nur Manager in besonders hart umkämpften Branchen, die sich täglich gegen Konkurrenten behaupten müssen, oder Menschen, die besonders schwere Schicksalsschläge erleiden. Hohe Anforderungen herrschen überall – am einfachen Arbeitsplatz der Sachbearbeiterin, in der Kleinfamilie, in der Partnerschaft und natürlich auch angesichts von persönlichen Krisen wie Liebeskummer, Arbeitslosigkeit, Geldsorgen, Krankheit, Trauer und Verlust.

Oft reicht die Energie nicht mehr aus, sich neben beruflichen Problemen gleichzeitig auch privaten konstruktiv zu stellen. Depressionen und Burn-out werden längst als Volkskrankheiten angesehen. Gerade an diesen Leiden zeigt sich, dass der Grat zwischen Stärke und Schwäche schmal geworden ist. Viele Menschen suchen ihr Heil in Drogen. Nur mit der abendlichen Flasche Rotwein schaffen sie es noch, sich endlich einmal wohlig und frei zu fühlen.

Man braucht schon ein gesundes Selbstbewusstsein, ein Selbstwertgefühl, das nach Art einer Sprungfeder konstruiert ist, oder wenigstens hilfreiche Techniken, um die ständigen Angriffe auf die eigene psychische Gesundheit abwehren zu können. Das Kapitel verdeutlicht, wie sich unterschiedliche Bedrohungen auf die seelische Gesundheit auswirken, und zeigt Menschen, die es trotzdem geschafft haben, aus den so entstandenen Tiefs wieder herauszukommen.

Der tagtägliche Stress

»Ich bin ja so im Stress.« Heute spricht ihn jeder mindestens einmal pro Woche aus, diesen Satz, den vor 75 Jahren noch niemand kannte. Erst 1936 erfand der in Wien geborene Arzt Hans Selye den Begriff Stress, der uns heute so vertraut ist. »Ich habe allen Sprachen ein neues Wort geschenkt«, sagte Selye am Ende seines Lebens. 1700 Fachartikel und 39 Bücher hatte er da bereits über jenes Phänomen verfasst, das zuvor wissenschaftlich nicht beschrieben worden war. Gleichwohl ist Stress seit der Steinzeit bekannt. Schließlich gab es für Menschen immer schwierige und anstrengende Situationen, und nicht wenige davon waren gewiss schwerer zu ertragen als die Belastungen von heute. Die Verzweiflung bei der erfolglosen Suche nach etwas Essbarem dürfte auf der Skala negativer Gefühle jedenfalls weiter oben liegen als die Sorge, bei einem Vortrag vor großem Publikum zu versagen. Und vor einem angreifenden Säbelzahntiger davonzulaufen schlägt allgemeinem Konsens zufolge den Stresspegel bei der Hetze zur morgendlichen Besprechung.

Genau dafür ist Stress nämlich eigentlich da: dass wir in einer schwierigen Situation schnell handeln, statt uns einfach fressen zu lassen. Dazu steigen Blutdruck und Puls, die Atmung wird schneller. Das Hormon Adrenalin schwärmt aus und sorgt dafür, dass Gehirn und Muskeln gut mit Energie versorgt werden. Der Körper ist bereit zu kämpfen – oder auch zu fliehen. »Stress sorgt dafür, dass wir in den unterschiedlichsten Umgebungen zu Höchstleistungen fähig sind«, fasst es der Biopsychologe Clemens Kirschbaum zusammen. Nur sollten all diese körperlichen Reaktionen möglichst bald auch wieder abebben, wenn die Gefahr vorüber ist.

Heute aber ist Stress Teil des Alltags. »Es gehört fast schon zum guten Ton zu wiederholen, dass man nicht unterbeschäftigt, sondern wichtig sei und viel zu tun habe«, sagt die Psychologin Monika Bullinger. »So wird nicht mehr unterschieden zwischen dem anregenden Gefühl, hin und wieder etwas aus der Puste zu sein, und dem permanent negativen Gefühl, das entsteht, wenn keine Erfolgserlebnisse am Ende der Stressreaktion stehen. Es wird unterschätzt, dass dieser nicht zu bewältigende Stress ein Gesundheitsrisiko darstellt.«

Wenn der Körper andauernd in Alarmbereitschaft versetzt wird, sind die Folgen zunächst oft mental zu spüren: Die Gestressten fühlen sich unwohl, sind ängstlich oder auch traurig. Andere reagieren gereizt und launisch, werden schnell ungerecht. Wer unter chronischem Stress leidet, kann meist nicht mehr zur Ruhe kommen. Phasen ohne Druck findet er fast schon unerträglich. Er hat schlicht verlernt, sich zu erholen. Auf Dauer kommen zu den ersten mentalen Alarmzeichen auch körperliche Probleme hinzu. Welche das sind, kann von Person zu Person extrem unterschiedlich sein. »Jeder hat da seine ganz persönliche Achillesferse«, sagt der Präventionsspezialist Christoph Bamberger. Zum Schluss ist die Last auf der Seele nicht mehr zu leugnen. Dann treten psychische Störungen wie Depressionen oder das in letzter Zeit oft gehörte Burnout auf, bei dem es sich meist um nichts anderes als eine milde Form der Depression handelt.

Wie stressig aber ist ein voller, fordernder, hektischer Tag? Das erlebt jeder Mensch höchst individuell. Dem Ersten mag es schon zu viel sein, zwei Termine zu koordinieren, der Zweite gerät erst in Bedrängnis, wenn es offenkundig Ärger gibt. Und dem Dritten ist selbst das egal.

Wie viel Stress und Druck ein Mensch empfindet, hängt in erheblichem Maße von seiner psychischen Widerstandskraft ab, die er von Kindesbeinen an entwickelt. Persönliche Eigenschaften tragen ebenso dazu bei wie das soziale Umfeld und die Erziehung. Es gibt aber auch hilfreiche Strategien, die den Umgang mit dem tagtäglichen Stress erleichtern und so die persönliche Widerstandskraft gegen die Unbill des Lebens auch später noch stärken. Zunehmend kommen Persönlichkeitspsychologen nämlich zu dem Schluss, dass unser Wesen weniger in Stein gemeißelt ist, als gemeinhin angenommen wird: Menschen können sich sehr wohl ändern! (Siehe Seite 183 ff.)

Professionelle Anti-Stress-Trainer versuchen ihren Klienten etwas zu vermitteln, was sie »Stresskompetenz« nennen. Die Kursteilnehmer sollen lernen, die verschiedenen Typen von

Stress zu erkennen, die ihnen tagtäglich begegnen – den negativen, zerstörerischen Stress ebenso wie den konstruktiven, der einem hilft, schwierige Situationen besser zu bestehen. Denn nur wer den einen vom anderen zu unterscheiden weiß, kann den krank machenden Stress gezielt bewältigen (siehe Seite 214 ff.).

Bei akutem, destruktivem Stress sind Techniken unverzichtbar, die sofort und gleich Entspannung ermöglichen. Viele Trainer setzen auf Entspannungsverfahren wie das Autogene Training oder die Progressive Muskelentspannung nach Jacobson. Andere nutzen fernöstliche Methoden wie Yoga, verschiedene Meditationstechniken, zu denen auch das Achtsamkeitstraining gehört, oder Entspannungsübungen in Bewegung wie beim Qigong und Taijiquan. Und manche Menschen finden auch ihre eigenen, ganz persönlichen Wege – ausgedehnte Spaziergänge etwa oder eine erzwungene Auszeit täglich um 12 Uhr. Welche Methode am effektivsten ist, hängt nicht nur von den aktuellen Problemen ab, sondern auch von den Vorlieben derjenigen, die Hilfe gegen den Stress suchen.

In jedem Fall geht es um Folgendes: Blutdruck, Herzschlag und Hirnströme runter, Gelassenheit, Zufriedenheit und Wohlbefinden rauf! In welcher Reihenfolge dies geschehen soll, davon haben die Erfinder der verschiedenen Entspannungsverfahren ganz unterschiedliche Vorstellungen entwickelt. So setzen die eher körperlich orientierten Verfahren wie die Progressive Muskelentspannung nach Jacobson darauf, dass sich die psychischen Stressvorgänge ändern, wenn man an den körperlichen Funktionen arbeitet. Wer sich so entspannen will, der übt, einzelne Muskelgruppen gezielt anzuspannen und wieder loszulassen. Die Konzentration darauf bringt den Geist zur Ruhe; es ist weder Raum noch Zeit, an die belastenden Aufgaben von morgen zu denken; unweigerlich beschäftigt man sich nur noch mit sich selbst.

Beim Autogenen Training wird versucht, die seelischen Vorgänge zu verändern und dadurch Einfluss auf die Körperfunktionen zu nehmen statt umgekehrt. So betreibt der Gestresste Autosuggestion, indem er sich auf die immer gleichen Vorstellungen konzentriert, die er in Gedanken langsam wiederholt.

»Die Arme und Beine sind schwer«, versichert er sich, oder »die Atmung geht ruhig und gleichmäßig«. Wer das mit viel Hingabe immer wieder übt, der kann das eines Tages auch wahr werden lassen. Und wie soll man nebenher noch an das denken, was einen stresst?

Die Gefahr allerdings ist: Sobald man wieder an die noch unerledigten Aufgaben denkt, ist der Stress auch schon zurück. Da können Techniken wie das Achtsamkeitstraining helfen (siehe Seite 221 ff.). Sie können für einen neuen Blick auf den Alltag sorgen, bislang Störendes wird neu gewichtet und bestenfalls nicht länger als unerwünscht empfunden. Auch fördern sie die Wahrnehmung, an welchen unangenehmen Ereignissen sich etwas ändern lässt und welche nun einmal unvermeidlich sind.

Zwischen Wichtigem und Unwichtigem zu unterscheiden, das ist eine der Schlüsselbotschaften, die Fachleute in Sachen Stressbewältigung ihren Klienten vermitteln. Dazu gehört es auch, sich ein Stück weit wieder jene klare Trennung von Beruf und Freizeit zurückzuerobern, die früher so selbstverständlich war. In einer Arbeitswelt zwischen Smartphones und Tablet-Computern mit ständiger Erreichbarkeit per Telefon und E-Mail ist es ein unglaublich entspannender Schritt, sich abends einfach mal von den elektronischen Sklaventreibern abzukoppeln. »Ich bin dann mal offline« – das ist wie ein kleiner Urlaub für die Seele. Ohnehin sind Ruhephasen wichtig. Viele Dauer-Gestresste haben das vergessen. Sie sollten neu lernen, wie gut es tut, einfach einmal abzuschalten (siehe Seite 225 ff.).

Bei all dem Anti-Stress-Training muss man ja nicht gleich in die Ehrgeizlosigkeit verfallen: Ein gewisses Maß an Stress ist sogar gut. Stress bedeutet schließlich – wie auch schon beim Anblick des Säbelzahntigers – Ansporn, Kreativität und Energie. Stress wird nur dann zum Feind des Menschen, wenn er zu lange anhält und nicht mehr ausreichend durch Müßiggang, Bewegung und Entspannung abgelöst wird.

Mit irgendeiner Form von Stress muss ohnehin jeder zurechtkommen. Denn es gibt genügend Strapazen und Belastungen, denen man schlicht nicht entgehen kann. Beziehungen können enden, Kinder können einem den letzten Nerv rauben, der Arbeitgeber lagert seine Produktion plötzlich ins Ausland aus.

Arbeitslos zu werden gehört zu den schlimmsten Negativereignissen im Leben eines Menschen. Das Gefühl, nicht mehr gebraucht zu werden, frisst so stark am Selbstwertgefühl wie kaum eine andere Lebenskrise. Die Psychologen Michael Eid und Maike Luhmann haben das näher untersucht. Die Arbeitslosigkeit erleben die meisten Menschen auch dann nicht als weniger schlimm, wenn sie zum zweiten oder zum dritten Mal eintritt. Jahrzehntelang hatten Wissenschaftler geglaubt, dass sich Menschen mit allem arrangieren, auch wenn es ihr Leben noch so sehr verändern mag. Kurze Zeit nach einem Lottogewinn oder einem Unfall, der sie querschnittsgelähmt machte, werteten Befragte einer berühmten Studie ihr eigenes Lebensglück wieder in ähnlicher Weise wie zuvor. »Aber es gibt sie doch nicht immer, diese Gewöhnung«, betonen Eid und Luhmann. »Die Zeit heilt eben nicht alle Wunden.«

Bei der Arbeitslosigkeit scheint es sogar so etwas wie einen Sensibilisierungseffekt zu geben. »Das ist wie eine Spirale, die immer weiter nach unten zieht«, sagt der Entwicklungspsychologe Denis Gerstorf. Fachleute wie die drei wissen längst: Der Verlust der Arbeit geht nicht nur mit einem Verlust des Selbstwertgefühls einher, sondern auch mit dem Verlust sozialer Kontakte. Oft werden auch die Konflikte mit Freunden und Angehörigen schärfer, wenn das Geld fehlt. Die Teilhabe an vielen Aktivitäten ist nicht mehr möglich. »Deshalb braucht unsere Gesellschaft dringend Programme, die die Folgen mehrmaliger Arbeitslosigkeit abfedern«, so Eid und Luhmann. Schließlich kommt es gar nicht mehr so selten vor, dass Menschen wiederholt ihren Job verlieren.

Doch Stress lauert auch dort, wo er zunächst gar nicht so einfach zu erkennen ist. Allein das Leben in der Großstadt ist schon eine Gefahr für die seelische Gesundheit: Großstadtmenschen sind weitaus häufiger psychisch krank als Menschen, die in ländlicher Abgeschiedenheit leben – und das, obwohl die medizinische Versorgung in der Stadt in der Regel besser ist als auf dem Land. Für die negativen Auswirkungen des Stadtlebens spielt vermutlich die ständige Reizüberflutung eine Rolle und dass man den lieben langen Tag zahllosen Menschen begegnet, die man eigentlich nie treffen wollte. Menschliche Gesichter sind für das Gehirn interessant, es versucht möglichst viele von ihnen wahrzunehmen; wer mit Hunderttausenden auf relativ engem Raum lebt, will sie paradoxerweise aber zugleich auch meiden. Deshalb scheinen jene Hirnregionen bei Großstädtern, die für die Stressverarbeitung und die Kontrolle der Emotionen verantwortlich sind, dauernd unter Höchstleistung zu arbeiten. Die Folge: Das Risiko, an einer Depression zu erkranken, ist bei ihnen um 39 Prozent erhöht, das Risiko, eine Angststörung zu entwickeln, um 21 Prozent. Und die Wahrscheinlichkeit, dass jemand eine Schizophrenie entwickelt, ist umso höher, je größer die Stadt ist, in der ein Mensch lebt, wie Florian Lederbogen und Andreas Meyer-Lindenberg herausgefunden haben.

Die beiden Psychiater konnten sogar belegen, dass die Großstädter per se gestresster sind. Sie steckten psychisch gesunde Menschen in die Röhre eines funktionellen Kernspintomographen und beobachteten, was in ihren Gehirnen passierte, wenn sie übel beschimpft wurden und zugleich schwierige Rechenaufgaben lösen sollten. Das bedeutete für alle Versuchsteilnehmer Stress: Ihr Herz schlug schneller, der Blutdruck stieg, das Stresshormon Cortisol schwamm vermehrt in ihrem Blut. Doch die Nervenzellen im Angstzentrum des Gehirns – einer mandelförmigen Struktur namens Amygdala – feuerten umso aktiver, je größer die Stadt war, aus der die Person kam. Es gilt inzwischen als sicher, dass die Amygdala an verschiedenen psychischen Störungen beteiligt ist. Immerhin: Ein Umzug aufs Land kann helfen – aber es dauert einige Jahre, bis die erhöhte Hirnaktivität sich langsam wieder beruhigt.

Was also ist zu tun? Soll man sich zur Stressreduktion ins beschauliche Kloster, in ein abgelegenes Dorf oder auf eine einsame Insel zurückziehen? Sich aus Angst vor dem Rausschmiss lieber gleich selbstständig machen? Den Partner immer bestens behandeln, damit er einen ja nicht verlässt? Gerade das macht schon wieder Stress. Die unendlichen Wahlmöglichkeiten, welche das Leben von heute den Menschen bietet, torpedieren das Wohlbefinden. Sich auf das zu besinnen, was einem selbst wichtig ist, und mit dem Erreichten zufrieden zu sein, gehört zu den großen Herausforderungen in einer Welt voller vermeintlicher Chancen. »Seine persönlichen Prioritäten zu erkennen, nach ihnen zu leben und sich nicht von anderen verrückt machen zu lassen, sollte die Devise sein«, sagt der Erlanger Entwicklungspsychologe und Präventionsforscher Friedrich Lösel.

Früher hatten die meisten Menschen ein Elternhaus oder eine elterliche Wohnung, in der sie aufwuchsen, ohne jemals umzuziehen; wenn sie dann doch zum ersten Mal die Bleibe wechselten, zogen sie oft in die unmittelbare Nähe; ihre Lehre absolvierten sie in einem der zahlenmäßig überschaubaren örtlichen Betriebe, die diese Art Ausbildung anboten; oder sie kehrten nach dem Studium in der nächstgelegenen Großstadt in die alte Heimat zurück; ganz selbstverständlich schickten sie ihre Kinder auf dieselbe Schule, auf die sie einmal selbst gingen.

Heute ist dieser beschauliche Lebensentwurf selten geworden. Die Wahlfreiheit ist inzwischen so groß, dass sie schon zum Zwang wird: Ständig muss sich der moderne Mensch fragen, ob er nicht doch eine der vielen Optionen nutzen sollte, die sich ihm bieten: Ist es richtig, jetzt schon seit zehn Jahren bei derselben Firma zu arbeiten? Gibt es nicht woanders einen besseren Job, der auch noch besser bezahlt wird? Was macht man mit dem Geld, das man anspart? Sollte man das Kind nicht lieber auf die Privatschule schicken? Was wird man am Ende seines Lebens denken, wenn man nicht wenigstens eine Zeitlang im Ausland gelebt hat? Ist die Ehe noch so erfüllend, wie man sich das immer erträumt hat? Ist der Sex häufig und gut genug? In einem Leben mit so vielen Freiheitsgraden kehrt Ruhe nur selten ein.

Doch Flucht ist zwecklos. Besser, wir machen unsere Seele stark.

Wenn der Seele das Rüstzeug fehlt

Für diese Frau waren alle voller Bewunderung. Drei kleine Kinder hatte die erfolgreiche Architektin, die bei einem großen Unternehmen im Münchner Norden arbeitete. Sechs, drei und ein Jahr alt waren die Kleinen, und die Mutter war jeweils nach einer kurzen Babypause für 30 Stunden in der Woche an ihren Arbeitsplatz zurückgekehrt. Im Büro fiel sie durch immer gute Laune, den sicheren Blick fürs Effiziente und eine stets gepflegte Erscheinung auf. Sie erzählte gerne, mit welchem Organisationstalent sie ihren Haushalt, ihre Ehe und ihren aufreibenden Job auf die Reihe bekam. Für diese Frau waren wirklich alle voller Bewunderung. Waren es. Bis die Enddreißigerin von einem Tag auf den anderen nicht mehr im Büro erschien. Sie war zusammengeklappt. Krankgeschrieben für ein halbes Jahr und eingewiesen in eine Kurklinik. Am Wochenende, empfahl ihr der Arzt eindringlich, solle sie bloß nicht nach Hause fahren, um ihre Familie zu besuchen. Am besten kämen Mann und Kinder die nächste Zeit auch nicht zu Besuch. Sie brauche unbedingt Abstand von allem. So schlecht waren ihre Laborwerte gewesen.

Was ganz normale Menschen heute von sich verlangen, ist oft nicht zu schaffen. Sie wollen den kritischen Blicken von Nachbarn und Kollegen standhalten und zugleich die Anforderungen ihres Arbeitgebers, ihrer Partner, Kinder und womöglich auch noch ihrer alten Eltern erfüllen. Und das nicht irgendwie, sondern so perfekt wie im Hollywoodfilm. Der Leistungsdruck hat zugenommen – und viele, wie die Münchner Architektin, merken davon nicht einmal etwas, bevor der Körper den Dienst verweigert und so in letzter Sekunde die Notbremse zieht.

Auf die berufliche Höchstleistung folgt oft der Burn-out, das völlige Ausgebranntsein. Erfunden hat den Begriff, der seit geraumer Zeit in aller Munde ist, der New Yorker Psychotherapeut Herbert Freudenberger schon in den 1970er-Jahren. Freudenberger hatte seine Beobachtungen vor allem bei Menschen gemacht, die einer sozialen Tätigkeit nachgingen. Diese Leute, die ihren Beruf meist mit großem Engagement und Idealismus ergriffen hatten, fühlten sich nach einigen Jahren oft müde und überfordert, waren lustlos und auch körperlich krank. Viele entwickelten ein stark distanziertes, zynisches Verhältnis zu ihrer einst so geliebten Arbeit.

Heute ist das Burn-out-Syndrom längst nicht mehr auf soziale Arbeit beschränkt, sondern in allen Berufen eine potenzielle Gefahr, wie die Deutsche Gesellschaft für Psychiatrie und Psychotherapie, Psychosomatik und Nervenheilkunde schreibt. Besonders bedroht sieht sie alleinerziehende Mütter und Väter sowie Menschen, die zu Hause ihre Angehörigen pflegen.

Fakt ist: Die Diagnose wird inzwischen so häufig gestellt, dass es beängstigend ist. Zwar gibt es keine verlässlichen Zahlen für Deutschland, aber in Finnland ergab eine bevölkerungsweite Befragung, dass jeder vierte Erwachsene an milden Burn-out-Beschwerden leidet und drei Prozent der erwachsenen Bevölkerung sogar an ernsthaften. Ratgeber, Sachbücher und Zeitschriften zum Thema verkaufen sich wie warmes Brot. Die Menschen fühlen sich davon offenbar in hohem Maße angesprochen, weil sie einen Teil der beschriebenen Symptome auch bei sich erleben.

Das liegt eben auch daran, dass der Beruf den Menschen heutzutage meist viel abverlangt – oft zu viel. »Die Arbeitswelt muss sich wieder den Menschen anpassen, statt vorrangig Renditeerwartungen zu erfüllen«, forderten deshalb die auf dem Deutschen Ärztetag 2012 versammelten Mediziner einhellig. Sie sehen tagtäglich an ihren Patienten, dass diese immer häufiger Krankheiten entwickeln, die entweder rein psychischer Natur sind, wie Depressionen und Angststörungen, oder aus der Seele kommen, sich dann aber als körperliche Symptome bemerkbar machen. Zu diesen psychosomatischen Krankheiten gehören nicht nur, wie häufig gelesen, Ohrgeräusche (Tinnitus) und Rückenschmerzen. Auch Herz-Kreislauf-Erkrankungen haben oft eine seelische Ursache.

Jeder zweite Arbeitnehmer klagt inzwischen über starke Belastung im Beruf. 52 Prozent empfinden einen starken Termin- und Leistungsdruck, heißt es im ›Stressreport 2012‹ der Bundesanstalt für Arbeitsschutz und Arbeitsmedizin. 44 Prozent der 18 000 Erwerbstätigen, die für die Studie befragt wurden, erleben während ihrer Arbeit zudem häufig Störungen durch Anrufe und E-Mails. Jeder Dritte gab an, Pausen wegen eines zu großen Arbeitsaufkommens ausfallen zu lassen.

Die rettende Flucht ermöglicht oft ein kleiner gelber Zettel. Wenn der Druck wieder einmal zu groß geworden ist, verschaffen sich die Deutschen meist über ihren Hausarzt Erleichterung. Die Arbeitsunfähigkeitsbescheinigung sorgt wenigstens für ein paar Tage Ruhe; kraft Unterschrift und Stempel sind alle Pflichten in weite Ferne gerückt: Stunden gähnender Leere, plötzlicher Freiheit, Selbstbestimmung statt Fremdbestimmung liegen vor einem. Auch wenn kein Fieber festgestellt wird, nichts gebrochen ist und das Herz im Takt schlägt – Ärzte füllen meist ohne Murren die Zettel für den Arbeitgeber aus, denn sie wissen: Ein paar Tage Freiraum können wie ein Ventil für Arbeitnehmer unter Überdruck wirken. Sie können einen Menschen wieder ins Gefüge bringen, können die Seele Kraft schöpfen lassen für die folgende Zeit im täglichen Wahnsinn. Psychische Prävention nennen viele Ärzte das – vorbeugen, statt zu warten, bis bei ihren nach Hilfe suchenden Patienten endgültig der Zusammenbruch droht.

Allerdings helfen die ärztlich legitimierten Auszeiten nicht wirklich, wenn der Stress dauerhaft ist und sich an den Arbeitsbedingungen nichts ändert. Dann können sie das Abgleiten in den Burn-out allenfalls aufschieben.

Manche Unternehmen haben immerhin erkannt, dass sie etwas ändern müssen. So beurteilt der britisch-niederländische Nahrungs- und Waschmittelriese Unilever seine Führungskräfte inzwischen auch danach, wie groß die Fehlzeiten ihrer Mitarbeiter sind. »Natürlich spricht ein hoher Krankenstand nicht unbedingt für eine schlechte Führung«, sagt der Werksarzt Olaf Tscharnezki. Schließlich komme es auf Alter, Geschlecht und Krankengeschichte der Mitarbeiter an. Allerdings habe man herausgefunden, dass nicht wenige Führungskräfte bei einer Versetzung den alten Krankenstand gewissermaßen mit ins neue Team nähmen. Wenn der dauerhaft zu hoch sei, bitte die Geschäftsführung den Teamchef zum Gespräch.

Über Fehlzeiten führt auch das Bundesarbeitsministerium

penibel Statistik. Dabei zeigt sich, dass die aus der Seele geborenen Krankheiten einen erheblichen Einfluss auf die Produktivität der Menschen haben. Denn die Betroffenen werden, wie die Münchner Architektin, oft monatelang krankgeschrieben, benötigen intensive Behandlungen oder Kuraufenthalte und können danach nur langsam wieder in den Arbeitsalltag eingegliedert werden. Die Kosten, die psychische Krankheiten verursachen, liegen Schätzungen zufolge in Europa jedes Jahr bei 300 Milliarden Euro. Und es werden mehr.

Im Jahr 2001 gab es dem Arbeitsministerium zufolge 33,6 Millionen Fehltage wegen psychischer Erkrankungen und Verhaltensstörungen. 2011 waren es schon 59,2 Millionen. Da sind die psychosomatischen Erkrankungen noch nicht einmal mitgezählt. An der Gesamtheit aller Fehltage machten die psychischen Krankheiten im Jahr 2001 6,6 Prozent aus. Im Jahr 2010 betrug ihr Anteil dann 13,1 Prozent – er hatte sich also verdoppelt. Mittlerweile sind psychische Leiden der häufigste Grund für krankheitsbedingte Frühverrentungen.

Nicht umsonst hat die Weltgesundheitsorganisation (WHO) den beruflichen Stress zu »einer der größten Gefahren des 21. Jahrhunderts« erklärt. Viele EU-Staaten haben inzwischen gesetzliche Regelungen zum Schutz vor gesundheitsgefährdender psychischer Belastung am Arbeitsplatz eingeführt und mit anderen Berufsrisiken gleichgestellt. Ständiger Stress am Arbeitsplatz sei der Gesundheit genauso abträglich wie Lärm, grelles Licht oder Gift. Deutschland gehört nicht zu diesen EU-Staaten.

»Erst ein notwendiges gesellschaftliches Umdenken mit sozialpolitischen Folgen, politischen Korrekturen und entsprechenden Gesetzen wird wieder humane und gesundheitsverträgliche Arbeitsbedingungen schaffen«, heißt es in der Erklärung des Deutschen Ärztetages. Doch statt entsprechende Initiativen zu ergreifen, werde der Zusammenhang zwischen der krankmachenden Arbeitssituation und dem Auftreten psychischer Erkrankungen von der Politik oft nicht erkannt oder geleugnet.

Das Tückische am Burn-out ist: Das Ausbrennen ist ein schleichender Prozess, der auf vielfältige Weise vonstattengehen kann. Wer unter Rückenschmerzen, Konzentrationsstörungen, Verdauungsproblemen, Herzrasen, Vergesslichkeit, Kopfschmerzen, Unruhe oder Schlafstörungen leidet, dessen Körper rebelliert womöglich schon gegen die ständige Überforderung, gegen die immer wiederkehrende Frustration, die Desillusionierung oder die fehlende Anerkennung.

Das Vertrackte ist nur: All diese Symptome können zugleich auch ganz andere Ursachen haben. Vielen Betroffenen fällt es daher schwer zu erkennen, dass sie sich zu viel abverlangen. So bekämpfen sie ihre innere Leere, das aufkommende Gefühl der Sinnlosigkeit und die ständige Zerrissenheit mit noch mehr Engagement im Job, zusätzlichen Verabredungen, weniger und kürzeren Pausen, morgens mit Aufputsch- und abends mit Schlafmitteln. Manchmal kommen auch härtere Drogen ins Spiel. Wenn niemand eingreift, dreht sich die Spirale immer weiter – bis gar nichts mehr geht.

Auch Fachleute erkennen oft nicht, was mit ihren Patienten los ist. Das liegt auch daran, dass Psychiater und Psychologen bis heute keine einheitliche und verbindliche Definition für das Ausgebranntsein gefunden haben. Burn-out, dieser Zustand der totalen Erschöpfung, gilt nicht einmal als eigenständige Diagnose. Vielmehr wird es im internationalen Klassifikationskatalog aller Krankheiten, ICD-10, als ein potenziell krankheitsauslösendes »Problem der Lebensbewältigung« geführt. Dem muss aus heutiger Sicht nicht einmal mehr ein ausgeprägter Enthusiasmus vorausgegangen sein. Auch Menschen, deren Begeisterung für ihren Job nie loderte, können ausbrennen.

Ärzte können den Begriff Burn-out somit nur zusätzlich zu einer Diagnose verwenden. Und in der Tat steckt häufig noch etwas anderes dahinter – in den meisten Fällen eine leichte Depression. Das aber sagen Ärzte ihren Patienten oft nicht. Denn Burn-out klingt irgendwie moderner und besser. Der Betroffene gilt als aktiv und engagiert, als jemand, der einmal wirklich für seine Sache in Leidenschaft brannte, bevor er zusammenklappte, und nicht wie das antriebslose, klägliche Opfer, das viele Menschen mit Depressionen verbinden. Wohl deshalb nennen Ärzte ihren Patienten gerne die Modediagnose Burn-out: Die Kranken akzeptieren sie leichter.

Man müsse aber aufpassen, mit dem Begriff nicht die Depression zu verharmlosen, warnt der Psychiater und Vorsitzende des Deutschen Bündnisses gegen Depression Ulrich Hegerl. Denn ein falsches Verständnis der Situation könne zu falschen Bewältigungsstrategien führen – etwa mittels der kleinen gelben Zettel zur kurzfristigen Flucht aus dem Arbeitsalltag, der für das seelische Leid oft verantwortlich gemacht wird.

Doch wenn hinter dem Erschöpfungsgefühl eben nicht die akute Überforderung oder Selbstüberforderung am Arbeitsplatz steht, sondern eine milde Depression, dann kann gerade das die falsche Strategie sein. »Lange zu schlafen oder grübelnd im Bett zu liegen, verstärkt die Depressionen eher«, warnt Hegerl. Viele Kliniken bieten sogar eine Wachtherapie gegen Depressionen an, bei der die Patienten die zweite Hälfte der Nacht nicht im Bett verbringen, sondern aufstehen sollen. Auch in Urlaub fahren sei nicht ratsam. »Die Depression reist mit«, sagt Hegerl. Sie müsse behandelt werden, dann mache das, was vorher Stress war, auch wieder Freude.

Während gesundes Essen, Sport, Entspannungstraining und ein neues Zeitmanagement Menschen helfen, die nur überlastet sind, ist es damit bei Depressionen nicht mehr getan, warnt auch der Direktor des Universitätsklinikums Bonn Wolfgang Maier. Hier sei therapeutische oder ärztliche Hilfe nötig, um auch langfristig erfolgreich zu sein.

Eigentlich sollte man meinen, dass den Betroffenen heutzutage schnell Hilfe angeboten wird – oder dass sie sich bald selbst Hilfe holen. Psychische Erkrankungen sind doch ständig ein Thema in Medien und Öffentlichkeit. Sollten sie da nicht längst ihr gesellschaftliches Stigma verloren haben? Doch trotz der vielen Ärzte, die sich dafür engagieren, trotz der mutigen Patienten, die wie der an Depressionen erkrankte Fußballspieler Sebastian Deisler, die vom Burn-out geplagte Kommunikationswissenschaftlerin und Anne-Will-Partnerin Miriam Meckel oder der ebenfalls ausgebrannte Sänger Peter Plate von der Band Rosenstolz ihre Geschichte in die Öffentlichkeit tragen, haben viele Menschen nach wie vor das Gefühl, diese Krankheiten anders als etwa die angebliche Managerkrankheit Herzinfarkt geheim halten zu müssen. Selbst die

Bundesregierung nimmt die psychischen Störungen noch zu wenig ernst.

Seit 2009 hat das Bundesministerium für Bildung und Forschung eine Reihe von »Deutschen Zentren für Gesundheitsforschung« ins Leben gerufen. Sie sollen »Fortschritte bei wichtigen Volkskrankheiten« erreichen, sagte die damalige Forschungsministerin Annette Schavan bei der Vorstellung des Programms. Doch die sechs Zentren, die seitdem gekürt wurden, widmen sich ausschließlich den körperlichen Leiden. Als Erstes wurden ein Deutsches Zentrum für Diabetesforschung eingerichtet sowie eines für neurodegenerative Erkrankungen, zu denen die Alzheimerkrankheit zählt. Dann folgte eines für Herz-Kreislauf-Forschung, eines für Infektionsforschung, eines für Lungenforschung und natürlich auch eines für Krebsforschung. Gemütskrankheiten wurden mit keinem Wort erwähnt. Dabei hat erst vor Kurzem eine umfassende Studie, die Daten aus 30 verschiedenen europäischen Staaten auswertete, ergeben, dass mehr als jeder dritte Europäer einmal im Jahr psychische Probleme hat. Krankheiten der Seele sind also ein wahres Volksleiden, ohne dass dies politische Auswirkungen hätte.

Psychische Krankheiten senken die Lebenserwartung stärker als alle anderen Leiden, ergab kürzlich eine Studie, die ein internationales Forscherteam unter der Leitung des Psychiaters Hans-Ulrich Wittchen und des Psychologen Frank Jacobi durchgeführt hat. Auch wird die Zahl der Jahre, die ein Mensch ohne größere gesundheitliche Einschränkungen verleben kann, durch psychische Störungen mit am stärksten reduziert.

Besonders häufig sind die Angststörungen, die 14 Prozent der Bevölkerung treffen; danach folgen Schlaflosigkeit (7 Prozent), Depressionen (7 Prozent), psychosomatische Erkrankungen (6 Prozent) und schließlich Alkohol- und Drogenabhängigkeit (4 Prozent). Während Frauen deutlich häufiger an Depressionen, Panikattacken und Migräne leiden, sind Männer bei Alkoholerkrankungen die Vorreiter.

Trotz der frappierend großen Verbreitung: Es ist nicht so, dass psychische Erkrankungen generell immer häufiger werden, wie oftmals berichtet wird. Lediglich die Depressionen nehmen zu, wobei zum Erschrecken der Forscher mehr und mehr Minderjährige betroffen sind. »Wir sehen bei jungen Leuten unter 18 Jahren ungefähr fünfmal so häufig eine voll ausgeprägte Depression wie früher«, sagt Hans-Ulrich Wittchen. Ansonsten konnten die Forscher jedoch keine dramatischen Entwicklungen feststellen. Vielmehr sei die Zahl der psychischen Erkrankungen nur in den Jahren nach dem Zweiten Weltkrieg leicht angestiegen und dann wieder abgesunken.

Die Krankschreibungen aufgrund psychischer Leiden werden aber wohl weiter zunehmen. Denn Wittchen und Jacobi schätzen, dass derzeit nicht einmal jeder dritte Betroffene behandelt wird. Bis zur Therapie dauert es oft Jahre. Dies sei die eigentliche Schwierigkeit im Ringen um die psychische Gesundheit der Bevölkerung, so Wittchen: das niedrige Problembewusstsein.

Nach und nach aber werden Gemütserkrankungen häufiger diagnostiziert. Vor 20 Jahren hätten Hausärzte höchstens bei jedem Zweiten ihrer Patienten mit Depressionen die Krankheit auch erkannt, meint Jacobi. Mittlerweile identifizieren sie immerhin zwei Drittel dieser Patienten.

Vermutlich fallen Menschen mit seelischen Problemen im heutigen Berufsalltag auch einfach eher auf. Denn die Bewältigung der oft anspruchsvollen Aufgaben in den modernen Berufen ist mit einer psychischen Erkrankung oft nicht mehr möglich. Die Heuernte ist mit einer milden Depression wahrscheinlich leichter zu bewältigen als ein Marketinggespräch mit einem schwierigen Kunden; auch gibt ein stark strukturierter Job wie etwa am Fließband oft mehr Halt als ein Beruf im Dienstleistungssektor oder im künstlerischen Bereich, wo viel eigene Motivation, Kreativität und Flexibilität gefordert sind. So fällt den Betroffenen heute womöglich auch selbst schneller auf, wenn ihre Kraft nicht mehr reicht, um ihren Beruf auszufüllen.

Wie häufig sich dabei hinter einer körperlichen Krankheit eine seelische Überlastung versteckt, finden Psychosomatiker zunehmend heraus. Ihr Fachgebiet, das die Entstehung körperlicher Leiden aus der Seele heraus betrachtet, gibt es so erst seit 20 Jahren. Inzwischen zweifelt niemand mehr daran, dass eine leidende Seele drastische körperliche Auswirkungen haben kann. Zum Teil sind diese auch überraschend: Es wurde sogar schon beobachtet, dass Depressionen das Risiko für Knochenschwund erhöhen.

Vor allem aber wird das Herz in Mitleidenschaft gezogen. Das haben zahlreiche Studien inzwischen bestätigt. So ist für Personen, die unter beruflichem Stress leiden, das Herzinfarktrisiko doppelt so hoch wie für Beschäftigte ohne Belastung. Und eine Depression kann das Risiko für einen Herzinfarkt oder einen Schlaganfall sogar verdoppeln. Dabei wirkt sich der Zustand der Seele in erheblichem Maße auch auf die Heilungschancen aus. Wer depressiv ist und einen Schlaganfall erleidet, der hat ein dreimal so hohes Risiko, daran zu sterben wie ein Schlaganfallpatient ohne Gemütskrankheit, berichteten Wissenschaftler von der University of Southern California vor Kurzem.

Wie die Krankheiten von Seele, Herz und Hirn zusammenhängen, ist bis heute nicht vollständig erforscht. Es gibt aber zahlreiche Erklärungsmöglichkeiten. So ist es durchaus wahrscheinlich, dass sich das psychische Leid unmittelbar biochemisch auf den Körper auswirkt: Depressionen beeinflussen die Ausschüttung von Botenstoffen im Gehirn und lassen auch die Werte verschiedener Entzündungsfaktoren im Blut steigen, die etwa C-reaktives Protein (CRP) heißen, Interleukin-1 oder Interleukin-6. Diese bringen nachweislich ein höheres Schlaganfallrisiko mit sich.

Doch es sind auch indirekte Mechanismen möglich. Denn Menschen mit Depressionen oder anderen psychischen Störungen kümmern sich häufig nicht so gut um ihre Gesundheit. Ihnen fehlt der Antrieb, Sport zu machen, sich gut zu ernähren oder mit dem Rauchen aufzuhören. All dies kann wiederum zu Bluthochdruck und Zuckerkrankheit führen, den bekannten Risikofaktoren für einen Infarkt von Herz oder Hirn.

»Es ist aber nicht nur wichtig, negative Zustände zu verhindern, man sollte auch angenehme fördern«, betont Julia Boehm von der Harvard-Universität. Die Epidemiologin hat vor Kurzem eine erstaunliche Studie an knapp 8000 Londoner Beamten vorgestellt. Ihre Arbeit ist Teil der berühmten Whitehall-Studien, die seit 1967 zum Zusammenhang zwischen körperlicher Gesundheit und sozialem Umfeld durchgeführt werden. Den Herzen glücklicher Arbeitnehmer geht es besser als denen von unglücklichen, lautet Boehms Fazit. So war das Risiko der zufriedenen Menschen, einen Herzinfarkt zu erleiden, um 13 Prozent niedriger als das der unzufriedenen. Die Herzen waren sogar umso gesünder, je größer die Zufriedenheit war. »Dabei spielte aber nicht nur die Zufriedenheit mit der Arbeit eine Rolle, sondern auch die in der Liebe, mit den Hobbys und mit dem Lebensstandard«, erläutert Boehm. Ärzte und Patienten sollten also nicht immer nur an Bluthochdruck, Übergewicht und Nikotinsucht denken, wenn sie mit ihren Patienten über Herzinfarktrisiken sprechen, sondern auch an das seelische Wohlbefinden, empfiehlt die Wissenschaftlerin.

Es kommt aber, wie gesagt, in erheblichem Maße auch auf die Art des Stresses an: US-Präsident zu sein, sollte man meinen, muss einen mörderischen Stress bedeuten. Konnte man bei Bill Clinton und Barack Obama nicht quasi zusehen, wie ihre Haare im Amt mit einem Mal ergrauten? Doch schwerkrank werden US-Präsidenten im Allgemeinen nicht. Sie leben genauso lang wie andere Menschen. Der Demograph Stuart Jay Olshansky verglich das durchschnittliche Sterbealter aller bislang verstorbenen US-Präsidenten seit George Washington mit der für ihre Geburtsjahrgänge üblichen Lebenserwartung von Männern. (Jene vier Präsidenten, die ermordet worden waren, bezog er natürlich nicht mit ein.) So zeigte sich, dass die Präsidenten im Durchschnitt 73,0 Jahre alt wurden, während die Normalsterblichen 73,3 Jahre erreichten.

Dabei könnten die Beispiele von Prominenten, die an Burn-out und Depressionen erkranken, zu dem Schluss führen, Menschen in Spitzenpositionen seien besonders anfällig für psychische Störungen. Burn-out ist aber gar keine Managerkrankheit, betont der Leipziger Psychiatrieprofessor Ulrich Hegerl. Den größten Stress bedeuten nämlich nicht die selbstauferlegten Termine, sondern das Gefühl, nur noch der Getriebene zu sein. So leidet der am meisten, der am wenigsten zu sagen hat. Derjenige, der sich von seinem Chef gegängelt und kontrolliert fühlt, der seine eigenen Vorstellungen nicht umsetzen kann, der ohnmächtig vor materiellem Verlust steht. Die folgenreichsten Stressauslöser sind Situationen, auf die wir – tatsächlich oder vermeintlich – keinen Einfluss haben.

Eines aber ist trotz aller erschreckenden Zahlen gewiss: Es entwickelt eben nicht jeder, der Stress, Druck und schwere Krisen durchlebt, körperliche oder seelische Symptome. Viele Menschen gehen auch gesund daraus hervor (siehe Seite 84 ff.). Und von diesen Widerständigen können wir lernen.

Selbsttest: Wie gestresst bin ich?

Irgendwie gestresst fühlt sich jeder. Aber wie schlimm ist es eigentlich? Der österreichische Psychologe Werner Stangl, der Assistenzprofessor am Institut für Psychologie und Pädagogik der Universität Linz ist, wollte das auch gerne wissen. Er hat einen Test entwickelt, der eine aussagekräftige Antwort auf diese wichtige Frage liefert. Auf seiner Homepage (http://arbeitsblaetter.stangl-taller.at/) präsentiert er übrigens auch noch weitere Tests zu Selbstachtsamkeit, Persönlichkeit, Wünschen, Interessen, Kontrolle und Lerntypen.

Aber jetzt zum Stresstest: Beantworten Sie bitte alle 40 Fragen – und lassen Sie keine aus! Sonst können Sie kein korrektes Testergebnis berechnen. Es geht bei der Beantwortung der Fragen immer um Ihre aktuelle persönliche Situation.

		Trifft zu	Trifft teilweise zu	Trifft nicht zu
1.	Wiegen Sie mehr als 10 Prozent über Ihrem Normalgewicht?			
2.	Essen Sie oft Süßigkeiten?			
3.	Essen Sie viel fetthaltige Nahrung?			
4.	Bewegen Sie sich wenig?			
5.	Rauchen Sie mehr als fünf Zigaretten täglich?			

Selbsttest: Wie gestresst bin ich?

6.	Rauchen Sie mehr als 20 Zigaretten täglich?			✓
7.	Rauchen Sie mehr als 30 Zigaretten täglich?			✓
8.	Trinken Sie täglich mehr als drei Tassen starken Kaffee?			✓
9.	Schlafen Sie zu schlecht oder zu wenig?			✓
10.	Fühlen Sie sich morgens wie »erschlagen«?		✓	
11.	Nehmen Sie Beruhigungs-, Schlafmittel oder Psychopharmaka?			✓
12.	Bekommen Sie leicht Kopfschmerzen?			✓
13.	Sind Sie stark wetterfühlig?			✓
14.	Haben Sie leicht Magenschmerzen, Verstopfung oder Durchfall?		✓	
15.	Bekommen Sie leicht Herzschmerzen?			✓
16.	Sind Sie sehr lärmempfindlich?			✓
17.	Beträgt Ihr Ruhepuls über 80 Schläge pro Minute?			✓
18.	Bekommen Sie leicht feuchte Hände?			✓
19.	Sind Sie oft aufgeregt, hektisch, unruhig?			✓
20.	Lehnen Sie innerlich Ihre Arbeit ab?			✓
21.	Mögen Sie Ihre/n Vorgesetzte/n nicht?		✓	
22.	Sind Sie mit Ihrer Situation unzufrieden?			✓
23.	Ärgern Sie sich schnell?			✓
24.	Regt/regen Sie Ihr/e Mitarbeiter oder Ihr/e Kollegen auf?			✓
25.	Sind Sie in Ihrer Arbeit sehr penibel?		✓	

26.	Sind Sie sehr ehrgeizig?	✓		
27.	Haben Sie bestimmte Ängste oder belastende Zwänge?		✓	
28.	Werden Sie leicht ungeduldig?			✓
29.	Fällt Ihnen das Entscheiden schwer?			✓
30.	Sind Sie neidisch oder missgünstig?			✓
31.	Werden Sie schnell eifersüchtig?			✓
32.	Empfinden Sie Ihre Arbeit als schwere Belastung?		✓	
33.	Stehen Sie oft unter zeitlichem Druck?		✓	
34.	Leiden Sie unter Minderwertigkeitsgefühlen?			✓
35.	Sind Sie gegenüber anderen Menschen misstrauisch?		✓	
36.	Haben Sie wenig Kontakt zu Mitmenschen?			✓
37.	Können Sie sich an kleinen Dingen des Alltags nicht mehr erfreuen?			✓
38.	Glauben Sie, dass Sie ein Pechvogel oder Versager sind?			✓
39.	Fürchten Sie sich vor der Zukunft (Freundschaft, Familie, Beruf)?		✓	
40.	Fällt es Ihnen schwer, sich zu entspannen?			✓

Auswertung

Für jedes »Trifft zu« erhalten Sie zwei Punkte, für jedes »Trifft teilweise zu« erhalten Sie einen Punkt. Zählen Sie nun alle Punkte zusammen und bewerten Sie Ihr Ergebnis mit Hilfe der folgenden Tabelle:

Punkte	Interpretation
bis 19	Sie sind derzeit relativ wenig belastet und sind stressstabil.
20–26	Sie haben derzeit eine geringe Stressbelastung. Trotzdem sollten Sie sich kritisch mit einzelnen Stressauslösern auseinandersetzen.
27–33	Sie leiden derzeit unter einer durchschnittlichen Stressbelastung. Sie sollten versuchen, sich regelmäßig systematisch zu entspannen bzw. versuchen, die permanenten Stressoren zu reduzieren.
34–41	Sie sind derzeit sehr stressbelastet. Eine systematische Entspannung wäre dringend erforderlich, wobei Sie versuchen sollten, einige der Belastungsfaktoren in Ihrem Leben nachhaltig zu eliminieren.
ab 42	Hält die derzeitige Belastung länger an, ist auf die Dauer gesehen eine Lebensumstellung angeraten. Falls es Ihnen nicht gelingt, sollten Sie eine psychologische Beratungsstelle oder einen Arzt aufsuchen.

Menschen und ihre Krisen

Es gibt sie, die starken Menschen. Sie finden neuen Mut, wenn sie ihren Arbeitsplatz, einen geliebten Partner oder beinahe ihr eigenes Leben verloren haben. Aus einer geheimnisvollen inneren Kraft heraus geben sie nicht auf, widersetzen sich ihren Schicksalsschlägen und stehen am Ende vielleicht sogar besser da als zuvor. Was in ihnen dabei vorgeht, können diese besonders widerstandsfähigen Menschen Außenstehenden oft kaum erklären. Nur aus manchen ihrer Äußerungen geht hervor, weshalb sie im Gegensatz zu vielen anderen Menschen am tiefsten Punkt doch wieder Hoffnung fassen. Umso mehr mühen sich Wissenschaftler seit Jahrzehnten, die Geheimnisse der Starken zu ergründen, damit sie für alle Menschen verfügbar werden. Auf der Grundlage einzelner Lebensberichte und auch mit Hilfe intelligent angelegter Studien versuchen Psychologen und Pädagogen, jene Eigenschaften und Faktoren zu entschlüsseln, die Menschen in Krisen helfen, neuen Lebensmut zu finden.

Das Leben hält für jeden von uns zahlreiche Herausforderungen bereit. Dabei treten schwere Schicksalsschläge in unterschiedlichster Gestalt auf. Die größten persönlichen Desaster, die man sich in unserer westlichen Welt gemeinhin vorstellt, sind in gescheiterten Liebesbeziehungen zu finden, in schweren Krankheiten, finanzieller Not, dem Tod von nahestehenden Personen, dem Verlust der Heimat, der Freiheit oder der Identität sowie in dauerhaft fehlender Anerkennung im Beruf, nach Missbrauch oder einem schweren Unfall. In all diesen Situationen brauchen Menschen seelische Widerstandsfähigkeit, wenn sie an ihnen nicht zugrunde gehen wollen. Jeder Arbeitnehmer braucht sie; jeder Liebende und sogar jeder Erfolgstyp.

Das Kapitel möchte an ausgewählten, realen Beispielen darlegen, wie es Menschen gelungen ist, aus den verschiedensten Krisen gut herauszukommen. Es gibt ungefiltert die persönliche Einschätzung der Betroffenen wieder: Was glauben diese selbst, wie ihnen die Bewältigung des zunächst unerträglich erscheinenden Schicksalsschlags gelungen ist? War es für sie je eine Frage, ob sie es schaffen würden, nach ihrer Entführung, dem Tod ihres Kindes oder dem Terroranschlag, der ihr Leben bedrohte, wieder glücklich zu werden? Welche Bedingungen in ihrem Umfeld, welche ihrer Charaktereigenschaften haben ihnen geholfen?

Die Einzelschicksale sind zweifelsohne subjektiv – und sie lassen auch ganz bewusst die Betroffenen selbst oder ihnen nahestehende Menschen zu Wort kommen. Denn der Umgang mit Schicksalsschlägen ist höchst individuell. Dabei ist es auch nicht unerheblich, welches Unglück welche Person heimsucht. Jemand, der nach dem plötzlichen Verlust eines nahen Angehörigen wieder neuen Lebensmut findet, muss nicht unbedingt in der Lage sein, auch Gewalt gegen die eigene Person, den Verlust der körperlichen Mobilität oder sein Versagen im Beruf gut zu verarbeiten.

Trotz aller Individualität und Beispielhaftigkeit aber: Die in diesem Kapitel erzählten Lebensgeschichten werfen ein Licht auf die wichtigsten menschlichen Eigenschaften, die eine starke Seele ausmachen. Dazu gehört zum Beispiel die Fähigkeit, verlässliche soziale Bindungen aufzubauen; dazu zählen aber auch Selbstbewusstsein, Intelligenz, Fröhlichkeit, Durchsetzungsvermögen, Kraft, Selbstkenntnis, Frustresistenz und das Bewusstsein, etwas im Leben erreichen zu können. Auch hilft es, wenn man grundsätzlich offen für Veränderungen ist – zur Not auch für solche, die zunächst wenig erfreulich zu sein scheinen.

Man muss nicht gleich über all diese Merkmale verfügen, um Krisen erfolgreich zu bewältigen. Oft reichen schon wenige solcher starken Eigenschaften aus, wie die folgenden Beispiele zeigen. Hauptsache, die Menschen machen sich in den Zeiten der Krise klar, über welche Ressourcen sie ganz persönlich verfügen – und wie sie im Moment von Frust und Trauer aus ihnen schöpfen können.

Die verwaiste Mutter

Als Dennis mit drei Jahren an Krebs erkrankte, ahnte seine Mutter nicht, dass das Schicksal eine noch grausamere Prüfung für sie bereithalten sollte. Dennis starb nicht an seinem Krebs. Die Operation, in der sein schon fünf Zentimeter großer Gehirntumor entfernt wurde, überstand der Dreijährige sogar bestens. »Der Tumor war hundertprozentig weg. Alles schien auf einem guten Weg zu sein«, erzählt seine Mutter Ute Hönscheid mit einer freundlichen, lebenslustigen, glockenklaren Stimme. Anzuhören ist ihr nicht, was sie in den Monaten nach der Operation und bis heute zu bewältigen hat.

Zunächst schien es das Schicksal gut mit ihrer Familie zu meinen. Bald nach dem schweren Eingriff im Jahr 1997 konnte Dennis schon wieder selbst seinen Schnuller in den Mund stecken, Kinderpuzzles lösen und Kassetten in seinem Rekorder zum Laufen bringen. Als Ärzte seine Schläuche entfernten und ihm dabei weh taten, hatte der Knirps sogar genügend Kraft, um böse zu werden: »Blöde Mama«, schimpfte er. Die Eltern waren überglücklich.

Doch es dauerte nicht lange, bis sich das Schicksal erneut wendete. Dunkel war es im Krankenzimmer. Viel zu dunkel. Die kleine Lampe an Dennis' Bett war schon seit Tagen kaputt. Die große Lampe wollten die Krankenschwestern nachts nicht anschalten, um das Kind nicht im Schlaf zu stören. »Machen Sie doch Licht«, sagte die Mutter, wenn eine Schwester nachts ins Zimmer kam, um nach Dennis zu sehen. Irgendwie, vielleicht aus einer Vorahnung, gefiel ihr dieses Hantieren im Dunkeln nicht. Aber die Schwester machte kein Licht. Stattdessen machte sie einen verhängnisvollen Fehler.

So dicht lagen die beiden Medikamente nebeneinander auf Dennis' Nachtschrank. Wie leicht konnte man danebengreifen. Wie viel leichter noch in einem Zimmer ohne Licht. Das Entsetzliche geschah: Die Krankenschwester gab statt der vorgesehenen Antibiotikalösung die Spritze mit dem Kalium in Dennis' Einlaufpumpe. So rann das Mineral viel zu schnell in den kleinen Arm des Jungen – mit 80 statt mit drei Millilitern pro Stunde. Nicht einmal halb so viel Kalium verwenden Henker in den USA, um das Leben von zum Tode verurteilten Häftlingen zu beenden.

Unweigerlich hörte Dennis' Herz auf zu schlagen. Für unerträglich lange 48 Minuten, in denen sein Gehirn nicht mehr genügend Sauerstoff bekam. Den Ärzten gelang es noch, den Dreijährigen zu reanimieren. Doch er wachte nie mehr richtig auf, war keinen Moment mehr ansprechbar. Fortan wurde Dennis immer wieder von Krämpfen geschüttelt, schien unsägliche Schmerzen zu haben. Schreien konnte er nicht, aber sein kleiner Körper bog sich über die Seite durch, überstreckte nach hinten. »Wir hatten Angst, er würde jeden Moment durchbrechen«, sagt seine Mutter.

Bald wurde »die schreckliche Wahrheit sichtbar«, wie Ute Hönscheid erzählt. Die Ärzte machten im Kernspintomographen Aufnahmen von Dennis' Gehirn. Unmissverständlich zeigten sie: Der kleine Junge war ins Wachkoma gefallen. Die Wahrscheinlichkeit, dass er je wieder Bewusstsein erlangen würde, war angesichts der ausgedehnten Schädigung seines Gehirns ausgesprochen gering.

»Wir waren noch nicht lange mit Dennis im Zimmer zurück, da flog die Tür auf. Herein stürmte ein Oberarzt mit seinem Gefolge«, erinnert sich Ute Hönscheid. »Er kam bis auf Handbreite an mich heran und starrte mir in die Augen: ›Dennis wird nie wieder sitzen können. Er wird nie wieder sprechen können. Er wird nie wieder laufen können. Nehmen

Se ihn mit nach Hause und machen Se ihm noch 'ne schöne Zeit«, sagte er. Seine Sätze im Frankfurter Dialekt donnerten »wie Peitschenhiebe« auf Ute Hönscheid und ihren Mann Jürgen hernieder, erzählt sie. »Er hat das Todesurteil gefällt. Gehen wir zum Schafott. So vernichtend hörte sich das für uns an.«

Schließlich machen die Hönscheids, was ihnen der wenig einfühlsame Arzt empfohlen hat. Sie fliegen mit Dennis nach Hause, nach Sylt. Dort stirbt der kleine Junge Monate später nachts in seinem Bett. Endlich entspannt sich das schmerzverzerrte Gesicht des Kindes.

Inzwischen liegt Dennis' Tod 16 Jahre zurück. Er wäre heute volljährig. Fröhlich klingt seine Mutter, leicht, voller Lebensfreude und Energie – auch als sie von den schrecklichen Ereignissen des Jahres 1997 berichtet. Fast schon wirkt das merkwürdig auf den Zuhörer. Wie kann jemand, den ein solcher Schicksalsschlag getroffen hat, jemals die Trauer hinter sich lassen?

Man kann, sagt Ute Hönscheid: »Ihr werdet wieder glücklich sein!« Das ist für sie die wichtigste Lehre, die sie Menschen mitgeben möchte, denen das Schicksal ebensolche Prüfungen auferlegt wie ihr. »Auch wenn man es sich am Punkt tiefster Trauer und Verzweiflung nicht vorstellen kann: Eines Tages kann man wieder glücklich sein – gleichgültig, wie schwer der Schicksalsschlag war«, ist die heute 58-Jährige überzeugt.

Das wollte Ute Hönscheid zunächst selbst nicht glauben. Nach dem Behandlungsfehler war die schlanke, hochgewachsene Frau, die so viel Lebenslust ausstrahlt, am Boden zerstört. »Die ganze Familie war in Trauer gefangen«, berichtet sie. Dennis war ihr einziger Sohn nach drei größeren Mädchen, die heute zwischen 34 und 22 Jahren alt sind. Sie waren doch immer die »California Family« gewesen. So hatte der Fernsehpfarrer Jürgen Fliege sie einmal genannt. Nichts hatte sie umhauen können, diese strahlende, blonde, braungebrannte Surfer-Familie. Der Vater, ein Weltklassesurfer, hatte sogar einmal ein missglücktes Sprungmanöver auf der Nordsee überlebt, wo er sich zwei Halswirbel und somit fast das Genick gebrochen hatte. Doch das Glück schien nun dahin zu sein. Es gab Tage, an denen sie nichts anderes tun konnten als weinen. Bis zu dem Tag, an dem Jürgen Hönscheid einen Entschluss fasste. »Als es am schlimmsten war«, erzählt Ute Hönscheid, »und wir alle auf dem Badezimmerfußboden bei meiner Schwiegermutter auf Sylt lagen, da sagte Jürgen diesen Satz: Wir wollen wieder glücklich sein!«

Zunächst reagierte Ute Hönscheid irritiert darauf. Sie hatte doch ihr Kind verloren. Aber dann verstand sie, dass es so nicht weitergehen konnte und dass ihre Trauer niemandem nützt. »Wir beschlossen, dass die Zeit der Trauer nun vorbei sein soll. Dass wir nur noch das Schöne im Leben sehen wollen«, sagt sie. Die Hönscheids eröffneten einen Surfshop auf Fuerteventura, wo sie schon seit einiger Zeit ihr Winterdomizil hatten. Vormittags verschwand Jürgen in seine Hightech-Werkstatt. Dort fertigte er per Hand selbstentwickelte, hochwertige Surfbretter an. Die Frauen der Familie verlegten sich ebenfalls aufs Kreative, malten und entwarfen sogar eine eigene Modekollektion.

Alle Familienmitglieder nahmen ganz bewusst nur noch die schönen Dinge des Lebens wahr. Dazu gehörten das Meer und die Sonnenuntergänge, die Siege der Töchter, die nun erste große Surfwettkämpfe gewannen. Das Glücksgefühl, das sich einstellte, wenn sie morgens am Meer durch die Dünen joggten. »Aber wir hielten uns auch ganz egoistisch die Probleme unserer Freunde vom Hals und guckten nicht mal mehr Nachrichtensendungen«, erzählt die Mutter. »Daran haben wir uns nach oben gezogen.«

Durch dieses ganz bewusste Ausblenden von Negativem habe sich das Leben dann irgendwann wieder gut angefühlt. Ein ganz wesentlicher Punkt dabei war der Familienzusammenhalt, der Stärke und Geborgenheit vermittelt: »Wir sind ein richtiger Clan!« Schon in der Klinik hatten sich die Krankenschwestern gewundert, wie fröhlich die Familie eines krebskranken Kindes sein konnte, wie sie einander umarmten und gute Stimmung verbreiteten. »Man muss sich doch auf neue Situationen einstellen können und ihnen das Beste abgewinnen«, hatte Ute Hönscheid damals gesagt.

Irgendwann hatte Ute Hönscheid so viel Kraft getankt, dass

sie sogar wieder in der Lage war, einen schmerzvollen Kampf aufzunehmen. Für ihren Sohn konnte sie nichts mehr tun. Aber sein viel zu früher Tod sollte wenigstens nicht umsonst gewesen sein. Sie wollte anderen Menschen ein ähnliches Schicksal ersparen, das Bewusstsein für Behandlungsfehler und deren Folgen wecken und dafür sorgen, dass Kliniken Fehlermelderegister einrichten, um Unfälle zu vermeiden. Deshalb prozessierten die Hönscheids jahrelang gegen das Frankfurter Universitätsklinikum, das den Behandlungsfehler zu vertuschen versuchte. Es war ein Krimi mit verschwundenen Akten, eingeschüchterten Zeugen und einer befangenen Richterin. Rücksichtslose Ärzte versuchten den Hönscheids weiszumachen, dass der Zustand ihres Jüngsten auf seinen Tumor zurückzuführen war und nicht auf die falsche Infusion.

Sieben Jahre lang haben Ute und Jürgen Hönscheid um die Wahrheit gekämpft. Ute Hönscheid hat darüber sogar ein Buch geschrieben (›Drei Kinder und ein Engel‹). Schließlich erkannte das Gericht an, dass Dennis infolge eines Behandlungsfehlers gestorben war. Hass fühlt die Mutter bis heute nicht – auch nicht gegen die Krankenschwester, der sie längst verziehen hat. »Krankenschwestern, Ärzte und Professoren haben uns schon oft sehr geholfen und dafür sind wir unendlich dankbar«, heißt es im Vorwort zu ihrem Buch. »Wir richten uns allein gegen das Vertuschen von Behandlungsfehlern, wie es im Fall unseres Sohnes Dennis geschehen ist.« 40 000 Euro Schmerzensgeld bekamen die Hönscheids nach dem Prozess. Sie spendeten die gesamte Summe – die Hälfte davon an die Krebsstation der Frankfurter Uniklinik, wo alles geschah. Es sei wichtig, sich zu versöhnen – mit den Menschen, mit dem Schicksal, sagt die Mutter.

»Man verarbeitet so etwas nicht. Es begleitet einen und verändert sich dabei«, erzählt Ute Hönscheid ohne jede Verbitterung. »Aber wer so etwas überstanden hat, der hat eine Lebensfreude, kann besser mit Dingen im täglichen Leben umgehen. Wir wissen jetzt, dass wir sehr viel aushalten können, ohne zu zerbrechen. Das macht stark.«

Heute sagt sie, sie könne jedem nur raten, »einen solchen Beschluss zu fassen, wie wir es damals getan haben – einen ganz radikalen, unverschämten Beschluss.« Das Ende einer Krise habe auch etwas mit Willen zu tun. »Es geht viel über den Kopf. Man muss die Bereitschaft dazu haben, die Krise gut zu überstehen.« Dabei helfe es, einen neuen Lebensabschnitt zu beginnen. Gerade hat Ute Hönscheid wieder etwas Neues für sich entdeckt: »Ich model jetzt, als Best-Age-Model«, erzählt sie. »Es ist herrlich, so etwas Banales, Schönes, Unbeschwertes, Leichtes, Lustiges zu tun. Und ich weiß, ich darf das auch.«

Der Selbstausbeuter

Er kam so schnell wieder, wie er verschwunden war. Ende September 2011 verkündete Ralf Rangnick, der Cheftrainer des Fußball-Bundesligisten FC Schalke 04, dass er von jetzt auf gleich seinen Job hinschmeißen müsse. Einer der Härtesten in einer harten Branche sagte, er sei ausgebrannt, habe keinen Appetit, esse kaum noch etwas und könne nicht mehr schlafen. Er erreiche schlicht nicht mehr sein »Energielevel«, das so nötig sei, um seine Mannschaft mit genügend Power für ihre Siege zu versorgen, sagte Rangnick.

Schon im Juni 2012, gerade mal neun Monate später, stand der gebürtige Schwabe wieder auf der großen Fußballbühne. Er wurde Sportdirektor gleich zweier Fußballclubs, des vielfachen österreichischen Meisters FC Red Bull Salzburg und des dazugehörigen Viertligisten RB Leipzig. »Heute beginnt eine neue Zeitrechnung«, sagte er beim Antritt seiner neuen Jobs. Er sprühe wieder vor Leidenschaft, versicherte Rangnick. »Mir geht es so gut wie ewig nicht mehr.«

Rangnick galt immer als einer, der voller Energie war. Als »Fußballprofessor« ging er in die Bundesligageschichte ein, weil er 1998, da war er gerade junger Erfolgstrainer beim SSV Ulm, im ›Aktuellen Sportstudio‹ des ZDF an einer Tafel professoral wesentliche Grundlagen der Fußballtheorie erklärte. Er verdeutlichte die Bedeutung von Raumdeckung und Viererkette und zeigte so, weshalb die Position des Libero im modernen Fußball nicht mehr zeitgemäß ist. Dabei wirkte er so konzentriert, so gewissenhaft und irgendwie auch an der Grenze zur Zwanghaftigkeit, dass schon damals klar war: Dieser Mensch setzt sich für seine beruflichen Ziele und Vorstellungen ein, koste es, was es wolle, und sei es das eigene Lebensglück.

Bald schon hatte der Selbstausbeuter Rangnick den erwarteten Erfolg. Er entwickelte sich zu einem der profiliertesten deutschen Bundesliga-Coachs. Als erstem deutschen Trainer gelang es dem studierten Sport- und Englischlehrer mit der TSG 1899 Hoffenheim, einen Klub von der dritten Liga auf Platz eins der ersten Bundesliga zu führen. Rangnick verlangte nicht nur von seinen Spielern alles. Er war dafür bekannt, auch selbst an sein Limit zu gehen, perfektionistisch und radikal prinzipientreu zu sein. Dabei wendete er ein hohes Maß an Energie für Dinge auf, die andere als Kleinigkeiten betrachteten. Sogar die Hotels wollte er in seiner Funktion als Trainer noch selber buchen. Abschalten, das konnte er Weggefährten zufolge kaum. »Es gibt sicher Situationen, in denen ich anstrengend bin«, gab Rangnick vor Jahren zu. »Wenn ich Bequemlichkeit spüre, dann werde ich unangenehm!«

Nie machte er aus seinem ausgeprägten Ehrgeiz ein Geheimnis. Gern erzählte er die Anekdote, wie er als Kind ein Spielzeugauto durch die Gegend schleuderte, nur weil er gegen seinen Opa beim Spielen verloren hatte – ausgerechnet beim Mensch-ärgere-dich-nicht. Niederlagen schienen ihm schwer zuzusetzen – mehr als es in der umkämpften Fußballbranche üblich ist. »Ralf ist jemand, der immer 200 Prozent gibt, um das Optimum zu erreichen, und diese Erwartung hat er, wie man weiß, auch an sein Umfeld«, sagte sein Berater Oliver Mintzlaff.

Doch plötzlich ging es nicht mehr. Rangnick fühlte sich ausgepumpt. Zwar versuchte der ehrgeizige Trainer noch wochenlang, seine Probleme zu verdrängen. Doch im September 2011 diagnostizierte der Mannschaftsarzt des FC Schalke 04, Thorsten Rarreck, bei Rangnick ein vegetatives Erschöpfungssyndrom. Es hätte schon Überzeugungsarbeit gekostet, bis sein Schützling das akzeptiert habe, erzählte Rarreck später. Aber letztlich sei der Trainer erleichtert über diese Diagnose gewesen und darüber, dass der Mannschaftsarzt ihn bestärkte, eine Auszeit zu nehmen.

Rarreck war aufgefallen, dass Rangnick »nicht einfach nur platt war«. Deshalb »musste die Reißleine gezogen werden«. Auch Rangnick selbst sagte später: »Aufzuhören war eine brutale Notwendigkeit.« Nur wer selbst brenne, könne Feuer entfachen. Aber er habe sich gefühlt, als hätte ihm jemand den Stecker rausgezogen. »Man denkt sich: Beiß auf die Zähne. Aber irgendwann ging es nicht mehr«, erzählt er. Seine Blutwerte seien »katastrophal im Keller« gewesen, die Hormone durcheinander, das Immunsystem lahmgelegt. »Das war ein kompletter körperlicher Breakdown.«

Die ersten Anzeichen hatte er bereits Monate zuvor selbst wahrgenommen. Denn bevor er im März 2011 den Trainerposten bei Schalke antrat, hatte er eigentlich eine längere Auszeit im Sinn. Mehrere Monate habe er nach der Trennung von seinem vorherigen Arbeitgeber TSG Hoffenheim Anfang Januar pausieren wollen. Aber dann meldete sich Schalke schon so schnell. Jetzt oder nie, hieß das Angebot. Und Rangnick nahm es trotz seiner inneren Leere an. Sich übernahm er. »Er hat sich schlicht überfordert«, sagte Mannschaftsarzt Rarreck. »Ich vergleiche das mit einem übertrainierten Sportler. Der ganze Körper ist vollkommen ausgelaugt.«

Den größten Druck machte Rangnick wahrscheinlich gar nicht die Öffentlichkeit, den machte er sich schon selbst. Es hat ihn wohl tief getroffen, dass er trotz seines Erfolgs kaum einen Titel gewonnen hatte. Champions-League-Halbfinale mit Schalke, Herbstmeister mit Hoffenheim – das war immer nur die Hälfte von dem, was er eigentlich erreichen wollte. In die Perfektionsfalle geraten Menschen in Kreativberufen und im Spitzensport besonders leicht. Sie genießen den Erfolg, fühlen sich aber auch allein verantwortlich für den Misserfolg. Absurderweise sind der Ausbeuter und der Ausgebeutete dieselbe Person. »Er ist ja ein Mensch, der sehr viel Power hat, gerade deswegen ist er gefährdet«, drückte Mannschaftsarzt Rarreck das aus.

Zugleich ist Rangnick durchaus empfindlich: Auf Kritik reagierte er oft verletzt und emotional. Wie sensibel er ist, zeigte der Klinikaufenthalt seines Vaters im Jahr 2010, der ihn wochenlang schwer mitnahm. Auch die Krebserkrankung eines

Freundes belastete ihn. Zu seiner Mannschaft aber gehörte der Fußballprofessor nie so recht dazu. Wenn seine Fußballer mit Bierduschen feierten, wirkte Rangnick immer seltsam außen vor. Es mag sein, dass ihm auch das zusetzte.

Bei seinem Neuanfang schien es zunächst so, als habe Ralf Rangnick nicht viel gelernt. Er setzte sich schon wieder atemberaubende Ziele: Es werde kaum möglich sein, mit dem Leipziger Regionalligaverein »in einem Jahr in die Bundesliga durchmarschieren« zu können, sagte er. »Aber ich bin überzeugt, dass die Entwicklung schnell gehen kann, wenn man dafür die Rahmenbedingungen schafft.« Das klang so, als wäre sein nächster Zusammenbruch gleich wieder programmiert.

Doch Rangnick wusste auch zu berichten, wie er seine Krise überwunden hatte. »Das geht nicht, ohne ein paar grundlegende Dinge zu ändern«, sagte er im ›Aktuellen Sportstudio‹. »Dazu zählen auch der Umgang mit Ruhephasen, die richtige Ernährung und die Zeit, selber Sport zu treiben.« Er wolle sich in Zukunft immer mal wieder Auszeiten gönnen. »Man muss sie sich konsequent nehmen. Das wird entscheidend sein.« Zwei Begriffe hätten für ihn eine neue Bedeutung bekommen: Selbstdisziplin und delegieren. »Die Handys müssen nicht beim Essen neben dem Teller liegen, und wenn man mal zu Hause bei der Familie ist, dürfen sie auch mal ausgeschaltet sein«, sagte Rangnick. »Man muss sich pflegen, gerade in diesem Job.«

Der Mannschaftsarzt Thorsten Rarreck hatte seinem Schützling immer eine gute Prognose gestellt. »Rangnick ist ja kein Typ, der sich hängen lässt. Er geht das aktiv an«, begründete er dies. Noch dazu habe er viele Qualitäten und sei ein intelligenter Geist. »Er wird nach einer Pause zur alten Stärke zurückkommen«, prophezeite Rarreck schon an dem Tag, an dem er Rangnicks Burn-out verkündete.

Der Vertriebene

Erwin* gehörte zu Adolf Hitlers stiller Reserve. Er war 19 Jahre alt, als der Führer meinte, auch ihn noch in den Krieg schicken zu müssen, um seinen Endsieg gegen alle Prognosen doch zu erreichen. Bis dahin war Erwin das idyllische Leben in Pommern auf dem Land gewohnt. Dort besaßen seine Eltern einen großen Hof, die Familie gehörte wie viele Deutsche in der Gegend zu den besonders Begüterten. Die jüngeren Bauernsöhne, wie auch er einer war, waren von der Front verschont geblieben. Man brauchte sie für die Ernte, wenn es ältere Brüder gab, die bereits fürs Vaterland kämpften. So führte Erwin sogar in Zeiten des Zweiten Weltkriegs ein ungewöhnlich friedliches Leben. Aber nun, im Winter 1944/45, musste auch er an die Front. Er hatte sich immer vor dem Krieg gefürchtet, doch in den gefrorenen Schützengräben des Ostens war es noch entsetzlicher, als er sich das jemals ausgemalt hatte.

Es sollte fast zehn Jahre dauern, bis Erwin zurückkehren durfte. Aber wohin zurück? Pommern war längst polnisch geworden, das große Gehöft der Eltern war enteignet. Zehn Jahre lang hatte Erwin erst in Schützengräben gelegen, unbeschreibliche Schrecken erlebt, Kameraden krepieren sehen – und war letztlich ins Arbeitslager nach Estland geraten, wo er, völlig unterernährt und halb erfroren, Frondienste für die Sowjets verrichten musste.

Nun, im Sommer 1955, kam er endlich aus dem Krieg zurück. Lange suchte er seine Eltern, doch die Mutter war auf der Flucht gestorben. Seinen Vater fand er schließlich in der Nähe von Magdeburg auf einem kleinen Hof, der dem Bruder der Mutter gehörte. Dort kamen auch Erwin und sein ebenfalls aus dem Krieg zurückgekehrter Bruder unter. Und Erwin blieb bis an sein Lebensende.

Der junge Mann heiratete eine Frau aus dem nahen Dorf. Sie war Erwins große Liebe, aber einfach war die Sache nicht. Sein Schwiegervater hatte etwas gegen diesen Habenichts, der sein gesamtes Erbe in Form von Haus und Hof in Pommern hatte zurücklassen müssen und nun ein einfacher Arbeiter auf dem Hof seines Onkels war. Akzeptiert hat er Erwin nie – er hat nicht einmal mit ihm geredet.

Mit seiner Frau war Erwin trotzdem glücklich. Sie lebten nicht im Überfluss, aber sie hatten ein gutes Auskommen. Zwei Kinder bekamen sie, ein Mädchen und einen Jungen. Doch dann brach eine lebensbedrohliche Krankheit über die

Familie herein. Mit nicht einmal 30 Jahren starb Erwins Frau an Leukämie. Erwin stand allein mit den beiden kleinen Kindern da. Nicht einmal bei seinen Schwiegereltern fand der verachtete Schwiegersohn Hilfe oder Unterstützung. Wie sollte er seine Kinder großziehen?

Bekannte, die ebenfalls aus Pommern stammten, hatten eine Idee: Sie brachten Erwin mit Brigitte* zusammen. Hatten die beiden nicht ein ähnliches Schicksal erlitten? Brigitte stammte ebenfalls von einem großen Hof in den deutschen Ostgebieten. Sie war gebürtige Schlesierin. Mit neun Jahren war sie von dort vertrieben worden, zusammen mit dem Rest der Familie. Tatsächlich freundeten sich Erwin und Brigitte an, heirateten und bekamen zusammen noch einen Sohn. Sie verstanden sich, aber eines trennte die beiden zeit ihres Lebens: der Umgang mit der verlorenen Heimat.

Auch 40 Jahre später hing im Häuschen von Erwin und Brigitte immer noch ein Bild vom schlesischen Gehöft an der Wand, auf dem Brigitte aufgewachsen war. Fast täglich sprach sie von dem Verlust, den sie als Kind erlitten hatte. Dem Volk der Polen hatte sie das, anders als Erwin, nie verziehen. Das elterliche Gehöft war für sie mehr als die Heimat, ein Zuhause oder die wirtschaftliche Absicherung. Es war Symbol ihrer Zugehörigkeit zu einer besonderen Schicht, dessen Verlust sie nicht verwinden konnte. Sie schien nicht nur vom elterlichen Hof, sondern auch von ihrem Glück vertrieben worden zu sein.

Erwin hingegen sprach immer gut über die Polen, über die Esten und sogar über die Russen, die ihn so viele Jahre gefangen gehalten hatten. Dass er mit manchen von ihnen schlimme Erfahrungen gemacht hatte, war für ihn kein Grund für Hass und Verbitterung. Die Schrecken des Krieges waren für ihn Teil seiner Lebensgeschichte, aber nicht mehr Teil seines Alltags; der Hof seiner Familie war für ihn Vergangenheit; die Ablehnung der Schwiegereltern nicht schön, aber unabänderlich; der viel zu frühe Tod seiner Frau etwas, das sich nun einmal ereignet hatte.

Erwins Augen leuchteten, wenn er über freundschaftliche Begegnungen in der Gefangenschaft erzählte, er machte Witze auf Russisch; und wenn er davon berichtete, wie er seinen Vater wiedergefunden hatte, waren die traurigen Aspekte und der Tod der Mutter auf der Flucht schnell und ohne Grimm erzählt. Viel mehr Wert legte er auf die Schilderung seines Glücks, den Vater letztlich doch gefunden zu haben.

Auch mit über 80 Jahren konnte Erwin sich freuen wie ein Kind. »Es ist doch, wie es ist«, sagte er immer wieder. Und: »Das Leben schreibt seine eigenen Geschichten.« Sein Leben, in dem ihn zweifellos immer wieder schwere Schicksalsschläge ereilten, war für ihn in Ordnung. Er haderte nicht damit, und er hatte nicht das Gefühl, dass andere schuld an seinem Unglück seien. Seine zehn Jahre jüngere Frau überlebte er um viele Jahre.

*) Namen geändert

Die Frau, die ihre Identität verlor

Ihr Umfeld reagierte irritiert, dass sie so wenig irritiert war. Schließlich gab es doch immer wieder große Zeitungsartikel und auch wissenschaftliche Untersuchungen, denen zufolge Menschen aus dem Takt geraten, wenn sie plötzlich nicht mehr wissen, woher sie eigentlich kommen. Manchmal bringen es Gentests ans Licht, manchmal auch die Offenbarungen von Eltern, die endlich ein Geheimnis teilen wollen: Von einem Tag auf den anderen erfahren Menschen mitunter, dass sie adoptiert wurden, die Folge eines Seitensprungs sind oder mit dem Sperma eines Unbekannten aus einer Samenbank gezeugt wurden. Dann fehlt plötzlich jenes Wissen, über das sich viele Menschen definieren: Wer sind meine Eltern? Wer ist mein Vater? Wie sieht er aus? Bin ich ihm ähnlich? Kurz: Woher komme ich?

Im Fall von Sabine* aus München war der Identitätsverlust ein schräger Zufall oder das Zuwortmelden des lange zum Schweigen gebrachten Unbewussten. »Ach, das ist ja interessant«, rief ihre Mutter wenige Wochen, nachdem Sabine selbst eine Tochter zur Welt gebracht hatte, offenkundig überrascht aus. Sabine und ihre Mutter saßen gemeinsam über dem Mutterpass, den Ultraschallbildern, dem Armbändchen aus der

Klinik sowie einer Reihe weiterer Erinnerungen an Schwangerschaft und Geburt. Und dabei fiel der frischgebackenen Großmutter die Sache mit den Blutgruppen auf. »Das ist ja wirklich lustig«, sagte sie, »du bist Blutgruppe B?! Papa und ich sind beide Blutgruppe A!«

Sabine fand das auch interessant, aber weniger lustig. Als Naturwissenschaftlerin wusste sie, dass das nicht sein konnte. Irgendetwas stimmte hier nicht. Entweder hatte ein Arzt die Blutgruppe einer der beteiligten Personen falsch bestimmt. Oder sie konnte nicht das Kind ihrer Eltern sein. Sabine war zu neugierig, um das so stehen zu lassen und einfach zur Tagesordnung überzugehen. Gab es da nicht diese alte Geschichte, dass sie womöglich als Baby im Krankenhaus vertauscht worden war? Sie wollte den Ungereimtheiten nachgehen.

Ihre Eltern fanden das zunächst völlig unnötig. Die Wissenschaft könne ja irren, sagten sie. Es gebe immer Dinge zwischen Himmel und Erde, die sich den modernen Methoden der Wissenschaft entzögen. Außerdem sei der Frauenarzt, der die Blutgruppe der Mutter bestimmt hatte, bekanntermaßen ein Alkoholiker gewesen. In seiner Praxis könne also leicht ein Fehler passiert sein. Aber wahrscheinlich war dann ein anderer der Vater? Unmöglich. Sie seien einander doch immer treu gewesen, versicherten beide Eltern. Das Einzige, was sie dazu bewegte, Sabines Forschungsinteresse zu unterstützen, war die Sache mit der möglichen Vertauschung. Schließlich hatte die Hebamme der Mutter nach Sabines Geburt zunächst zu einem gesunden Jungen gratuliert und war dann kurze Zeit später mit der Nachricht am Wöchnerinnenbett erschienen, das Kind sei doch ein Mädchen.

In den kommenden Monaten zeigten weitere Blutgruppenanalysen, dass bei der Bestimmung keine Fehler passiert waren. Zwei Gentests brachten die Wahrheit schließlich an den Tag: Sabine war die Tochter ihrer Mutter, nicht aber das Kind ihres Vaters. Damit hatte sie nicht gerechnet, zumal ihre Mutter noch lange an der Mär der ausnahmslosen ehelichen Treue festhielt. Erst Monate nach den Gentests fiel ihr ein offenbar tief verdrängter Seitensprung wieder ein.

Und dennoch: Die für sie völlig überraschende Neuigkeit,

nicht das leibliche Kind ihres Vaters zu sein, berührte Sabine, aber sie warf sie nicht aus der Bahn. An ihrer Beziehung zu ihrem sozialen Vater änderte sich aus ihrer Sicht nichts, wenngleich dieser von der Nachricht schwer getroffen war. Er reagierte verstört und kämpfte mit der Angst, von Kindern und Enkelkindern fortan nicht mehr akzeptiert zu sein.

Immer wieder fragten Sabines Freunde und ihre Schwester sie, ob sie nicht völlig durcheinander sei. Ob sie nicht ihren leiblichen Vater ausfindig machen und kennenlernen wolle. Sie müsse sich doch auf die »Suche nach ihrem Ich« machen. Während ihr Ziehvater fast an der neuen Wahrheit zerbrach, hatte sie das Gefühl, dass sich für sie eigentlich nichts Wesentliches änderte. Die Nachricht erreichte ihr Gehirn, aber in ihrem Innersten fühlte sie sich davon nicht berührt. »Ich bin, wer ich bin«, sagte sie überzeugt. »Daran ändert sich doch nichts, nur weil mein Vater offenbar ein anderer ist.«

Das sehen die allermeisten Menschen, in deren Leben ähnliche Fragen auftreten, völlig anders als Sabine. Viele, wie eine junge Frau namens Sonja, die mit 27 Jahren herausbekam, dass sie das Kind eines Samenspenders ist, geraten in eine schwere Identitätskrise. Der Tag, an dem sie davon erfahren habe, sei »der schlimmste ihres Lebens« gewesen, schreibt Sonja im Internet. Sie fühle sich, als werde ihr »der Boden unter den Füßen weggezogen«. Weil von solchen Problemen auch die Richter des Bundesverfassungsgerichts wussten, sprachen sie schon im Jahr 1989 allen Menschen ein Recht auf Kenntnis der eigenen Abstammung zu. Babyklappen und anonyme Geburt stehen aus diesem Grund immer wieder in der Kritik. Anonyme Samenspenden sind inzwischen in Deutschland verboten. Zu Recht, sagt die Familientherapeutin Petra Thorn. Sie betreut Klienten mit plötzlich auftretenden Wissenslücken zu ihrem Stammbaum. Es vergehe oft viel Zeit, »bis sich die Menschen nach solchen Nachrichten wieder fangen«, sagt sie.

Sabine dagegen fand die neue Situation irgendwie auch interessant. Das war eine Eigenschaft, die ihr schon früh an sich selbst aufgefallen war. Wenn sich etwas in ihrem Leben veränderte, fand sie das aufregend – auch dann, wenn die Veränderung im Grunde genommen vor allem negativ zu bewerten war. Selbst nach dem Tod ihres geliebten Großvaters ging ihr das so. Da wachte sie morgens auf und wusste: Etwas ist anders; es ist nicht schön. Und doch verlieh ihr das – aus Gründen, die sie selbst nicht so richtig verstand – Antrieb.

Nun, nachdem ihre Vorstellungen von ihrer Abstammung durcheinandergeraten waren, ging ihr das ähnlich. Sabine akzeptierte das. Es war, wie es war. Sie fand es höchstens unvorteilhaft, dass sie nun nicht wusste, welche Krankheiten in »ihrer Familie« besonders häufig auftraten. Ob sie wohl ein hohes oder ein niedriges Brustkrebsrisiko hatte. Ob sie eher alt oder jung sterben würde. Nun war ihr plötzlich klar, warum sie andere Beine hatte als alle anderen in der Familie. Aber nicht, wo diese ihren Ursprung haben und wer solche Beine noch besitzt. Und doch sagte sie: »Ich kenne mich. Und das ist viel wichtiger, als meinen leiblichen Vater zu kennen.«

*) Name geändert

Die Männer, die dem Mörder entkamen

Wer am 25. Juli 2011 den britischen Fernsehsender BBC einschaltete und einen jungen Mann vor dem Gerichtsgebäude in Oslo über die Schrecken von Utøya erzählen hörte, der konnte glauben, er lausche einem Reporter. Gewiss zeigte sich dieser 27-Jährige mit dem vollen, sandfarbenen Haar nicht völlig unberührt von den grässlichen Geschehnissen, über die er sprach. Aber welcher Norweger, welcher Mensch war zu diesem Zeitpunkt schon unbeschwert? Nur drei Tage zuvor hatte der Rechtsextreme Anders Behring Breivik auf der kleinen norwegischen Insel Utøya, wo sich die Jugendorganisation der sozialdemokratischen Arbeiterpartei gerade zu ihrem Sommercamp traf, ein Massaker entsetzlichen Ausmaßes verübt.

Ruhig und selbstsicher, ohne nach Worten suchen zu müssen, berichtete Vegard Grøslie Wennesland nun von dem, was auf der Insel geschah. Und doch war er kein Reporter. Wennesland war selbst auf Utøya gewesen, als Breivik dort im Laufe von gerade einmal 75 Minuten 69 Menschen tötete. Um ein Haar wäre auch Wennesland ums Leben gekommen. Dass der junge Sozialdemokrat nur drei Tage später überhaupt in der

Lage war, vor laufender Kamera von seinen Erlebnissen zu berichten, war beachtlich. Wie er das tat, war noch beachtlicher.

»Als die ersten Schüsse fielen, war ich im Zeltlager. Ich konnte den Schützen also nicht sehen«, erzählte er dem Fernsehpublikum in aufrechter Haltung. Unruhig waren nur seine umherschweifenden Augen. Ein suchender Blick, wie ihn viele Menschen zeigen, die normalerweise nicht vor der Kamera stehen. »Aber als ich nach draußen trat, wurde schnell klar, dass es sehr ernst war«, so Wennesland weiter. »Ich sah meine Freunde auf mich zulaufen, weg von ihm.« Manche Fliehenden seien gestürzt, und Wennesland sah, wie Breivik auf sie zuging und sie mit einem Kopfschuss exekutierte. Da rannte Wennesland um sein Leben.

Er flüchtete in eine Holzhütte, wo er sich mit etwa 40 anderen jungen Leuten verbarrikadieren konnte. Breivik versuchte, in die Hütte zu gelangen; er schoss durchs Fenster und durch die Wände, bevor er nach unendlichen Minuten von ihnen abließ und sich im Freien weitere Opfer suchte. Ständig hörten die Eingeschlossenen Schreie und weitere Schüsse, hörten, wie ihre Freunde und Bekannten um Erbarmen flehten, und fragten sich, ob auf das kleine, abgelegene Inselchen überhaupt noch rechtzeitig Hilfe kommen könnte. Hilfe, die mit diesem Ungeheuer da draußen fertig wurde. »Ich schätze, dass ich eine Stunde dort unter dem Bett lag und nur hoffte und betete. Es war schrecklich. Es war schrecklich«, sagte Wennesland im Fernsehen.

Es war nicht so, dass Wennesland seine Erlebnisse tief in seinem Innern weggeschlossen hatte und von ihnen erzählte, als beträfen sie ihn gar nicht persönlich. Eine innere Stärke machte ihn offenbar so gefasst. Einmal, da kamen ihm doch fast die Tränen. Wie er in dieser Situation noch SMS-Botschaften an seine Familie und seine Freunde habe verschicken können, fragte ihn die BBC-Moderatorin von ihrer roten Couch im Studio aus. »Als Breivik durch die Wand der Hütte schoss, da dachte ich, jetzt wird er uns alle töten. Ich wollte meine Leute zu Hause nicht unnötig beunruhigen, aber ich dachte, das sei vielleicht meine letzte Gelegenheit«, antwortete Wennesland, wobei es ihm offenkundig das Herz zerriss. »Ich wollte ihnen sagen, dass ich sie liebe und dass ich hoffe, sie wiederzusehen.«

Auch die BBC zollt Wennesland für seinen Auftritt Respekt: »Jeder, der uns heute Morgen zusieht und Sie da stehen sieht, wird beeindruckt von Ihrer Tapferkeit sein, davon, dass Sie mit uns sprechen, und von Ihrer Art, wie Sie mit dieser ganzen Sache umgehen«, sagte der Moderator, der neben seiner Kollegin im Studio saß. Und bohrte noch einmal nach: »Können Sie erklären, wie schwierig das für Sie ist?« Es sei »extrem traumatisch«, sagte Wennesland. Am Tag zuvor, als er mit seiner Familie und mit seiner Freundin zu Hause war, da sei es aus ihm herausgebrochen: »Das ist dann der Moment, wo man zusammenklappt und einfach nur weint.«

Aber er wusste auch, warum er jetzt so tapfer war. Warum er überhaupt in der Lage war, aufrecht zu stehen, statt sich in ein schützendes Bett zu verkriechen: Durch seine Partei sei er weltweit vernetzt, führte der junge Mann aus, der bis zum Massaker stellvertretender Vorsitzender der Jugendliga der Sozialdemokraten im Bezirk Oslo war und durch den Tod seines Freundes auf Utøya nun zum Vorsitzenden wurde. Er habe große Unterstützung aus aller Welt erfahren. Der Zuspruch von überall her habe ihm sehr geholfen – und auch, dass er selbst andere unterstützen konnte. »Wir leben eine große Solidarität«, sagte er, und dabei huschte sogar ein Lächeln über sein Gesicht. »Wir helfen uns gegenseitig. Ich glaube, ohne diese Hilfe wäre es für uns nicht möglich, diese Situation zu überstehen.«

Vor der Konfrontation mit den schlimmsten Schreckensstunden seines Lebens drückt sich Wennesland auch ein Dreivierteljahr später nicht, als er eine Reporterin der Nachrichtenagentur Reuters trifft. Da trägt er immer noch das orangefarbene Armband, auf dem in weißen Großbuchstaben »UTØYA« steht. Jeder Teilnehmer an dem Sommercamp auf dem Inselchen hatte so eins bekommen. »Ich kann es nicht abnehmen«, sagt er. Es mahne ihn, für alles dankbar zu sein – sogar für diesen schlechten Mensa-Kaffee, scherzt er. »Und natürlich trage ich es für die Menschen, die wir verloren haben.«

Auch für Wennesland war es in der ersten Zeit nach dem

Attentat schwer. Auf seine Abschlussarbeit über palästinensische Flüchtlingscamps im Libanon, die zur Zeit des Massakers schon fast fertig war, konnte er sich zunächst nicht konzentrieren. Er ging jede Woche zum Psychiater. Das habe ihm geholfen, seine Gedanken zu ordnen. Er wollte sich von den furchtbaren Erlebnissen auch nicht unterkriegen lassen.

Wennesland hat seinen Weg gefunden: Seine Angst, seine Trauer und seine Wut setzt er in Tatendrang um. »Dieser Typ wollte mich umbringen, weil ich an die Demokratie glaube, an die Offenheit, die Toleranz und den Dialog«, sagt der in Kapuzenpullover und Turnschuhe gekleidete Student der Reuters-Reporterin. »Gut, dann scheiß drauf«, platzt es plötzlich aus ihm heraus. »Wenn er mich dafür umbringen wollte, dann werde ich erst recht dafür kämpfen!« Sonst würde doch Breivik gewinnen. »Und niemand in ganz Norwegen möchte, dass er gewinnt«, so Wennesland. »Diejenigen von uns, die übrig geblieben sind, werden stärker sein. Wir werden härter sein.«

So stabil wie Wennesland sind längst nicht alle Überlebenden von Utøya. Der 21-jährige Adrian Pracon hat ebenfalls versucht, seine Ängste zu etwas Nützlichem zu formen. Er hat ein vielbeachtetes Buch (auf Deutsch ›Herz gegen den Stein‹) über die entsetzlichsten Minuten seines Lebens geschrieben – »um die Toten zu ehren«, wie er sagt, und um zu zeigen, »dass Terror politisches Engagement nicht besiegen kann.« Unermüdlich hält er Vorträge gegen Rassenhass und Diskriminierung.

Auf Utøya hatte sich Pracon tot gestellt, um Breivik zu entgehen. Er schmierte sich mit dem Blut seiner toten Freunde ein und legte sich auf einen Felsen. Als Breivik näher kam, hat Pracon nicht einmal mehr seinen eigenen Atem wahrnehmen können, so still lag er und so viel Angst hatte er; er fühlte nur noch, wie sein Herz gegen den Stein pochte. Dennoch feuerte Breivik seinen wohl letzten Schuss auf ihn ab. Pracon hatte unglaubliches Glück. Die Kugel verfehlte knapp seinen Kopf; sie durchbohrte nur seine Schulter.

Die Wunden an der Seele aber sind groß. Auch Monate nach dem Attentat ist Adrian Pracon noch krankgeschrieben. Er kämpft mit Depressionen. An jedem Ort, an dem er sich aufhält, sucht er panisch nach einem Schlupfloch. Da oben, die drei Öffnungen in der Decke des Cafés, die könnten ihn retten, denkt er sich. Ohne solche Fluchtmöglichkeiten gehe es gar nicht. Auf Utøya, sagt Pracon, habe er schließlich keinen Ausweg finden können.

Vor allem eines aber beschäftigt ihn die ganze Zeit: Bei seiner ersten Begegnung mit Breivik, am Strand, da hat der Mörder ihn verschont. Dabei hatte er seine Waffen schon auf ihn gerichtet und sonst bei keinem Erwachsenen Gnade walten lassen. Wie eine Killermaschine legte er einen nach dem anderen um. Das Wasser färbte sich röter und röter. Aber als Adrian verzweifelt rief »Nicht schießen!«, da ließ Breivik sein Gewehr sinken und ging weiter.

Für fast alle Überlebenden eines großen Unglücks ist es unendlich schwierig, dass sie leben dürfen, während so viele andere starben. Für Pracon aber ist die Situation nahezu unerträglich: Ihn hat nicht irgendein Zufall, ihn haben nicht die Mächte des Schicksals verschont, sondern ein ihm widerwärtiger Serienkiller. Breivik hat entschieden, dass er leben darf.

Warum nur? Die Frage bohrt und bohrt in ihm. »Manchmal habe ich tagelang an nichts anderes denken können«, erzählt Adrian Pracon. Mochte Breivik ihn etwa? Das wäre für den jungen Sozialdemokraten eine der furchtbarsten Möglichkeiten.

Vier Monate nach dem Massaker von Utøya, im November 2011, wird Adrian Pracon in Oslo als Zeuge der Anklage gegen Anders Breivik vernommen. Abends greift er dann, aus dem Nichts heraus, einen Mann und eine Frau vor einer Bar an. Ohne dass sie ihn provoziert hätten, ohne erkennbaren Anlass schlägt er den Mann nieder und tritt ihm immer wieder gegen den Kopf.

Als Adrian Pracon zuschlägt, hat der Prozess gegen Anders Breivik noch nicht begonnen. Im Laufe dieses Prozesses wird der Massenmörder sagen, er habe Adrian verschont, weil dieser in seinen Augen »rechtsorientiert« aussah.

Wenige Tage bevor das Urteil gegen Breivik im August 2012 fällt, verurteilt ein Gericht auch Adrian Pracon: zu 180 Stunden Gemeinschaftsarbeit und einer Geldstrafe in Höhe von 10 000 Norwegischen Kronen (etwa 1400 Euro). Mildernd wird berücksichtigt, dass der junge Sozialdemokrat unter einer posttraumatischen Belastungsstörung leidet. Pracon selbst zeigt Reue. Er habe sich nach den schrecklichen Ereignissen von Utøya »von Neuem kennenlernen« müssen.

Der Schwerstbehinderte

Zu diesem Patienten traute sich der junge Arzt kaum ins Zimmer. Den Mann in all seinem Unglück daliegen zu sehen, das bereitete dem Arzt ein furchtbar beklemmendes Gefühl. Aber musste man sich so einem Menschen eigentlich nicht besonders lange widmen? Ihm zuhören? Mit ihm ein bisschen plaudern? Dieser Mann hatte doch nichts anderes mehr im Leben. Sein Schicksal musste kaum auszuhalten sein.

Vom zweiten Halswirbel abwärts war der Mann gelähmt. Das Einzige, was er noch bewegen konnte, waren die Muskeln an seinem Kopf. Er konnte sprechen und schlucken, er konnte die Stirn runzeln, mit den Augen zwinkern und mit den Ohren wackeln. Aber das war auch schon alles. Über den Rest seines Körpers hatte er keine Kontrolle mehr, seit er vor vielen Jahren bei einem Badeurlaub in Spanien einen Kopfsprung von einer Klippe gemacht hatte.

Nun lag er da und sah fern. Lag da und hörte Radio. Lag da und ließ sich füttern. Oder lag nur da.

So ging das seit Jahren. Normalerweise lebte der Mann, der noch keine 40 Jahre alt war, zu Hause bei seiner Familie. Lebte? Nicht einmal alleine essen konnte er, zum Trinken musste ihm jemand den Kopf anheben. Ein Buch zu lesen, ja das ging – wenn ihm jemand jede Seite umblätterte. Vor wenigen Wochen nun war er nur deshalb in das Münchner Universitätsklinikum Großhadern eingeliefert worden, weil ihn eine Lungenentzündung erwischt hatte. Doch jetzt war er schon wieder auf dem Weg der Besserung. Bald würde er nach Hause entlassen werden können.

Eines Morgens, kurz vor dieser Entlassung, ließ sich der junge Arzt doch auf ein Gespräch ein. Und er traute seinen Ohren nicht, als er hörte, was dieser Patient von sich zu erzählen hatte. Einen verzweifelten, hochdepressiven Menschen ohne Lebensmut hatte er erwartet. Dem die Decke auf den Kopf fällt, den die Sinnlosigkeit seines Lebens plagt. Der seinem Dasein lieber heute als morgen ein Ende bereiten würde.

Doch das Gegenteil war der Fall. Der Patient hatte vielmehr Angst, jemand anderes könne ihm gegen seinen Willen das Leben nehmen. »Ich hänge an meinem Leben«, erzählte er. Seine Familie wolle ihn am liebsten zur Seite schaffen; für sie sei er als Pflegefall eine unendliche Belastung. Er habe gehört, wie seine Frau mit einem der Ärzte sprach, er solle ihm keine Antibiotika mehr verordnen. Es sei doch besser, ihn an seiner Lungenentzündung sterben zu lassen. Er aber wollte leben. Er genieße es – trotz allem, erklärte er. Er fühle sich wohl.

Für den jungen Arzt war das kaum zu glauben. Wie fast allen Menschen erschien auch ihm die Vorstellung, dass sein Geist in einem fast vollständig gelähmten Körper gefangen ist, schier unerträglich. »Ich wäre lieber tot, als in so eine Situation zu geraten«, sagt fast jeder, der als Gesunder in einem Gedankenspiel vor diese Wahl gestellt wird. In den 1970er-Jahren, da dachte man ja eine Zeitlang, jeder Mensch hätte sein persönliches Glücksniveau. Egal, ob er einen sechsstelligen Lottogewinn einstreicht oder ob er sein Leben nach einem Unfall im Rollstuhl verbringen muss: Nach einem kurzen Ausschlag auf der Glücksskala nach oben oder unten würden die Menschen wieder ihr altes Glücksniveau und die ihnen angeborene Lebenszufriedenheit erreichen. Doch so ist es nicht, das wusste der junge Arzt. Deshalb hatte er sich ja so vor dem Kontakt mit diesem Unglückseligen gefürchtet.

Gleichwohl gibt es immer wieder Berichte von Schwerstkranken, die ihr Leben lieben. Sogar von Menschen, die noch stärker behindert sind als dieser an allen vier Gliedmaßen gelähmte Mann. Erst neulich hatte der Arzt eine belgische Studie von Patienten mit Locked-in-Syndrom gelesen. Diese Patienten sind gefangen in ihrem zu 99,99 Prozent unbeweglichen und meist gefühllosen Körper. Nach einem Schlaganfall kann so etwas geschehen, infolge einer degenerativen Erkrankung oder durch einen Unfall. Die Patienten müssen fast immer beatmet und künstlich ernährt werden.

Trotzdem bezeichneten sich mehr als zwei Drittel der 65 Locked-in-Patienten, die in der belgischen Studie befragt wurden, als glücklich. Manche konnten dies mühsam sagen, die meisten antworteten mit Hilfe der einzigen Regungen, die ihnen geblieben sind: Viele Betroffene können wenigstens blinzeln oder die Augen hin und her bewegen. Wenn ein Pfleger oder ein Computer das Alphabet abspielt, stoppen die Patienten es per Lidschlag. So teilten sie sich den Ärzten, Buchstabe um Buchstabe, mit. Nur sieben Prozent der befragten Patienten sagten, dass sie lieber tot wären. Vielleicht wäre ihr Anteil höher, wenn alle kontaktierten Patienten geantwortet hätten. Doch die wenigsten wollten an der Studie teilnehmen. Und diejenigen, die antworteten, werden wahrscheinlich die Patienten mit dem größten Lebensmut gewesen sein. Aber dennoch zeigte die Befragung unmissverständlich: Es gibt durchaus Schwerstbehinderte, die an ihrem Leben hängen. Selbst wenn dieses Leben aus nichts anderem mehr als seinem eigenen Ich besteht.

Kurz nach dem Unfall, da habe er an Selbstmord gedacht, erzählte der gelähmte Mann dem jungen Arzt im Klinikum Großhadern. Aber nicht einmal dazu sei er ja noch fähig gewesen. Nichts konnte er mehr allein tun; es gab für ihn kein selbstbestimmtes Leben mehr. Das sei am Anfang wie eine Folter gewesen. Hätte er allein durch Gedankenkraft sterben können, dann hätte er es wohl getan.

Aber nach einigen Monaten habe er sich sein Leben so eingerichtet, dass es ihm wieder Freude bereite. Er genieße die vielen Hörbücher, die er abspielen könne. Er genieße es, jeden Tag Neues zu erfahren, sich unaufhörlich bilden zu können. Und er habe Freude am Essen. Keine Frage: Wenn er wählen könnte, dann würde er diesen dummen Kopfsprung von damals ungeschehen machen. Aber darüber denke er schon lange nicht mehr nach. Er sei eben jung gewesen damals. Junge Männer machten dummes Zeug. Bei ihm sei es zweifelsohne besonders dumm ausgegangen.

Aber komplett dumm nun auch wieder nicht. »Ich lebe«, sagte er. Und seine Phantasie, seine Imagination, seine Wahrnehmung und seine Erinnerungen – das alles war ihm doch geblieben.

Die Geisel

Ihr Auftritt war so stark, dass hinterher die Fachleute stritten. Konnte das alles wirklich wahr sein? Vor zwei Wochen erst war diese 18-Jährige ihrem Entführer entkommen. Als sie davor das letzte Mal in Freiheit war, war sie noch ein Schulkind. Acht Jahre lang befand sich Natascha Kampusch in der Gewalt ihres Entführers, hatte sein Haus nur wenige Male verlassen dürfen, wurde über lange Zeit in einem Fünf-Quadratmeter-Verlies im Keller eingesperrt und musste dem Mann zu Diensten sein. Manchmal sperrte er sie im Dunkeln ein und ließ sie hungern. Dann, im August 2006, nach 3096 Tagen in Gefangenschaft, gelang es ihr endlich zu fliehen.

Trotz dieses unfassbaren Schicksals war im Fernsehen eine starke und in sich ruhende junge Frau zu sehen, die über sich, ihr Verhältnis zu ihrem Peiniger und die Jahre ihres Martyriums auf ebenso kluge wie beeindruckende Weise nachdachte. Sie schmiedete nun, 14 Tage nach ihrer Flucht, bereits Pläne, was sie mit ihrer wiedererlangten Freiheit anfangen wolle. Nicht einmal die große Öffentlichkeit, die jeden Schritt dieser jungen Frau mit Staunen und mitunter auch mit Zweifeln verfolgte, schien sie nach den Jahren der Isolation zu stören. Natascha Kampusch sollte bald eine Talkshow im österreichischen Fernsehen moderieren.

»Sie hat mich sehr beeindruckt. Da saß eine sehr starke, kluge, kämpferische und redegewandte Person, die durchaus im Stande ist, über sich und ihre Erlebnisse reflektiert zu berichten«, sagte die Psychologin Daniela Hosser nach Kampuschs erstem Fernsehinterview. »Das war echt. Man hat ja auch gesehen, dass es ihr nicht leichtfiel, über manche Dinge zu reden.« Überraschend gefasst wirkte die 18-Jährige angesichts des Schreckens, den sie erlebt hat. Vermutlich sei diese Gefasstheit auch das Produkt langjährigen Nachdenkens über sich und ihre Situation, mutmaßte Hosser.

Viele Psychiater und Psychologen konnten das alles nicht glauben. Weshalb war die junge Frau nicht ein Schatten ihrer selbst? Woher nur hatte sie diesen Lebensmut – oder spielte sie allen nur etwas vor?

»Die Frau hat alle Fachleute verblüfft. Auch mich«, sagte der inzwischen verstorbene Psychoanalytiker Horst-Eberhard Richter wenige Wochen später. Zweifelsohne benahm sich Natascha Kampusch »ganz anders als viele traumatisierte Menschen«, so Richter. Er ärgerte sich darüber, dass manche seiner Kollegen die Glaubwürdigkeit der jungen Frau deshalb in Frage stellten und mutmaßten sie hätte das alles auswendig gelernt. Irgendwann wird sie zusammenbrechen, haben manche postuliert. Sie brauche nun eine langjährige psychologische Betreuung, haben andere gesagt. »Kann sein, dass sie sich das wünscht«, sagte Richter. »Muss aber nicht sein. Jedenfalls beweist sie, dass ihren Selbstheilungskräften viel zuzutrauen ist.«

Acht Jahre lang hatte über jedes Detail in Natascha Kampuschs Lebens ihr Entführer bestimmt. Er entschied, was sie aß, was sie anziehen durfte und wann abends das Licht ausging. Er gab ihr sogar einen neuen Vornamen, befahl ihr, wie viele Kilogramm sie zu wiegen und dass sie ihre Familie nicht mehr zu erwähnen habe. Wenn sie seine Befehle nicht befolgte, schlug er sie. Trotzdem weigerte sie sich hartnäckig, diesen Mann ihren »Gebieter« zu nennen oder ihn als »Maestro« anzureden, wie er es verlangte. Die Schläge und Tritte nahm sie in Kauf.

Er habe sich mit der Falschen angelegt, teilte sie später der Öffentlichkeit mit. »Er war nicht mein Gebieter. Ich war gleich stark.« So hat es Natascha eine Woche nach ihrer Flucht in einem offenen Brief geschrieben, den ihr Psychiater bei einer Pressekonferenz verlas. Schon damals sah sich der Arzt bemüßigt, zu betonen, dass diese Formulierungen von seinem Schützling selbst stammten. Der Täter sei auch erstaunt gewesen, erzählte Natascha dann im Interview. »Er hat sich gewundert, warum ich das alles so mit Fassung nehme.« Aber so sei sie eben: »Es bringt nichts, wenn man das Ganze zu emotional sieht. Ich bleib' zum Trotz ich.«

Natascha Kampusch setzte dem äußeren Zwang ihrer Gefangenschaft offenbar eine eigene Freiheit entgegen. Sie zeigte, dass man »sogar in extremer Erniedrigung und Drangsalierung seine Selbstachtung bewahren« könne, wie Horst-Eberhard Richter sagte. Auch hatte sie einen zum Teil rührend anmutenden Blick fürs Positive: Sie sei sich dessen bewusst, dass sie keine normale Kindheit hatte, schrieb sie in ihrem offenen Brief. Doch habe sie nicht das Gefühl, dass ihr etwas entgangen sei. Unter diesen Umständen habe sie zumindest »nicht mit Rauchen und Trinken« begonnen und »keine schlechten Freunde« kennengelernt, meinte sie allen Ernstes.

Aber wie konnte sie in der Isolation überhaupt so lange durchhalten? »Ich habe mit meinem späteren Ich einen Pakt geschlossen, dass es kommen würde und das kleine Mädchen befreien«, sagte die junge Frau im Fernsehen. »Ich war nie einsam in meinem Herzen, meine Familie und glückliche Erinnerungen waren immer bei mir. Ich habe mir geschworen, dass ich älter werde, stärker und kräftiger, um mich eines Tages befreien zu können«, so die 18-Jährige.

Neben ihrer Stärke, ihrem Glauben an die Zukunft und ihrer Bindung an die Familie gab es noch etwas Besonderes an Natascha Kampusch: Das war ihr Mitgefühl. Obwohl mit ihr jahrelang niemand Mitleid hatte, hat sie sich die Zuneigung zu den Menschen und zum Menschsein bewahrt. Mit Spenden, die sie nach ihrer Flucht erhielt, finanzierte sie ein Kinderkrankenhaus in Sri Lanka. Warum ausgerechnet dort? »Ich habe während meiner Gefangenschaft ja Radio gehört«, erzählte sie. »Als 2004 der Tsunami ausbrach und die Berichte zu mir durchgedrungen sind, hatte ich schreckliche Bilder im Kopf.«

Sogar der Täter und seine Mutter weckten ihr Mitgefühl. Neben der Leiche ihres Entführers, der nach ihrer Flucht Selbstmord beging, zündet sie im gerichtsmedizinischen Institut eine Kerze an. »In meinen Augen wäre sein Tod nicht nötig gewesen. Er war ein Teil meines Lebens, deswegen trauere ich in einer gewissen Art um ihn«, sagte sie – und reflektierte zugleich diese Annäherung an den Täter, wie sie fast alle Geiseln vollziehen. Das sei nicht krankhaft gewesen, schrieb sie in ihrer Autobiographie ›3096 Tage‹, sondern vielmehr »eine Strategie des Überlebens in einer ausweglosen Situation« – oder, wie sie im Fernsehen sagte: »Es ist im echten Leben nicht so, dass man ohne innere Kämpfe existieren kann.«

Was zeichnet die Widerständigen im Alltag aus?

Dem kleinen William hätte wohl niemand eine große Zukunft prophezeit. Er wurde zwar in Arkansas in einem Dörfchen namens Hope geboren, aber Hoffnung gab es in seinem jungen Leben kaum. Als William eines Tages wieder einmal seine Mutter vor dem gewalttätigen Stiefvater zu schützen versuchte, schoss dieser sogar auf die beiden. Im Suff verfehlte er sie, aber die Einschusslöcher beließ er als Mahnmal in der Wand. Trotz allem nahm William, den sie Billy nannten, mit 14 Jahren den Nachnamen seines Stiefvaters an. Als Bill Clinton sollte er weltberühmt werden.

Ein anderes Kind mit anderer Konstitution wäre in diesem Zuhause womöglich zugrunde gegangen. William aber gelang es sogar, zum Präsidenten der USA aufzusteigen. Weshalb hielt er die Tyrannei und Verachtung seines Stiefvaters aus? Welche Faktoren in seiner ansonsten furchtbaren Jugend haben ihn stark gemacht?

Man ist leicht geneigt, die Gründe für die große Widerstandskraft des kleinen William allein in seiner Persönlichkeit zu suchen. Tatsächlich vereinen Stehaufmännchen wie Bill Clinton meist viele Eigenschaften in sich, die ihnen Stärke verleihen. Wer nach einem Schicksalsschlag wieder aufsteht, muss zweifellos Frust gut aushalten und verarbeiten können. Einen Schutz gegen das Abrutschen liefern auch Intelligenz und die Fähigkeit, Beziehungen zu anderen einzugehen. Denn sie machen es den widerstandsfähigen Menschen leichter, Wege aus der Krise zu finden und sich ein Netzwerk von Unterstützern aufzubauen, die in schwierigen Situationen für sie da sind. Auch hilft es, wenn man sich nicht an seine Gewohnheiten klammert und stattdessen offen für Veränderungen in seinem Leben ist – ja diesen womöglich einen besonderen Reiz abgewinnen kann. Und schließlich helfen Optimismus und ein Quäntchen Humor, um nach einem Schicksalsschlag schon wieder Licht am Horizont zu sehen.

Doch Resilienz ist nicht nur eine Eigenschaft, ein Wesensmerkmal oder die Summe von Charakterzügen. Neben solchen Persönlichkeitsfaktoren spielen auch Umweltfaktoren eine wesentliche Rolle bei der Ausbildung der psychischen Widerstandskraft. Keine noch so starke Persönlichkeit überlebt in einer komplett widrigen Umgebung; und an sich schwache Persönlichkeiten können durch ihr Umfeld so gestärkt werden, dass ihnen die Bewältigung von Krisen am Ende leichter möglich ist als hartgesottenen Zeitgenossen.

Die Widerstandskraft ruht auf mehreren Säulen

Die Chancen der Kinder auf ein schönes und erfülltes Leben standen alles andere als gut. Unter den Ureinwohnern auf der hawaiianischen Insel Kauai herrschte in den 1950er-Jahren die Tristesse, die so viele naturnahe Völker heimsucht, wenn sie von fremden Mächten beherrscht werden. Paradiesisch war die Landschaft, doch für viele Kinder war das Leben hier die Hölle. Alkoholismus und Armut waren Alltag auf der Insel. Das traurige Leben pflanzte sich bereits in der zweiten Generation fort: Die Kinder der armen Arbeiter von den Zuckerrohrplantagen dieser Garteninsel wurden häufig vernachlässigt oder sogar misshandelt, nicht selten waren die Ehen ihrer Eltern zerrüttet, an Geld fehlte es immer. An diese Jungen und Mädchen hätte wohl niemand geglaubt.

Doch am Ende gab es eine Überraschung: Vierzig Jahre lang hat die amerikanische Entwicklungspsychologin Emmy Werner gemeinsam mit ihrem Team von der University of California exakt 698 Jungen und Mädchen von Kauai immer wieder befragt und beobachtet. Das waren alle Kinder, die dort im Jahre 1955 geboren wurden. 201 von ihnen wuchsen auf dem ohnehin schon schwierigen Inselchen unter besonders problematischen Bedingungen auf: Sie waren schon in frühester Kindheit traumatischen Erlebnissen ausgesetzt, hatten psychisch kranke oder alkoholsüchtige Eltern oder lebten in chronischem Unfrieden in ihren Familien. Diese Kinder hatten es Werner angetan.

Dabei hatte sie einen Blick auf die Menschen, den die wenigsten Forscher vor ihr wagten: Sie interessierte sich weniger für jene zwei Drittel der Kinder, welche erwartungsgemäß kaum aus den Schwierigkeiten herauskamen, in die sie hineingeboren wurden. Diese 129 jungen Menschen erfüllten die negativen Erwartungen, mit denen alle Welt ihnen begegnete: Schon im Alter von zehn Jahren fielen sie durch Lern- und Verhaltensprobleme auf; und bevor sie ihren 18. Geburtstag feierten, waren sie mit dem Gesetz in Konflikt geraten oder selbst psychisch krank geworden.

Die junge Psychologin untersuchte das dritte, das überraschende Drittel der besonders belasteten Kinder: 72 kleinen Hawaiianern gelang es nämlich, ihre schwierige Situation zu meistern und trotz ihrer schlechten Sozialprognose ein ordentliches Leben zu führen. Diese Kinder zeigten zu keinem Zeitpunkt irgendwelche Verhaltensauffälligkeiten. Sie waren gut in der Schule, waren in das soziale Leben ihrer Insel eingebunden und setzten sich realistische Ziele. Im Alter von 40 Jahren war keine dieser Personen arbeitslos, keine straffällig geworden und keine auf staatliche Fürsorge angewiesen. Jedes dritte der besonders vernachlässigten Kinder von Kauai wuchs somit zu einem selbstbewussten, fürsorglichen und leistungsfähigen Erwachsenen heran, der im Beruf Erfolg hatte und Beziehungen leben konnte.

So brachte Emmy Werner die bis dahin gängige These, wonach Kinder mit solchen Ausgangsbedingungen einem desaströsen Schicksal kaum entkommen können, ins Wanken. Die Psychologin stellte erstmals wissenschaftlich klar: Auch wenn die Startbedingungen noch so schlecht sind, gelingt es manchen Menschen, ihr Leben zu meistern.

Emmy Werner interessierte, welche Faktoren Menschen gegen Widrigkeiten im Leben schützen. Was genau, fragte sie sich, bewahrte manche der Kinder von Kauai vor seelischen Problemen und dem Absturz in die Verwahrlosung?

Das sei nicht nur für die Medizin und die Psychologie eine grundlegende Frage, betont der Heilpädagoge Michael Fingerle, sondern auch für die Pädagogik: »Lange hat uns nur gekümmert, warum Menschen im Leben nicht zurechtkommen«, sagt er. »Dabei ist es für alle Erziehung grundlegend zu wissen, wie ein gutes Leben gelingen kann.« Dazu aber mussten die Forscher zunächst festlegen, was denn ein gutes Leben überhaupt ist. Trotz ihrer Pionierarbeit war Emmy Werner in diesem Punkt doch ein Kind ihrer Zeit. Ein gutes Leben machte sie in ihrer 1958 begonnenen Studie vornehmlich an äußeren Faktoren fest, an leicht messbaren Erfolgen.

Sie fragte nach den Schulabschlüssen der Kinder von Kauai und nach ihrer beruflichen Ausbildung. Sie hielt fest, ob diese straffällig wurden und ob sie in der Lage waren, Ehen einzugehen, die länger als nur ein paar Jahre hielten. Schließlich erfasste sie noch, ob die jungen Leute psychische Störungen entwickelten.

Fingerle kritisiert, dass dies eine sehr konservative, normenorientierte Sicht auf das Leben der Menschen sei. »Eigentlich sollte Wissenschaft wertfrei sein«, meint er. Wichtig wäre es, die Betroffenen selbst zu fragen, ob sie zufrieden mit sich sind. Denn darum gehe es im Leben doch noch mehr als um einen festen Job und eine Ehe mit zwei Kindern: dass ein Mensch trotz schwerster Krisen, die ihn ereilen, weiß, wie er sein Leben sinnvoll gestalten kann; dass er am Ende glücklich mit sich und seinem Dasein ist.

Der Schlüssel zur Stärke ist Bindung

Trotz mancher Kritik aber schätzt auch Michael Fingerle den grundlegenden Wert von Emmy Werners Pionierarbeit hoch ein: »Die Kauai-Studie hat uns die wesentlichen Faktoren aufgezeigt, die Menschen trotz schwierigster Bedingungen gesunderhalten«, sagt er. Das sieht auch Friedrich Lösel so. Der Psychologe ist zugleich Kriminologe und interessiert sich auch vor diesem Hintergrund dafür, welche Chancen Kinder aus schwierigen sozialen Milieus haben, ihr Leben anders als ihre familiären Vorbilder nicht periodisch im Knast zu verbringen.

»Der allergrößte Schutz im Leben ist Bindung«, fasst Lösel zusammen. Die starken Kinder von Kauai hatten etwas, das all jene Kinder, die wie ihre Eltern im Suff landeten, eben nicht hatten: Es gab zumindest eine enge Bezugsperson, die sich liebevoll um sie kümmerte und auf ihre Bedürfnisse reagierte, die Grenzen setzte und Orientierung bot.

Auch Bill Clinton hatte solche engen Vertrauten. Bis seine Mutter den furchtbaren Stiefvater heiratete, wuchs er bei seinen liebevollen Großeltern auf. Dabei wusste er: Er konnte sich nicht nur auf seine Großeltern verlassen. Trotz ihrer Schwächen war auch seine Mutter eine Vertrauensperson, die nach ihren Kräften für ihn da war und gemeinsam mit ihm Wege suchte, der Tyrannei des Stiefvaters zu entgehen.

»Schon eine einzige enge Bindung macht so stark, dass viele negative Faktoren dadurch wieder wettgemacht werden«, sagt die Heilpädagogin Monika Schumann und betont: »Das ist unsere pädagogische Chance.«

Denn die Vertrauensperson muss nicht unbedingt Mutter oder Vater, Großmutter oder Großvater sein. Eine Tante, ein Lehrer, eine Nachbarin können diese Rolle übernehmen. »Wichtig ist es, Kindern auf Augenhöhe zu begegnen«, sagt Schumann. »Jemand muss ihnen Geborgenheit geben, ihre Fortschritte anerkennen, ihre Fähigkeiten fördern und sie unabhängig von Leistung und Wohlverhalten lieben: Das macht stark fürs Leben.«

So ist es wohl auch kein Zufall, dass sich auf Kauai vor allem die erstgeborenen Kinder positiv entwickelten und solche, die relativ wenige Geschwister hatten. Besonders gut erging es jenen Kindern, die schon mindestens zwei Jahre alt waren, bevor sie die Aufmerksamkeit ihrer Eltern mit Geschwistern teilen mussten.

Liebe ist ein Geschenk. Aber auch Kinder bekommen sie häufig nicht ganz ohne eigenes Zutun. Im Grunde sei Resilienz die Fähigkeit, förderliche Beziehungen einzugehen und sich Unterstützung bei Personen oder Institutionen zu holen, sagt die Zürcher Psychologin und Paartherapeutin Ulrike Borst. Dazu müssen sich manche Menschen gar nicht besonders engagieren: Wer als kleiner Sonnenschein auf die Welt kommt und die Herzen seiner Mitmenschen im Sturm erobert, der zieht die Zuwendung oft auch ohne weiteres Zutun einfach auf sich. »Kinder, die ein freundliches, waches, offenes Temperament haben, machen es auch ihren Bezugspersonen leichter, sie zu mögen«, sagt die Soziologin und Resilienz-Expertin Karena Leppert, »deshalb finden sie auch leichter Freunde oder andere Unterstützer.«

So zeigt sich schon bei den Kindern von Kauai: Jene gerne »pflegeleicht« genannten Kleinkinder, die ihre Bezugspersonen eben nicht mit aufreibendem Essverhalten oder zermürbenden Schlafgewohnheiten marterten, zogen im Alter von einem oder zwei Jahren mehr positive Zuwendung ihrer Eltern oder anderer Bezugspersonen auf sich als die schwierigeren Babys. Ihre Mütter beschrieben jene Kinder, die später als erfolgreich und resilient eingestuft wurden, schon als Einjährige tendenziell als aktiv, liebevoll, anschmiegsam und freundlich. Als die Kinder zwei Jahre alt waren, schlossen sich unabhängige Beobachter diesem Urteil an und nannten die Kinder angenehm, fröhlich, freundlich, aufgeschlossen und gesellig. Die resilienten Kinder waren zudem mehr in das soziale Spiel mit Gleichaltrigen integriert. Bereitwillig halfen sie anderen, die Hilfe brauchten – und konnten auch selbst um Hilfe bitten, wenn sie welche nötig hatten.

Es sei ein Wechselspiel zwischen dem Temperament der Kinder und der Feinfühligkeit ihrer Bezugsperson, erläutert Karena Leppert. Das freundliche Wesen der Kinder führt – weil sie sich damit die Zugewandtheit anderer Menschen sicherten – dazu, dass sie im Leben stärker werden. Zugleich aber wirkt es auch positiv auf Eltern und Freunde, wenn Menschen robust sind, Energie versprühen und ein aktives, sozial verbindliches Wesen haben. Beziehungen machen stark – und Stärke schafft Beziehungen, es ist ein doppelter Gewinn.

Das Ergebnis jedenfalls ist, dass sich Menschen, die psychisch besonders widerstandsfähig sind, meist auch besonders sicher und in ihrer Welt geborgen fühlen. Sie fügen sich wie der junge Sozialdemokrat Vegard Grøslie Wennesland, der das Grauen von Utøya recht unbeschadet überstand, gut in Gruppen ein, sie sind verträglich, engagiert, begeisterungsfähig und gewissenhaft. Sie sind eher extrovertiert, freuen sich auf neue Erlebnisse ebenso wie auf andere Personen. Und in Krisensituationen haben sie ein verlässliches Umfeld, in dem sie Unterstützung und Rat finden, wie man Probleme konstruktiv löst.

Die Widerstandskraft ist auch eine Frage des Frusts

Susanne hat den Psychologen besonders beeindruckt. Als Friedrich Lösel das Mädchen kennenlernte, war es 15 Jahre alt. Das war Anfang der 1990er-Jahre, und Lösel arbeitete als Professor an der Universität Bielefeld. Damals begannen sich Psychologen wie er für die Stärken von Menschen statt für ihre Schwächen zu interessieren. Sie wollten ihre Potenziale kennenlernen – herausfinden, wie sie schwerwiegende Probleme lösten, ohne dafür mit ihrer seelischen Gesundheit zu bezahlen. Das ließe sich am ehesten ergründen, dachten sich die Wissenschaftler, wenn sie Menschen erforschten, die besonders große Herausforderungen zu bewältigen hatten. Deshalb suchten sie sich als Testpersonen Teenager mit einer Fülle von Schwierigkeiten. Und die fanden sie am ehesten am Rande der Gesellschaft – in Milieus, in denen Drogen und Gewalt zum Alltag gehörten, häufig ein Elternteil fehlte und der verbliebene mit der Erziehung überfordert war.

Susanne war so eine Jugendliche. Und sie war eine, die sich trotz allem nicht unterkriegen ließ. Dabei bot ihre Kindheit allen Stoff für so furchtbare Geschichten, wie man sie sonst nur im Kino sieht. Der Vater ertränkte seine Sorgen und die Erinnerungen an die eigene schreckliche Kindheit im Alkohol; die Mutter nahm – nur um ihr Dasein überhaupt irgendwie ertragen zu können – täglich so viele Tabletten, dass diese ihre Seele auffraßen.

Als Susanne fünf Jahre alt war, gab es einen kurzen Lichtblick: Da trennten sich ihre Eltern. Doch die Mutter suchte sich schnell neue Männer, immer wieder andere, die Susanne entweder schlecht oder noch schlechter behandelten. Einen, von dem die Mutter ihr drittes Kind bekam, heiratete sie. Das war leider nicht der beste ihrer zahlreichen Liebhaber, auch nicht für Susanne. Der Stiefvater misshandelte das Kind und die Mutter. So begann Susanne als 12-Jährige selbst damit, im Übermaß Alkohol zu trinken – was sich letztlich als gar nicht so schlecht erwies. Denn so fiel sie wenigstens den Behörden auf. Weil die Polizei die Jugendliche immer wieder schwer betrunken auflas, wies das Jugendamt Susanne in ein Heim ein. Schließlich gab es dann doch noch eine glückliche Wende in ihrem Leben: Sie kam zu einer Pflegemutter, zu der sie eine gute Beziehung aufbauen konnte, die sie verstand, ihre Sorgen teilte, ihr Werte vermittelte und sie unterstützte. Susanne brauchte keinen Alkohol mehr, sie ging wieder zur Schule, sogar aufs Gymnasium – und führte ein abwechslungsreiches Teenagerleben, in dem sie Freunde hatte und viele verschiedene Interessen.

Susanne war eine der 146 Jugendlichen aus schwierigen Verhältnissen, die Friedrich Lösel in den 1990er-Jahren gemeinsam mit seiner Mitarbeiterin Doris Bender im Rahmen der »Bielefelder Invulnerabilitätsstudie« befragte. 80 dieser jungen Leute aus Heimen der Wohlfahrtspflege schmissen die Schule hin, nahmen Drogen oder übten Gewalt aus.

Ähnlich wie Susanne aber schaffte es fast die Hälfte von ihnen, ihre schreckliche Kindheit hinter sich zu lassen, ohne eine psychische Krankheit zu entwickeln oder dauerhaft auffällig zu werden. Das war ein ähnlich hoher Anteil wie bei den Kindern von Kauai, wo etwa jedes dritte genügend seelische Widerstandskraft besaß, um sein Leben nicht in solch desaströsen Verhältnissen fortzuführen, wie es begonnen hatte. Wie die resilienten hawaiianischen Kinder zeichneten sich auch die lebenstüchtigen Bielefelder Jugendlichen vor allem dadurch aus, dass sie eine Person außerhalb ihrer schwierigen Familie hatten, die sich liebevoll um sie sorgte, die ihnen – wie Susannes Pflegemutter – ein Vorbild war und ihnen Regeln beibrachte, an die man sich im Leben möglichst halten sollte.

Doch die Wissenschaftler fanden noch weitere Faktoren, die für die Widerstandskraft der jungen Menschen gegen ihr zerstörerisches Umfeld ausschlaggebend waren: Vor allem fiel die emotionale Ausgeglichenheit der starken Halbstarken auf. »Die resilienten Jugendlichen wie Susanne hatten ein flexibleres und weniger impulsives Temperament als die vulnerablen Teenager, denen es schlecht erging«, erzählt Friedrich Lösel. Im Gegensatz zu emotional stabileren Personen fällt es unausgeglichenen Menschen schwer, konstruktiv mit Herausforderungen umzugehen, nach einer Niederlage oder unter großem Druck reagieren sie über. Die Übermacht der Aggression, der Trauer oder Wut verstellt aber oft den Blick darauf, wie aus dieser unschönen Situation das Beste herauszuholen ist.

Wer Schicksalsschläge gut verarbeiten will, muss einiges aushalten, sagt Lösel. Er muss sich meist neu orientieren, sein Leben umkrempeln und bislang unbekannte Wege gehen, wie Natascha Kampusch und auch der fast vollständig gelähmte Mann aus dem Münchner Klinikum Großhadern dies auf nahezu unfassbare Weise getan haben. Dazu braucht man ein gewisses Maß an Frusttoleranz, Kraft und Durchsetzungsvermögen. Wen dagegen Gegenwind vor allem frustriert, der hat keine Energie, sich den Widrigkeiten des Lebens entgegenzustellen. »Ohne eine gewisse emotionale Robustheit geht es nicht«, sagt auch die Soziologin Karena Leppert, die am Universitätsklinikum Jena gemeinsam mit Kollegen über viele Jahre die Persönlichkeitsfaktoren studiert hat, die Menschen emotional widerstandsfähig machen.

Dabei fanden die Wissenschaftler heraus, dass starke Menschen nicht mit ihrem Schicksal hadern, sondern bereit sind, ihre Situation und die damit verbundenen unangenehmen Gefühle zu akzeptieren, wie dies etwa Ute Hönscheid gelungen ist, die ihren kleinen Sohn durch einen Kunstfehler verloren hat, oder Ralf Rangnick, der trotz seines Burn-outs bald wieder zum Fußball zurückkehrte. »Resiliente Menschen sehen sich nicht als Opfer, sondern nehmen ihr Schicksal in die Hand«, sagt Leppert.

Offenheit sei dafür extrem wichtig, betont Corina Wustmann Seiler, die in Zürich das Projekt »Bildungs- und Resilienzförderung im Frühbereich« leitet. Das gilt für Erwachsene ebenso wie für Kinder. Statt den Problemen aus dem Weg zu gehen, versuchten auch die starken Kinder von Kauai, sie aktiv zu bewältigen, und legten dabei einige Flexibilität an den Tag. Die Kinder »übernahmen selbstständig Verantwortung in der jeweiligen Situation und waren aktiv um eine Problemlösung bemüht«, so Wustmann Seiler. »Sie warteten also nicht erst ab, bis ihnen jemand anderes das Problem abnahm oder zu Hilfe kam.«

Das Zusammenspiel von Persönlichkeit und Umwelt

Ein Zugehörigkeitsgefühl zur Gemeinschaft, das Vertrauen in die Bedeutung der eigenen Person und des eigenen Handelns (siehe Seite 78 ff.) und auch der Glaube an einen höheren Sinn im Leben, all dies stärkt weiteren Studien zufolge Menschen so, dass sie Herausforderungen besser begegnen können. Immer wieder berichten Menschen nach Krisen, wie wichtig ihnen ihre Spiritualität war und die tiefe Überzeugung, alles werde letztlich gut.

Eine solche positive Weltsicht ist vielen widerstandsfähigen Menschen zu eigen. Auf Kauai und in Bielefeld zeigte sich, dass viele der Lebenstüchtigen damit rechneten, dass sie mit ihrem Kampf gegen ihre missliche Lage auch Erfolg haben würden. Sie glaubten an sich und an ihre Möglichkeiten, die Situation am Ende kontrollieren zu können. »Deshalb nahmen sie Problemsituationen weniger als Belastung wahr, sondern vielmehr als eine Herausforderung«, sagt Friedrich Lösel.

Nützlich ist dabei auch Intelligenz. Wer die Prüfungen des Lebens meistern will, muss nicht unbedingt überdurchschnittlich begabt sein. Aber es hilft, wenn man schlau genug ist, seine Lage zu durchschauen, Alternativen zu ersinnen und diese auch umzusetzen. »Es ist leichter, seinem Leben eine neue Perspektive zu geben, wenn man eine gewisse Intelligenz besitzt«, so Lösel. Auch machen es kognitive Fähigkeiten Menschen nun einmal leichter, einen Schul- oder Berufsabschluss zu erlangen, der ihnen wiederum bessere Möglichkeiten für eine aktive Lebensgestaltung eröffnet.

»Und noch etwas macht stark«, sagt Friedrich Lösel, »das ist Humor. Wer nicht alles im Leben allzu ernst nimmt, sondern auch einmal über sich selbst lachen kann, der hadert nicht so schnell mit seinem Schicksal.« Natürlich komme man »aus einem traumatischen Ereignis wie einer Vergewaltigung nicht mit Humor raus«, so Lösel. Aber wenn man den Widrigkeiten des Alltags mit Witz, Fröhlichkeit und Optimismus begegnet, wie dies der aus Pommern vertriebene Erwin immer getan hat, dann lebt man gesünder.

Diese allgemeinen Resilienzfaktoren haben sich inzwischen vielfach bestätigt. Sie ergaben sich nicht nur unabhängig davon, ob junge Leute auf einem hawaiianischen Inselstaat ohne Zukunft aufwuchsen oder im Bielefelder Problemmilieu. Die gleichen Strukturen waren auch wichtig für Menschen in Bürgerkriegsgebieten, für Strafgefangene, die wieder Fuß fassen mussten im Leben, für den Überlebenskampf in Krisenregionen, für Familien, die mitten im Wohlstand in Armut lebten, für Kinder mit psychisch kranken Eltern oder für Menschen, die mit einer Scheidung zurechtkommen mussten.

Manche Fachleute wie Karena Leppert sind der Ansicht, dass Resilienz allein eine Sache der Persönlichkeit, sogar selbst ein Persönlichkeitsmerkmal ist. Doch mehr und mehr Wissenschaftler gelangen zu der Überzeugung, dass neben solchen Charaktereigenschaften auch Umweltfaktoren wie eben das Erziehungsklima, die Übertragung von Verantwortung und die Vermittlung eines Zugehörigkeitsgefühls eine Rolle spielen. Persönlichkeit und Umwelt sind dabei nicht immer leicht zu trennen: Denn ob ein Kind Hilfsbereitschaft zeigt oder einem Hobby nachgeht, liegt nicht nur in ihm selbst begründet, sondern auch in den Vorbildern, die es in seiner Umgebung findet.

»Im Vergleich zu früheren Ansätzen ist es heute erwiesen, dass Resilienz kein angeborenes Persönlichkeitsmerkmal bezeichnet«, betont Corina Wustmann Seiler daher. »Die Wurzeln für die Entwicklung von Resilienz liegen in besonderen risikomildernden Faktoren, die sowohl in der Person als auch in ihrer Lebensumwelt lokalisiert sein können.« Sie betrachtet die Lebenstüchtigkeit als eine Kapazität, die Menschen im Laufe ihrer Entwicklung erwerben. Mit Hilfe anderer Menschen, von Institutionen wie Kirche oder Schule und auch der eigenen Anlagen bauen sie einen Schutzwall gegen widrige Bedingungen auf wie die Kinder von Kauai oder die Jugendlichen von Bielefeld; sie passen sich an plötzliche Belastungssituationen an wie Menschen in Kriegsgebieten oder sie bewältigen psychische Verletzungen, wie sie etwa durch einen lebensbedrohlichen Verkehrsunfall entstehen. Resilienz trage zum Schutz bei, zur Reparatur oder auch zur Regeneration, sagt Friedrich Lösel.

Dabei sind all die Eigenschaften, über die die bisher erforschten starken Menschen in besonderem Maße verfügten, und die Umwelteinflüsse, die sie nutzten, kein Muss. »Sie erleichtern es, schwierige Lebensumstände zu meistern«, so Lösel. Kaum jemand verfügt über sämtliche dieser Faktoren. Aber das ist auch gar nicht nötig.

Wer stark ist, kennt sich selbst oft besonders gut

Die Fliege lernte schnell. In der furchtbaren Situation, in der sie sich befand, konnte sie nicht viel unternehmen. Und doch versuchte sie alles, was in ihrer Macht stand, um der schrecklichen Hitze zu entgehen, die ihr immer wieder aus heiterem Himmel die Flügel zu versengen drohte.

Es war ein abenteuerliches Experiment, nicht nur für die Fliege. Mit beachtlicher Fingerfertigkeit hatten Wissenschaftler im Würzburger Labor von Martin Heisenberg das nur 2,5 Millimeter lange Insekt mittels zweier Metalldrähte im Flug angebunden. Die Fruchtfliege schwebte durch eine virtuelle Realität, LEDs gaukelten ihr eine Umgebung vor, die es so gar nicht gab. Über die Metalldrähte erfassten Sensoren, was das Tier in dieser künstlichen Welt tat. Viel war das nicht, denn außer sich ein wenig nach links oder rechts zu drehen, hatte die festgebundene Fliege keine Wahl.

Diese eine Wahlmöglichkeit aber war für sie von großer Bedeutung. Denn jedes Mal, wenn die Fliege sich nach rechts wendete, wurde es für sie unerträglich heiß. Schnell lernte das Tier, dass es gesünder war, nach links zu fliegen. Und es dauerte nicht lange, bis die Fliege sich nur noch nach links bewegte. Selbst nachdem die Forscher die Hitzepulse längst eingestellt hatten, eroberte sie sich nur langsam die Welt auf ihrer rechten Seite zurück.

Das kleine Insekt war im Dienste der psychologischen Forschung unterwegs. Dass nicht nur Genetiker und Entwicklungsbiologen von vermeintlich seelenlosen Wesen lernen wollen, sondern auch Psychologen, mag überraschen. Doch tatsächlich können Wissenschaftler nicht nur an Säugetieren, sondern auch an niederen Lebewesen ein so vielschichtiges Phänomen wie psychische Widerstandsfähigkeit erforschen.

Schon das kleinste ihrer Versuchstiere, die Fruchtfliege mit ihrem winzigen Gehirn, könne uns Menschen etwas über unser Seelenleben verraten, meint Martin Heisenberg. Sie hilft sogar, die Hintergründe derart komplexen Verhaltens zu verstehen, wie in Lethargie zu verfallen oder aber in einer scheinbar aussichtslosen Lage einen neuen Weg zu finden. Es ist wahr: Auch Fliegen geben sich manchmal auf. Zum Beispiel, wenn Martin Heisenberg sie genügend frustriert hat. Sie werden dann antriebslos, scheinen jeden Lebensmut zu verlieren – ganz ähnlich wie Menschen, wenn sie sich als Spielball des

Schicksals fühlen und ihre eigenen Entscheidungen als irrelevant für den Lauf ihres Schicksals empfinden.

Um das zu demonstrieren, steckt Heisenberg die Fliegen in einen winzigen Kasten, dessen Boden ab und zu unangenehm heiß wird. Wenn die Tiere dann aber nicht vor Schreck verharren, sondern weiterkrabbeln, kühlt sich der Boden bald wieder ab. Eine zweite Gruppe Fliegen kann an der Hitze dagegen nichts ändern. Diese tritt auf und vergeht wieder – gleichgültig, was die Tiere dagegen zu unternehmen versuchen. Das hat auf diese zweite Gruppe von Fliegen – die geknechteten, die unterdrückten Exemplare – einen durchschlagenden Effekt: In einem Folgeexperiment bemühen sich diese Tiere gar nicht mehr, der Hitze zu entkommen. Die geknechteten Fliegen bleiben einfach untätig in ihrem Kasten sitzen, auch wenn der heiße Boden unter ihren Füßen sie eigentlich zum Weglaufen animieren sollte. Dabei wäre die Flucht diesmal sogar auf einfache Weise möglich; sie müssten nur auf die andere Seite der Kammer hinüberlaufen, wo es angenehm kühl ist. Das aber ahnen die Fliegen nicht, und sie hoffen es auch gar nicht mehr. Offenbar empfinden sie ihre Lage als aussichtslos und haben jeden Antrieb verloren, ihre Situation zu verbessern.

Die Insekten verhalten sich wie geprügelte Hunde, möchte man meinen. Und so ist es auch: Die Vorlage zu Heisenbergs Fliegenexperiment stammt aus den 1960er-Jahren. Damals haben die Psychologen Martin Seligman und Steven Maier Hunde mit Elektroschocks traktiert. Auch hier versuchten jene Tiere, die im ersten Versuchsteil keinen Einfluss auf ihr Schicksal hatten, im zweiten Teil gar nicht mehr, den Stößen zu entkommen, und blieben lethargisch in ihrer Box liegen. Von »learned helplessness« sprechen Psychologen seither, von »erlernter Hilflosigkeit«. Sie gilt bis heute als Modell für Depressionen, hilft aber auch, das unterschiedliche Ausmaß an psychischer Widerstandskraft zu ergründen, das Menschen zu eigen ist. Denn in diesen Experimenten gibt es immer wieder einzelne Individuen, die eben nicht lernen, dass sie hilflos seien, sondern weiterkämpfen.

Ob das Verhalten der Fliegen wirklich etwas mit umfassender Antriebslosigkeit, gar einer Art Depression zu tun hat? Das fragt sich auch Martin Heisenberg. In jüngster Zeit hat er beobachtet, dass die Fliegen, nachdem sie eine aussichtslose Situation hinter sich gebracht hatten, generell weniger und langsamer laufen als zuvor. »Wir wissen aber noch nicht, ob diese Tiere zum Beispiel auch weniger Lust haben, sich zu paaren«, sagt er. Auffällig sei, dass weibliche Fliegen häufiger von erlernter Hilflosigkeit betroffen sind als männliche, wie dies auch für Menschen mit Depressionen gilt.

Wie vergleichbar die erlernte Hilflosigkeit der Fliegen mit den Depressionen der Menschen auch immer ist: Für Medikamententests reichen die Ähnlichkeiten offenbar. Denn die Fliegen lassen sich mit Psychopharmaka therapieren. Ein paar Mikrogramm Citalopram, ein bisschen 5-HTP oder auch das in den USA längst als Psychopille gegen jede Unbill des Alltags verwendete Prozac helfen den Tieren, wieder besser drauf zu sein. Ihre Deprimiertheit ist dann wie verflogen, sie retten sich genauso erfolgreich wie ihre unvoreingenommenen Artgenossen vor der Hitze.

Wie die Fliegen lernen auch Menschen durch Erfolg oder Nichterfolg. Wesen mit einer solchen Lernstrategie hat die Natur aber zu ihrem Schutz offenbar ein Programm mitgegeben, das dafür sorgt, dass sie an einem bestimmten Punkt auch aufgeben. »Wenn man sich im Leben durch Ausprobieren fortentwickelt, dann braucht man einen Notschalter, der einen davon abhält, unaufhörlich weiterzuprobieren«, sagt Heisenberg. Der Notschalter rettet den Menschen, aber er birgt auch Risiken: »Womöglich«, so Heisenberg, »ist er die Grundlage für Depressionen.«

Das Not-Aus scheint jedoch nicht bei allen Menschen in gleichem Maße zu funktionieren. In der Natur mancher Zeitgenossen liegt es nun einmal, dass sie sehr früh aufgeben, wenn etwas nicht erwartungsgemäß gelingt; andere wiederum besitzen genug Hoffnung, Mut und Frusttoleranz, um ihr Glück noch viele Male erneut zu versuchen – bevor sie schließlich Erfolg haben oder sich ihr Scheitern doch eingestehen müssen. Je nach Ausgang der Bemühungen hält man mal die eine Sorte Mensch für klug und mal die andere.

Der Glaube an sich selbst macht stark

Dem Umgang mit einer Herausforderung liegt in vielen Fällen aber mehr als nur ein Mangel an Antriebskraft oder ein Zuviel davon zugrunde. Wer etwas wagt, der verfügt meist über eine wesentliche Eigenschaft: Er glaubt an sich. Statt Hilflosigkeit haben solche Menschen schon früh in ihrem Leben eine hohe Selbstwirksamkeitserwartung erworben, wie Psychologen das nennen. Darunter verstehen sie die Überzeugung, gezielt Einfluss auf die Welt nehmen zu können. Im Gegensatz zu den lethargischen Menschen, Hunden oder Fliegen sind solche Menschen davon überzeugt, dass es Hoffnung gibt; sie glauben selbst dazu beitragen zu können, dass sich die Dinge so entwickeln, wie sie sich das wünschen. Das Obama-Motto »Yes, we can!« ist quasi der Schlachtruf der Selbstwirksamkeit.

Wie hilfreich diese Überzeugung ist, zeigte auch die Bielefelder Invulnerabilitätsstudie. Die im Rahmen dieser Studie untersuchten jungen Leute aus schwierigen Verhältnissen, die trotz ihrer widrigen Kindheit ihr Leben in den Griff bekamen, erlebten sich im Durchschnitt als weniger hilflos und vertrauten mehr auf ihre eigenen Kräfte als die Teenager, die später scheiterten, sagt der Resilienzforscher und Psychologe Friedrich Lösel: »Diese Teenager waren davon überzeugt, dass sie im Leben etwas erreichen, wenn sie sich dafür einsetzen.«

Ähnliches war auch auf Kauai zu beobachten: »Im Alter von zehn Jahren besaßen die resilienten Kinder den Glauben, mit eigenem Handeln tatsächlich etwas bewirken zu können«, sagt Corina Wustmann Seiler. »Wer nicht erwartet, mit seiner Handlung etwas zu bewirken, wird gar nicht erst versuchen, etwas zu verändern beziehungsweise etwas zu riskieren, sondern die Situationen meiden und sich selbst negativ einschätzen«, so die studierte Erziehungswissenschaftlerin. »Wer dagegen eine positive Selbstwirksamkeitserwartung hat, wird diese auch auf neue Situationen übertragen und sich ein gewisses Schwierigkeitsniveau zutrauen.« Die Erwartung, ein Problem meistern zu können, hilft demnach dabei, es tatsächlich zu lösen. Diese Erwartung macht stark.

Kinder erfahren schon früh in ihrem Leben, ob sie etwas

bewirken können oder eher nicht. »Selbstwirksamkeit wird schon im Säuglingsalter vermittelt«, sagt die Heilpädagogin Monika Schumann. Wenn ein Baby nach der Mutter weint – und diese dann tatsächlich kommt, es auf den Arm nimmt und tröstet, weiß es: Ich bin wer und ich kann etwas. Kinder, die dagegen schon im zarten Alter die Erfahrung machen, dass sie und ihre Bedürfnisse nicht beachtet werden, dass sie mit ihren Wünschen nur stören und dass ihre Ideen doch nichts taugen, werden kaum Selbstwirksamkeitserwartung entwickeln. Solchen Kindern fehlt es an der Zuversicht, Probleme bewältigen zu können. Wenn etwas Schwieriges passiert, fallen sie eher in Schockstarre, als dass sie einen Ausweg suchen. Zwangsläufig erwerben sie nicht die Fähigkeit, Lösungen zu finden.

Zu diesen Beobachtungen passt, dass auch jene Kinder von Kauai besonders widerstandsfähig wurden, die schon von klein auf Verantwortung übernehmen mussten. Die konnte darin bestehen, dass sie sich um ihre jüngeren Geschwister kümmerten, eine Aufgabe in der Gemeinschaft übernahmen oder den Haushalt führten, weil beide Eltern arbeiteten oder krank waren. Manche der besonders Resilienten mussten auch Geld verdienen, um das Überleben der Familie zu sichern. »Diese frühzeitige Verantwortungsübernahme begünstigt offenbar die Entwicklung von Selbstwirksamkeit und Ausdauervermögen«, sagt Corina Wustmann Seiler: »Die Kinder hatten ziemlich früh erlebt, dass sie mit ihrer eigenen Leistung etwas bewirken und Anerkennung erlangen können. Egal, ob es darum ging, auf Geschwister aufzupassen oder im Fußballverein immer mal wieder ein Tor zu schießen.«

Aus Selbstwirksamkeit erwächst so Selbstbewusstsein – eine weitere wichtige Voraussetzung für Resilienz. Denn eine Herausforderung aktiv anzugehen, ist zweifelsohne auch eine Frage des Mutes und des Selbstvertrauens. Allerdings besteht kein direkter, über alle Nuancen geltender Zusammenhang zwischen Resilienz und Selbstbewusstsein, betont der Heilpädagoge Michael Fingerle. Ein gutes Maß an Selbstwertgefühl motiviere zwar zu Leistung und helfe, Niederlagen und kritische Lebensereignisse zu bewältigen – nicht umsonst spricht man von einem »gesunden Selbstbewusstsein«; während ein zu niedriges Selbstbewusstsein ein Risiko für Depressionen und Demotivation berge. »Aber ein zu starkes Selbstbewusstsein kann in den Narzissmus übergehen«, warnt Fingerle. Und dieser führe schnell zu einem instabilen Selbstwertgefühl, weil jede kleine Kränkung für den Narzissten einen halben Weltuntergang bedeute. Auch könne ein hohes Maß an Selbstbewusstsein zur Hybris führen, so Fingerle. Und wer sich selbst überschätzt, trägt ein erheblich größeres Risiko zu scheitern, weil er die falschen Entscheidungen trifft oder glaubt, bestimmte Schwierigkeiten könnten ihm nichts anhaben. Schwere Niederlagen sind schon fast zwangsläufig die Folge.

Auch aus ganz praktischen Gründen sind Fehleinschätzungen und Hirngespinste ausgesprochen hinderlich, wenn es darum geht, schwierige Situationen zu überwinden. Friedrich Lösel hat in einer Studie Ehefrauen von Gefängnisinsassen befragt, was sie von der Zeit erwarten, wenn ihr Mann wieder in Freiheit ist. »Diejenigen, die keine unrealistischen Träume hatten, sondern wussten, dass damit neue Schwierigkeiten auf sie zukommen, haben die Situation später erheblich besser bewältigen können«, erzählt er.

Zu wissen, wann es sich zu kämpfen lohnt: Vor allem darin besteht der Unterschied zwischen den erfolgreichen und den erfolglosen Kämpfern beziehungsweise zwischen den hilflosen und den klugen Aufgebenden. Dabei gilt es nicht nur die Situation realistisch einzuschätzen: Klar im Vorteil sind solche Menschen, die sich selbst gut kennen und wissen, ob und wie sie diese Schwierigkeiten bewältigen können.

»Resilienz ist eine dynamische Fähigkeit«, erläutert Karena Leppert. Sie helfe, die eigene Befindlichkeit zu kontrollieren und zu modulieren und zwar je nach Herausforderung und Belastung. Resiliente Menschen wissen nicht unbedingt, wie sie eine bestimmte Situation überstehen. Sie verfügen aber über eine Vielzahl kognitiver, emotionaler und sozialer Verhaltensweisen, um sich anzupassen und funktionsfähig bleiben zu können – sprich, sie haben erfahren, dass sie aus Schwierigkeiten immer irgendwie wieder herausgekommen sind. »Man kann lernen, sich auf diese Fähigkeit zu verlassen«, sagt Leppert. »Frei nach dem Motto: Ich weiß, was ich kann und was ich nicht kann. Ich weiß, dass ich mich wieder berapple.«

Ich HABE, ich BIN, ich KANN – so fasst die Schottin Brigid Daniel, Professorin für Sozialarbeit, die drei Grundbausteine der Resilienz zusammen: Ich HABE Menschen, die mich gern haben und mir helfen. Ich BIN eine liebenswerte Person und respektvoll mir und anderen gegenüber. Ich KANN Wege finden, Probleme zu lösen und mich selbst zu steuern.

Sich gut zu kennen, schafft auch aus einem weiteren Grund Stärke: Wer einen unverstellten Blick auf sich selbst hat, der sucht sich seinen Partner fürs Leben und seinen Arbeitsplatz nach eigenen Kriterien, Bedürfnissen und Vorlieben und nicht nach den Maßstäben anderer, zu denen vielleicht eine schwarze Dienstlimousine oder ein weißer Arztkittel gehören. »So werden Job und Ehe zu Kraftspendern statt zum Ort ständigen Energieverlusts«, sagt Monika Schumann.

Ein bisschen träumen, das darf man dabei durchaus: »Oft hilft schließlich schon der Glaube, man schaffe das schon«, sagt der Persönlichkeitspsychologe Jens Asendorpf. Der Glaube könne ganze Berge von Problemen versetzen. Es ist auch eine Sache der Interpretation: Wer überzeugt ist, Schwierigkeiten aus der Welt schaffen zu können, für den mögen stressige Situationen und problematische Ereignisse weniger belastend sein als für jemanden, der von vornherein vor ihnen kapituliert; der Tatkräftige nimmt auftretende Schwierigkeiten womöglich sogar als Herausforderung wahr, die es zu bewältigen gilt und an deren Ende das gute Gefühl warten wird, einen weiteren Sieg im Leben errungen zu haben. »Wie Menschen Stress begreifen, hängt in hohem Maße von ihrer subjektiven Wahrnehmung ab«, sagt Asendorpf. »Wer Stress als Herausforderung sieht, für den ist er plötzlich gar nicht mehr negativ.« Umgekehrt schätzen Personen mit niedriger Selbstwirksamkeitserwartung Stress schon von Beginn an negativ ein. »So wandelt sich eine Herausforderung zu einer starken Bedrohung bis hin zum Gefühl des Kontrollverlusts«, sagt der Gesundheitspsychologe Ralf Schwarzer. Das werde noch dadurch verstärkt, dass solche Menschen sich Misserfolge persönlich zuschreiben – »ein Teufelskreis«.

Schwarzer ist sicher: »Menschen mit höherer Selbstwirksamkeitserwartung zeigen größere Anstrengung und Ausdauer.« Wenn etwas schiefgeht, führen sie es eher auf äußere Ursachen und weniger auf sich selbst zurück. So bleibt ihr Selbstwertgefühl erhalten. Menschen mit geringerer Selbstwirksamkeitserwartung fühlen sich dagegen durch Misserfolge in ihrer negativen Sicht bestätigt: Die sich selbst erfüllende Prophezeiung schwächt die Selbstwirksamkeitserwartung noch zusätzlich und damit auch die Motivation. Zwangsläufig folgt daraus am Ende ein Abfall von Zufriedenheit und Leistung.

Das hat mitunter frappierende Auswirkungen: Ältere Menschen, die optimistisch an den Erhalt ihrer kognitiven Fähigkeiten glauben, hatten in Studien tatsächlich ein besseres Gedächtnis als Gleichaltrige, die im Alltag ständig ängstlich Anzeichen für ihren geistigen Abbau registrieren.

Was stark macht und was schwach

Was die psychisch starken Menschen konkret auszeichnet, haben Forscher mit Hilfe aufwendiger Studien untersucht und dabei mehr und mehr Besonderheiten im Wesen der resilienten Menschen erkannt. Inzwischen gibt es ganze Listen mit Eigenschaften, die bei den psychisch widerstandsfähigen Menschen auffallend stark oder schwach ausgeprägt sind. Diese Eigenschaften haben Wissenschaftler weltweit immer wieder beschrieben – gleich in welchem ethnischen Kontext sie gearbeitet haben oder unter welchen geographischen Rahmenbedingungen. Die Tabelle zeigt, welche Faktoren helfen, Krisen möglichst unbeschadet zu überstehen (adaptiert nach Friedrich Lösel).

(+) = trägt zur psychischen Widerstandskraft bei
(–) = mindert sie eher

TEMPERAMENT
　+ Humor
　+ Flexibilität

- + emotionale Ausgeglichenheit
- + Frusttoleranz
- + Durchsetzungsvermögen
- + Ausdauer
- + Kraft
- + Optimismus
- + Interesse an Hobbys
- − Impulsivität

KOGNITIVE KOMPETENZEN
- + Gute Schulleistung
- + Spezielle Talente
- + Realistische Planung/Zukunftsperspektive
- + Leistungsmotivation
- + Intelligenz

SELBSTERLEBEN
- + Selbstwirksamkeit
- + Selbstbewusstsein
- − Hilflosigkeit

COPING
- + Aktive Problemlösung
- + Fähigkeit, sich zu distanzieren
- − Passiv-aggressive Reaktion auf Probleme

SOZIALE BEZIEHUNGEN
- + Bezugsperson außerhalb der Kernfamilie
- + Gute Beziehung zu Erziehern
- + Unterstützende Geschwister
- + Gute Beziehung zur Schule
- + Erfahrung von Sinn und Struktur im Leben
- + Religiosität/Spiritualität
- + Zufriedenheit mit der erfahrenen Unterstützung
- + positives Sozialverhalten
- + hohe Sprachfertigkeiten

ERZIEHUNGSKLIMA
+ Warm, akzeptierend
+ Kontrolle, Normorientierung
+ Dosierte Anforderungen und Verantwortung

Der Irrtum des Immerfröhlichseins: Resilienz und Gesundheit

Es war schlimm, aber er wusste, dass er es überstehen würde. Polizisten wie Dick sind hart im Nehmen. Sonst würden sie diesen Beruf wohl gar nicht erst ergreifen. Am 11. September 2001 jedoch kam auch Dick an seine Grenzen. Wie viele seiner Kollegen gehörte der 36-Jährige zu den Ersten, die nach dem Terrorangriff auf das World Trade Center in New York am Ort des Schreckens eintrafen. Sie wurden Zeugen davon, wie Menschen aus den brennenden und in sich zusammenstürzenden Türmen sprangen. Sie suchten im Chaos nach Überlebenden und halfen denen, die sie fanden. Doch meist entdeckten sie unter den Trümmern nur Leichen. Überall sah Dick Körperteile herumliegen. Er hörte die irren Stimmen der Entkommenen, sah ihre entsetzten oder völlig leeren Gesichter. Frauen, weiß von Staub; Männer, die unaufhörlich weinten; Kinder, die schrien, wie er es nie zuvor gehört hatte. Und er wusste, unter den Trümmern würde er weitere Tote und noch mehr Teile von Toten finden – und grub doch weiter.

Nach dem 11. September brauchte Dick einen Psychiater. Es war wegen der Traurigkeit, die in den ersten Tagen einfach nicht aufhören wollte. Er wachte morgens auf, und das Erste, was er fühlte, war diese tiefe Traurigkeit. Er wusste gar nicht so sehr warum. Es waren nicht die schrecklichen Schicksale der Menschen, es waren nicht die schmerzverzerrten Gesichter, es waren nicht die Geschichten der Witwen und Waisen, die er jetzt täglich in den Medien zu hören und zu sehen bekam und die er trotz seines lebensmutigen Einsatzes nicht zu verhindern gewusst hatte. Es war eine tiefe Traurigkeit, die aus ihm selbst kam. Sein Psychiater sagte, das sei eine Folge der schrecklichen Situationen, die Dick durchgemacht hatte. Aber auch der Arzt kam zu dem Schluss: Es war schlimm für seinen Patienten, und doch würde Dick es überstehen. Trotz der seelischen Wunden, die er erlitten hatte, wirkte der Mann selbstsicher und grundsätzlich mit sich im Reinen. Das waren gute Aussichten.

Zehn Jahre später ähnelt Dick tatsächlich wieder jenem Dick, den es vor dem Terroranschlag auf das World Trade Center gab. Vielleicht ist er ein wenig empfindlicher als früher; vielleicht hat er einen anderen Blick auf das Leben gewonnen. Manche Szenen, die er heute als Polizist bei seinen Einsätzen erlebt, erinnern ihn wieder an den 11. September und die Tage danach. Aber sie lösen nicht mehr diese Beklemmungen, diese Traurigkeit aus wie die Erinnerungen in den ersten Jahren nach dem Ereignis.

»Ich wusste, es geht vorbei«, erzählte Dick später selbstbewusst. Er hatte nie damit gerechnet, dass es ihn überhaupt je an der Seele packen würde; dass er jemals einen Psychiater aufsuchen würde – schon gar nicht wegen Dingen, die er in seinem Beruf erlebt. Aber auch wenn es ihn für kurze Zeit erwischt hat: Dick gilt durchaus als Beispiel einer resilienten Persönlichkeit, eines Kämpfertypen, der sich nicht unterkriegen lässt und nach einem Rückschlag die Ärmel hochkrempelt, statt in sich zusammenzusacken.

»Resilienz bedeutet nicht, dass man dauernd gut drauf ist«, betont Jens Asendorpf. Auch starke Seelen sind verletzlich. Je nach Situation leiden manche von ihnen stark unter dem Erlebten, andere hadern mit ihrem Schicksal. Wer widerstandsfähig ist, bleibt in Frust, Trauer oder Schrecken aber nicht gefangen; er steht bald wieder auf und wird auch nicht so leicht dauerhaft krank. Resiliente Menschen zerbrechen nicht an schweren Schicksalsschlägen; nach dem Tal der Tränen geht es für sie wieder bergauf.

Früher haben Wissenschaftler das anders gesehen. Sie haben geglaubt, resiliente Menschen seien komplett unverwundbar. Dieses Bild von den Unverletzlichen hat einer der ersten Forscher auf dem Gebiet der Resilienz geprägt, der amerikanische Psychologe Norman Garmezy. Er war so begeistert von seiner Entdeckung der starken Menschen, dass er sie wohl zu sehr heroisierte. Andere Wissenschaftler folgten dieser Vorstellung. »Auch wir sind zunächst von der Unverletzbarkeit der Resilienten ausgegangen«, erzählt der Psychologe Friedrich Lösel. »Deshalb haben wir unsere Studie mit den Jugendlichen aus schwierigen Verhältnissen ursprünglich die Bielefelder Invulnerabilitätsstudie genannt.« Heute spricht Lösel lieber von der Bielefelder Resilienzstudie.

Denn in Fachkreisen erntete das Idealbild von den Unverletzlichen zunehmend Kritik. Die klinische Psychologin Froma Walsh aus Chicago lästerte schon 1998, dass das Konzept der Invulnerabilität wohl auf eine Traumvorstellung eines männlichen »Teflon-Ichs« zurückgehe und auf das amerikanische Ethos des Supermenschen. Auch ließ sich die Vorstellung auf Dauer nicht mit den Forschungsergebnissen in Einklang bringen. Sie zeigten mehr und mehr, dass auch resiliente Zeitgenossen Phasen des Zweifelns und der Verzweiflung durchleben.

»Unverwundbar oder immun gegenüber dem Schicksal ist kein Mensch«, betonte die inzwischen verstorbene Schweizer Psychotherapeutin Rosmarie Welter-Enderlin. »Unter Resilienz wird vielmehr die Fähigkeit von Menschen verstanden, Krisen im Lebenszyklus unter Rückgriff auf persönliche und sozial vermittelte Ressourcen zu meistern und als Anlass für Entwicklung zu nutzen.«

Resilient zu sein bedeute auch nicht, dass man unversehrt und völlig unverändert in seinen früheren Zustand zurückkehrt, ergänzt Froma Walsh. Es heißt vielmehr, dass man gegen ungünstige Bedingungen erfolgreich angeht, sich durch sie hindurchkämpft, aus den Widrigkeiten lernt und darüber hinaus versucht, diese Erfahrungen in das Gewebe seines Lebens zu integrieren. Man ist verwundbar, aber die Wunden heilen verhältnismäßig schnell und hinterlassen nicht allzu große Narben. Unverwundbar? »Nein, das sind sie nicht«, sagt inzwischen auch Emmy Werner über die resilienten Kinder von Kauai: »Sie sind verwundbar, aber unbesiegbar.«

»Im Grunde sollte man statt von psychischer Robustheit von psychischer Elastizität sprechen«, sagt der Gesundheitspsychologe Ralf Schwarzer. Zwischendurch tut es weh, zwischendurch kann man auch mal am Boden sein. Aber am Ende hat man wieder Kraft für Neues.

Wer resilient ist, erholt sich besser von negativen Erlebnissen

Besonders intensiv hat Ralf Schwarzer die psychische Widerstandskraft an New Yorker Polizisten untersucht, die wie Dick nach den terroristischen Angriffen auf das World Trade Center dort im Einsatz waren. Knapp 3000 Polizisten hatten sich bereit erklärt, ihre Gesundheitsdaten im »World Trade Center Health Registry« (WTCHR) speichern zu lassen, das Schwarzer gemeinsam mit seiner amerikanischen Kollegin Rosemarie Bowler auswerten konnte. Das Bewundernswerte: Viele dieser Polizisten litten unter dem, was sie durchgestanden hatten, aber am Ende gingen doch die Allermeisten gesund aus ihren furchtbaren Erlebnissen hervor.

Nur 7,8 Prozent der 2527 männlichen und 413 weiblichen untersuchten Polizisten hatten zwei bis drei Jahre nach den Ereignissen eine posttraumatische Belastungsstörung (PTBS) entwickelt. Allerdings war unter den Männern der Anteil nach fünf bis sechs Jahren auf 16,5 Prozent gewachsen. »PTBS kommt häufig verspätet«, sagt Schwarzer, »vor allem bei Männern.« So war der Anteil der weiblichen Polizisten mit einer Belastungsstörung zwei bis drei Jahre nach den Terroranschlägen fast doppelt so hoch wie der Anteil der männlichen Polizisten. Nach fünf bis sechs Jahren aber war die PTBS bei beiden Geschlechtern gleich häufig.

Schwarzers Studie belegt somit auch folgendes Phänomen: Selbst wenn Menschen zunächst gut mit einem traumatischen Erlebnis zurechtkommen, kann dieses nach Jahren doch noch zuschlagen. Es mag sein, dass eine Person einen Schicksalsschlag zunächst ganz gut verarbeitet. Aber ihr Zustand ist nur metastabil. »Wenn dann wieder etwas Belastendes in ihr Leben tritt, ist das Trauma plötzlich da«, sagt Schwarzer. Ein bedeutender Risikofaktor dabei ist es zum Beispiel, wenn jemand infolge eines schwerwiegenden Erlebnisses dauerhaft körperlich beeinträchtigt ist oder wenn er seine Arbeit aufgibt, weil er es einfach nicht riskieren will, noch einmal in eine solche Situation zu geraten.

Mehr als 80 Prozent der New Yorker Polizisten blieb eine PTBS jedoch auf Dauer erspart. Der Anteil der besonders Unerschütterlichen unter ihnen war damit extrem hoch, betont Schwarzer. Resiliente Personen scheinen unter diesen Polizisten häufiger zu sein als in der Normalbevölkerung. Hier haben erheblich weniger der unmittelbar Betroffenen das Grauen unbeschadet überstanden. »Diese Polizisten sind sicherlich keine Durchschnittsmenschen«, sagt Schwarzer. Ihre Widerstandskraft gegen schweres Unheil komme aber womöglich nicht nur aus ihnen selbst, sondern könne auch durch äußere Faktoren beeinflusst sein: »Dass sie so gut weggekommen sind, kann zum Beispiel mit ihrer Ausbildung zusammenhängen, bei der versucht wird, sie auf solche Extremereignisse vorzubereiten«, sagt der Gesundheitspsychologe.

Letztlich, so haben Forschungen gezeigt, richtet ein schweres Unglück auch unter gewöhnlichen Zeitgenossen nur bei einer Minderheit erheblichen psychischen Schaden an. »Menschen können mit Angst, Trauer, Depressionen und suizidalen Gedanken auf Katastrophen reagieren oder auch anfangen, plötzlich Drogen zu konsumieren«, sagt der klinische Psychologe George Bonanno. »Aber richtig schwerwiegende Beeinträchtigungen treten gemeinhin selten bei mehr als 30 Prozent der Betroffenen auf.«

Dann können die Belastungen auch körperlich krank machen. »Die psychische Stärke hat erheblichen Einfluss auf die Gesundheit – und zwar längst nicht nur auf die Entstehung posttraumatischer Belastungsstörungen und anderer seelischer Phänomene«, sagt Ralf Schwarzer. Das zeigte sich auf faszinierende Weise an Menschen, die eine Bypass-Operation benötigten.

Vor dem Eingriff stellten Schwarzer und sein Team mit Hilfe von Fragebögen fest, wie groß die Selbstwirksamkeitserwartung der Patienten war. Als weiteres Maß für Resilienz wurde ihre soziale Integration erfasst: Wie viele Menschen gehörten zu ihrem sozialen Netzwerk, wie viele Freunde hatten sie? Und wie geborgen fühlten sie sich unter diesen?

Das Ergebnis sprach eine klare Sprache: Die Resilienten unter den Herzpatienten überstanden die Operation erheblich besser: Eine Woche, nachdem ihnen ein Bypass gelegt worden war, hatten sie deutlich weniger Krankheitssymptome als Personen mit geringerer Selbstwirksamkeitserwartung und weniger Geborgenheit; ihre Wundheilung war besser verlaufen, sie spazierten schon wieder im Zimmer herum und waren insgesamt aktiver. Sechs Monate nach der Operation zeigte sich die Heilungskraft der Resilienz noch einmal: Von den von sich überzeugten Zeitgenossen schmiedeten viele bereits Urlaubspläne; sie verrichteten mehr Aufgaben in Haus und Garten und hatten auch schon häufiger wieder ihre Arbeit aufgenommen.

Ähnliches stellten auch Kollegen von Karena Leppert fest. Sie untersuchten, wie häufig Krebspatienten, die sich einer Strahlenbehandlung unterzogen, unter starker Erschöpfung litten. Diese sogenannte Fatigue tritt häufig bei Krebskranken auf – mitunter als psychische Reaktion auf die Krankheit; sie kann aber auch durch die Chemo- oder Strahlentherapie ausgelöst werden. In der Studie mit mehr als 100 Krebspatienten zeigte sich jedenfalls: Patienten mit ausgeprägter Resilienz litten nicht so stark an Fatigue wie weniger stabile Persönlichkeiten.

Psychische Widerstandskraft zeigt sich auch darin, wie man mit einer chronischen Krankheit umgeht – etwa mit Diabetes. Die Zuckerkrankheit ist heute keine echte Bedrohung mehr: Wenn Patienten gut eingestellt sind und regelmäßig ihre Medikamente nehmen, kommen sie im Allgemeinen gut mit der Krankheit zurecht; Spätfolgen – etwa Schäden an Augen oder Nieren – lassen sich minimieren. Gleichwohl greift der Diabetes erheblich in den Alltag ein. Sorglos essen nur die wenigsten. Auch müssen die Patienten regelmäßig und sehr diszipliniert an ihre Medikamente denken.

Deshalb hat die Soziologin Leppert untersucht, welchen Einfluss die Seelenstärke bei Menschen mit Diabetes auf ihren Umgang mit der Krankheit hat. Deutlich zeigte sich dabei: Die Zuckerkranken, die psychologischen Tests zufolge besonders resilient waren, hatten eine höhere Lebensqualität. »Sie sagten sich: Das Leben mit der Krankheit ist schwer, aber ich schaffe das schon«, erzählt Leppert. In der Folge fühlten sie sich deutlich besser als die weniger resilienten Patienten.

»Dieses Gefühl muss nicht unbedingt einen objektiven physiologischen Zustand widerspiegeln«, betont Leppert. Den resilienten Zuckerkranken ging es also, mit den Augen eines Arztes betrachtet, nicht zwangsläufig besser. »Aber subjektiv konnten sie die Krankheit besser bewältigen als die weniger resilienten Patienten«, so die Soziologin. Sie konnten sich gut um sich selbst kümmern und brauchten weniger Begleitung und Beratung durch ihre Ärzte.

Mit welchen Eigenschaften die gesundheitsfördernde Stärke zusammenhängt, hat Ralf Schwarzer mittlerweile für unterschiedliche psychische Herausforderungen untersucht. Dabei zeigte sich, dass die Selbstwirksamkeitserwartung sogar physiologisch messbar ist. Schwarzer zufolge wirkt sie sich in anforderungsreichen Situationen auf Blutdruck, Herzrate und Adrenalinspiegel aus. Das lässt sich therapeutisch umsetzen: Wenn das Selbstvertrauen von Rheumapatienten durch eine Therapie gestärkt wird, so zeigte eine Studie, empfinden sie weniger Schmerzen und bewältigen ihren Alltag besser.

Neben der Selbstwirksamkeitserwartung wirke sich vor allem Optimismus, der bei resilienten Persönlichkeiten besonders ausgeprägt ist, positiv auf das Wohlbefinden und den Krankheitsverlauf aus, meint Schwarzer: »Es ist die mit hohem Optimismus verbundene geringere Ängstlichkeit, die für das Ausmaß der Beschwerden und die Qualität der Problembewältigung verantwortlich zu machen ist.«

Verdrängen ist erlaubt

Was würde Sigmund Freud bloß zu den Resilienten sagen? Zumindest jene dieser starken Persönlichkeiten, die Krisen in kürzester Zeit ad acta legen und einen Neustart wagen, leben ganz offenkundig gegen seine Theorie. Immer wieder hat der Begründer der Psychoanalyse betont: Nach einem Verlust von geliebten Menschen oder Dingen – dem Beruf etwa, dem gewohnten Umfeld – ist Trauern nicht nur normal, sondern auch wichtig. Wer sich mit dem Gefühl der Leere, des Verlusts und des Abschieds nicht auseinandersetzt, wer diese also verdrängt, der riskiert, aus der Seele heraus krank zu werden. Phobien, Neurosen und die von ihm so genannte »Abwehrhysterie« führten schließlich auch dazu, dass sich körperliche Krankheiten entwickeln, warnte Freud.

Seit Sigmund Freud Ende des 19. Jahrhunderts den Begriff der Verdrängung prägte, den er im Jahr 1915 in einem Aufsatz ausführlicher erläuterte, streiten Psychologen und Psychiater über den Wert dieses Konzepts. Zwar sprechen Menschen in ihrem Alltagsjargon längst vom Verdrängen und sind auch davon überzeugt, dass es einen direkten Zusammenhang zwischen diesem Verhalten und dem Entstehen von Krankheit gibt, doch wissenschaftlich war der Beweis bisher nicht erbracht. Laut Freud ist Verdrängen ein durchaus natürlicher Prozess, den Menschen sowohl bei schmerzlichen als auch bei ängstigenden Erfahrungen nutzen.

Aber wo liegt die Grenze zwischen Verdrängen und Vergessen, was ist gesund und was ungesund? Zwei Wissenschaftler von der Universität Jena haben erst vor Kurzem ein interessantes Experiment unternommen. Die beiden Psychologen Kristin Mitte und Marcus Mund wollten die These, dass Verdrängen krank mache, mit wissenschaftlichen Daten untermauern. Bei ihrer Auswertung griffen Mund und Mitte auf bereits erhobene Daten zurück. Sie sammelten alle weltweit zugänglichen Ergebnisse, in denen Wissenschaftler Krankheiten und Verdrängung an derselben Gruppe von Menschen untersucht hatten. Dabei ging es um ganz verschiedene Leiden – zum Beispiel um Asthma und Herz-Kreislauf-Erkrankungen, aber auch um Zuckerkrankheit und Krebs.

Insgesamt 22 Studien mit zusammen fast 7000 Teilnehmern entdeckten Mund und Mitte in den Datenbanken der Universitäten. Aus den darin enthaltenen Daten folgern sie: Zwischen Verdrängung und dem Auftreten von Krankheiten gibt es tatsächlich einen Zusammenhang. Vor allem zeigt sich bei Menschen, die zum Verdrängen neigen, eine Tendenz zu erhöhtem Blutdruck. Psychologen nennen solche Leute »Represser« – abgeleitet vom englischen Begriff für Verdrängung: psychological repression. »Jeder Mensch unterdrückt von Zeit zu Zeit unangenehme Gefühle«, sagt Marcus Mund. Das sei ein allgemeiner, ganz natürlicher Abwehrmechanismus. Bei den Repressern aber sei »das Prinzip der Abwehr wesentlich in ihrer Persönlichkeit verankert«.

Viele Represser sind im Grunde ihres Herzens ängstlich, obwohl sie angeben, besonders wenig Angst zu haben. Sie mögen negative Nachrichten nicht hören, wollen sich nicht mit ihnen auseinandersetzen. »Setzt man Represser aber unter psychischen Stress, so zeigen sie heftige körperliche Angstreaktionen wie Schwitzen oder einen beschleunigten Puls«, erzählt Mund. Das manifestiere sich möglicherweise in dem erhöhten Blutdruck. Gleichwohl ist nicht bewiesen, ob der hohe Blutdruck die Folge dieser besonderen psychischen Konstitution ist oder nur zufällig gemeinsam mit ihr auftritt. In jedem Fall aber kann ein dauerhaft erhöhter Blutdruck ernsthafte Folgeerkrankungen nach sich ziehen, wie Herz-Kreislauf-Leiden oder Schäden an den Nieren und Augen. Verdrängen kann demnach unter Umständen tatsächlich krank machen.

Zusammenhanglos aber, das sei hier am Rande erwähnt, erwies sich die Entstehung von Krebs mit den unterdrückten Gefühlen. Die Vorstellung, es gebe eine »Krebspersönlichkeit«, die das Wachstum bösartiger Tumoren erst auslöse oder vorantreibe, entbehrt jeder Grundlage. Diese Sicht, Menschen mit Krebs seien aufgrund ihrer Persönlichkeit also irgendwie selbst schuld, gehört »auf den Müllhaufen der Medizingeschichte«, betont der Internist, Onkologe und Psychosomatiker Herbert Kappauf immer wieder, der viele Jahre am Klinikum Nürnberg die Arbeitsgruppe Psychoonkologie geleitet hat.

Der Analyse von Mund und Mitte zufolge wird vielmehr umgekehrt ein Schuh daraus: Nicht vor, sondern nach einer Krebsdiagnose neigen Menschen zum Verdrängen; sie bekommen nicht Krebs, weil sie ein Represser sind, aber der Krebs verändert offenbar ihren Umgang mit negativen Nachrichten. Manche wollen nicht wahrhaben, dass sie an einer lebensbedrohlichen Erkrankung leiden; andere versuchen ihre unangenehmen Gefühle – ihre Ängste, ihre Trauer – in Schach zu halten, indem sie ihnen möglichst wenig Raum geben; und Dritte versuchen, neben den schwerwiegenden Sorgen, die sie infolge der Diagnose belasten, alle anderen Probleme zur Seite zu schieben.

Das Unterdrücken der Emotionen muss auch gar nichts Schlechtes sein. Tendenziell leiden diese Menschen weniger unter einer Chemotherapie als solche, die intensiv alle emotionalen Tiefs ihrer Erkrankung durchleben, sagt Marcus Mund. Gerade weil Represser so ein hohes Kontrollbedürfnis – über ihre Krankheit, ihre Sorgen und ihr Leben – haben, seien sie in der Regel sehr diszipliniert und bereit, ihren Lebensstil so anzupassen, dass die Krankheit möglichst wenig Chancen hat.

Doch Verdrängen ist nicht gleich Verdrängen, auch optimistische Menschen neigen dazu, negative Informationen zur Seite zu schieben. Das wundert nicht, ist aber nun auch wissenschaftlich erwiesen. Vor Kurzem haben britische und deutsche Neurowissenschaftler das, was sich in den Gehirnen ihrer Probanden abspielte, in einem funktionellen Kernspintomographen beobachtet. Während die Testpersonen in der engen Röhre lagen, sollten sie die Wahrscheinlichkeiten schätzen, mit denen im Laufe ihres Lebens verschiedene unschöne Dinge passieren würden. Wie groß ist die Gefahr, dass sie Darmkrebs bekommen? Wie groß die, vom Blitz erschlagen zu werden? Nachdem die Probanden geschätzt hatten, bekamen sie die echten statistischen Wahrscheinlichkeiten präsentiert.

In einer zweiten Runde zeigte sich ein erstaunlicher Effekt: Die Testpersonen korrigierten ihre ursprünglichen Einschätzungen nur nach unten, nicht nach oben. Wenn ihnen eine größere reelle Gefahr genannt worden war, ignorierten sie das. Nur eine kleinere reelle Gefahr zogen sie in ihre persönliche Risikoabschätzung ein. Der Gehirnbereich, der für diesen Rosa-Brille-Effekt verantwortlich ist, sei bei sehr optimistischen Personen besonders aktiv, sagt Tali Sharot, eine der Wissenschaftlerinnen. »Wir picken uns aus dem, was wir hören, die Information heraus, die wir hören wollen«, sagt sie. »Und je optimistischer wir sind, desto weniger lassen wir uns von negativen Informationen über unsere Zukunft beeinflussen.«

Dass Verdrängen gut sein kann, haben in den vergangenen

Jahren Psychologen auch aus anderen Fachbereichen festgestellt – zum Beispiel aus der Traumaforschung. Früher rückten nach großen Unfällen, Banküberfällen oder Terroranschlägen sofort Therapeuten- und Seelsorgerteams an, die alle in das Unglück verwickelten Menschen aufforderten, mit ihnen über die erlebten Schrecken zu sprechen, sich detailliert an das Erlebte zu erinnern und es so zu verarbeiten; eine ähnliche Aufarbeitung negativer Ereignisse ist auch Teil der Psychoanalyse. Doch mit der Zeit stellten Psychologen fest: Dieses sogenannte Debriefing häufig noch am Unfallort nützt nur wenigen Menschen. Vielen kann es dagegen sogar schaden. So werden anhaltende Traumafolgen wie Angst und Schmerz mitunter erst durch die erzwungene Konfrontation ausgelöst.

Inzwischen geht man deshalb dazu über, die Menschen in Ruhe zu lassen. Nur wer möchte, soll erzählen. Nachdem der Tsunami im Jahr 2004 im Indischen Ozean gewütet hatte, warnte die Weltgesundheitsorganisation sogar ausdrücklich davor, die Opfer der Katastrophe nun auch noch mit einem Debriefing heimzusuchen.

Viele Betroffene entscheiden sich fürs Schweigen. Sie machen die Sache erst einmal mit sich selbst aus. Später ziehen sie dann vielleicht einen Psychologen zurate – aber viele brauchen ihn gar nicht. Oftmals haben die Selbstheilungskräfte gewirkt; das soziale Netz hat genügend geholfen. Wenn Menschen kurz nach einem Trauma zu ihm kommen, sagt daher der Trauma-Experte Georg Pieper, empfehle er ihnen, erst einmal zwei Monate abzuwarten. Pieper unterhält eine Praxis in der Nähe von Marburg und sitzt seit vielen Jahren in der »Task Force on Disaster and Crisis« der European Federation of Psychologists' Associations. Dort setzt er sich für die Entwicklung allgemeiner europäischer Qualitätsstandards zur Versorgung von Katastrophenopfern ein, damit Fehler wie das erzwungene Debriefing in Zukunft nicht mehr passieren. Je nach Persönlichkeit, aber auch je nach Trauma, sagt Pieper, kann ein höchst unterschiedlicher Umgang mit einem schrecklichen Erlebnis richtig sein.

Der niederländische Psychoonkologe Bert Garssen forderte schon vor Jahren seine Zunft auf, beim Begriff Verdrängung stärker zu differenzieren. Man müsse doch wohl unterscheiden, ob die Menschen im Alltag versuchen, sich ihre Emotionen nicht anmerken zu lassen, oder ob sie Details traumatischer Ereignisse vergessen – zum Beispiel, was genau während ihrer Vergewaltigung geschehen ist oder wie es sich anfühlte, als feindliche Soldaten im Krieg ihr Zuhause plünderten und sie bedrohten.

Mitunter mögen Represser sogar besonders resilient sein. In schrecklichen Situationen könne es genau die richtige Strategie sein, negative Emotionen und Informationen zu verdrängen, sagt Karena Leppert. Auf Dauer den Kopf in den Sand zu stecken, sei sicher schädlich, aber punktuell sei Verdrängen sinnvoll und ein wichtiger Schutzmechanismus. Gerade das kann helfen weiterzuleben. Wer in Phasen tiefer Trauer bald wieder nach vorne sieht und sich ablenkt, überwindet die Trauer schneller. Das zeigte eine Studie des amerikanischen Trauerforschers George Bonanno an älteren Menschen, deren langjähriger Ehepartner gestorben war. Trotz des Verlustes entwickelten jene Menschen, die sich auf das Positive in ihrem Leben konzentrierten, nur kurzzeitige und milde Trauersymptome. Auch sie gingen durch ein Tal der Tränen, aber sie schafften es dennoch, in ihrem Alltag weiter zu funktionieren und bald eine neue Lebensperspektive zu entwickeln.

»Gute Abwehrmechanismen zu haben, das heißt zwar: Auch mal mies drauf sein und es sich eingestehen«, sagt Karena Leppert. »Aber das heißt auch: Wenn es zu viel wird, einfach mal die Schotten dicht machen.« Wer resilient ist, hält quälende Erinnerungen, Nachrichten oder Sorgen von sich fern, bevor sie ihn zerstören.

Aber müssen diese Menschen Angst haben, dass sie die weggeschobenen Gefühle dann doch noch, irgendwann in der Zukunft, plötzlich übermannen? Nein, meint die Psychologin Tanja Zöllner, verdrängte Erinnerungen müssen nicht durchbrechen. Wenn die Suche nach Ablenkung, nach neuen Wegen die innere Wahrheit ist, dann ist das vollkommen in Ordnung, sagt sie. »Wenn Schwamm drüber auch wirklich Schwamm drüber ist, ist das okay.«

Für Menschen, die je nach Situation himmelhoch jauchzend oder zu Tode betrübt sind, mag das verführerisch klingen: einmal nicht so tief abstürzen, Krisen nicht in jeder Nuance durchleben müssen. Dafür, meint Tanja Zöllner, würden die Represser sich wohl tendenziell stetig im emotionalen Mittelfeld befinden. »Wer in Krisen weniger tief abstürzt, erspart sich zwar viel Leid. Er hat aber auch im Positiven oft nicht die Erlebnistiefe«, sagt sie. »Wer in Krisen dagegen tieftraurig und verzweifelt ist, der kann sich womöglich damit trösten, dass er auch Liebe und Glück besonders intensiv empfindet.«

Und wenn es allzu schlimm wird: Auch die Himmelhochjauchzend-zu-Tode-Betrübten können es durchaus lernen, dass sie nicht von jeder Widrigkeit in den seelischen Abgrund gezogen werden: »Das liegt auch an der eigenen Bewertung«, sagt Zöllner. »Man muss nicht in jeder Krise immer nur das Schlechte sehen.«

Am Unglück wachsen

Für irgendetwas muss es doch gut sein. Es ist ein so schöner Trost, und die meisten Menschen glauben fest daran: Wie schrecklich ein Unglück auch immer sein mag, am Ende hat es meist auch etwas Gutes. Bittere Erfahrungen – das erzählen die Alten, und das hat vielen Menschen auch schon ihre eigene Lebenserfahrung gezeigt – können mit der Zeit eine ungeahnte Süße entfalten.

»Es ist nicht so, dass ich glücklich bin, dass der schreckliche Unfall passiert ist«, erzählte eine Frau, die nach einem Autounfall nie wieder richtig gehen konnte, ihrer Psychologin. »Aber zum ersten Mal in meinem Leben nehme ich mir Zeit für mich selbst und dafür, was wichtig ist für mich. Ich gehe jetzt in Meditationsgruppen, und das gibt mir sehr viel.« Die Frau ist, wie viele Menschen, davon überzeugt, dass das persönliche Unglück eine positive Wendung in ihrem Leben ausgelöst hat: »Ich weiß das Leben jetzt auch viel mehr zu schätzen«, erzählt sie weiter. »Ich bin mir der täglichen Freuden stärker bewusst und bin dankbar für das, was ich noch habe.«

Das Phänomen, von dem viele Menschen nach einem tragischen Unglück berichten, fasziniert auch Psychologen. Wäre es nicht sogar die perfekte Ausprägung von Resilienz, wenn Menschen persönliche Katastrophen nicht nur gut verwinden, sondern am Ende sogar noch gestärkt aus ihnen hervorgingen? Ist das nicht das Ideal, das wir alle anstreben sollten: aus den Lehrstunden des Lebens die richtigen Folgerungen zu ziehen und das Gelernte mit Gewinn in unser Leben zu integrieren?

Es waren die amerikanischen Psychologen Richard Tedeschi und Lawrence Calhoun, die auf diesen Beobachtungen eine neue Forschungsrichtung gründeten: Wie viel Nutzen bringt der Schaden?, wollten sie wissen und erfanden auch gleich einen neuen Begriff: posttraumatic growth (kurz PTG), posttraumatisches Wachstum. Manche Fachleute sprechen auch von »persönlichem Reifen« oder von »thriving« (für Gedeihen), wenn Menschen nach einem Desaster, in dem sie Angst, Hilflosigkeit oder Horror erleben, persönlich weiterkommen.

Tedeschi und Calhoun unterhielten sich mit zahlreichen Personen, die alle möglichen Arten von Krisen hinter sich gebracht hatten. Manche waren Überlebende schrecklicher Unfälle, andere hatten eine Vergewaltigung über sich ergehen lassen müssen; und wieder andere hatten eine lebensbedrohliche Krankheit durchgestanden oder waren plötzlich damit konfrontiert worden, dass sie HIV-positiv waren. Ganz unabhängig von dem Trauma, das die befragten Menschen durchlitten hatten: Immer zeigte sich in etwa das gleiche Ergebnis. Mehr als jeder Zweite dieser Unglücklichen war der Ansicht, dass er von dem Unerfreulichen letztlich profitiert habe. Erstaunlich häufig hörten die Psychologen Sätze wie: »Es war furchtbar, aber ich bin auch daran gereift.«

Andere Betroffene sagten: »Was ich erlebt habe, möchte ich nie wieder erleben. Aber letztlich hat es mich weitergebracht. Ich habe neue Wege in meinem Leben aufgetan, den Glauben für mich entdeckt. Insgesamt bin ich zu einer größeren Wertschätzung des Lebens gelangt.« Wieder andere meinten: »Ich setze jetzt ganz andere Prioritäten und habe so viele Möglichkeiten erkannt, die mein Leben bereichern.«

Viele Menschen erzählten auch, dass sie ihr Leben nun,

da sie einmal gemerkt hatten, an welch seidenem Faden es hängt, intensiver leben und genießen als vor dem Unglück; oder dass sie ihre Liebe zu ihren Angehörigen stärker spüren. »Die schwierige Zeit hat uns einander wieder näher gebracht.« Und manche sahen ihre Resilienz gewachsen: »Ich wünschte, es wäre nie passiert. Aber ich weiß nun, dass ich viel aushalte und künftig noch mehr aushalten kann.«

Dieser Satz erinnert an das bekannte Zitat »Was ihn nicht umbringt, macht ihn stärker«, von Friedrich Nietzsche. Der Philosoph spricht in ›Ecce homo‹ nicht von Resilienz; aber er beschreibt das, was Psychologen heute Resilienz nennen würden, als Wohlgeratenheit: »Und woran erkennt man im Grunde die *Wohlgeratenheit*! Daß ein wohlgeratner Mensch unsern Sinnen wohltut: daß er aus einem Holze geschnitzt ist, das hart, zart und wohlriechend zugleich ist. Ihm schmeckt nur, was ihm zuträglich ist; sein Gefallen, seine Lust hört auf, wo das Maß des Zuträglichen überschritten wird. Er errät Heilmittel gegen Schädigungen, er nützt schlimme Zufälle zu seinem Vorteil aus; was ihn nicht umbringt, macht ihn stärker.«

Je größer ein Unglück war, desto mehr glaubten die von Tedeschi und Calhoun befragten Menschen, daran gewachsen zu sein. Man könnte also fast zu dem Eindruck gelangen, ein schreckliches Unglück sei geradezu notwendig, um eine reife und glückliche Persönlichkeit zu werden.

Auch der Trauma-Experte Georg Pieper bekommt immer wieder solche Geschichten zu hören. Es sei bewegend, wenn ein hartgesottener Manager plötzlich seinen Sinn für das Summen der Bienen entdecke, erzählte der Psychologe kürzlich. Zu Piepers Klienten gehören Opfer häuslicher Gewalt ebenso wie Autofahrer, die einen Fußgänger totgefahren haben. In manchen Menschen würden so plötzlich Potenziale geweckt, die komplett verschüttet erschienen, so Pieper. Danach seien sie offenbar zufriedener mit dem Leben.

Macht Unglück also glücklich? Und ist auch hier die geheimnisvolle Kraft der Resilienz am Werk?

Die Psychologin Tanja Zöllner ist da skeptisch. »Es gibt durchaus sehr anrührende Geschichten«, erzählt sie. Sie sei immer wieder erstaunt, wie zufrieden viele Menschen von ihrer eigenen Entwicklung berichten, die sie nach einem Schicksalsschlag genommen hätten. Allerdings sei Vorsicht geboten: »Es sind ja die untersuchten Menschen selbst, die das von sich sagen«, gibt die Psychologin zu bedenken. Die eigene Sicht, am Unglück gewachsen zu sein, sei womöglich mehr dem Wunsch als der Realität zuzurechnen. »Viele Menschen wollen das gerne denken«, so Zöllner. Die Aussage eines ihrer Patienten verdeutlicht seinen erklärten Willen zum posttraumatischen Wachstum, den vermutlich viele Menschen nach einer Katastrophe haben: »Wenn das passieren musste, dann soll es zumindest gut für etwas gewesen sein.« Dieser Gedanke hat zweifelsohne etwas Tröstliches.

Die Psychologin hat sich vorgenommen herauszufinden, was hinter dem posttraumatischen Wachstum steckt. Gemeinsam mit ihrem Doktorvater Andreas Maercker, der heute an der Universität in Zürich lehrt, hat sie das Phänomen deshalb untersucht. Dabei fiel den beiden Wissenschaftlern vor allem eines auf: Wenn andere und nicht die Betroffenen selbst den Seelenzustand der Krisengeschüttelten einschätzen, dann ist weit weniger überzeugendes posttraumatisches Wachstum festzustellen.

Noch dazu scheint die Sicht der Betroffenen auf sich selbst extrem leicht zu beeinflussen zu sein. Das wiederum haben zwei kanadische Sozialpsychologinnen in einem eindrucksvollen Experiment gezeigt. Cathy McFarland und Celeste Alvaro forderten Testpersonen auf, sich an etwas Unangenehmes zu erinnern, das ihnen vor nicht allzu langer Zeit widerfahren war. Danach sollten sie erzählen, welche Eigenschaften sie heute haben und welche sie vor zwei Jahren hatten. Vor allem haben die Psychologinnen nach der persönlichen Weisheit und der inneren Stärke ihrer Probanden gefragt, als wie mitfühlend sie sich einschätzten und ob sie eine klare Richtung im Leben hatten. Die gleiche Frage sollten weitere Testpersonen beantworten, die zuvor aber gebeten worden waren, sich ein schönes Erlebnis im Geiste hervorzurufen.

Interessanterweise gab es keinen Unterschied zwischen den Gruppen, was die aktuelle Selbsteinschätzung betraf. Aber die Personen, die die unangenehme Erinnerung aufleben ließen, schätzten ihre Stärke und Widerstandsfähigkeit vor diesem Ereignis als besonders niedrig ein – und zwar umso niedriger, je stärker ihre Erinnerung ihr Selbstwertgefühl erschütterte. Sie würdigten ihre eigene Person in der Vergangenheit geradezu herab. Das posttraumatische Wachstum, von dem die Probanden überzeugt waren, war demnach nur das Ergebnis ihres besonders negativen Rückblicks auf sich selbst. Und es ließ sich manipulieren.

Noch etwas machte Tanja Zöllner und Andreas Maercker misstrauisch: Das Ausmaß des empfundenen posttraumatischen Wachstums hängt in erheblichem Maße davon ab, in welchem Land ein Mensch lebt. Üblicherweise ermitteln Psychologen, wie groß das posttraumatische Wachstum eines Menschen ist, mit Hilfe eines speziellen Fragebogens, des »Post Traumatic Growth Inventory« von Tedeschi und Calhoun. In diesem Fragebogen wird zum Beispiel nach dem »Gefühl von Selbstvertrauen« gefragt, nach dem »Gefühl der Nähe zu anderen« oder nach der »Entwicklung neuer Interessen«. Es werden maximal 84 Punkte vergeben. In den USA erreichen die meisten Menschen nach einer Krise wie dem 11. September ein Plus von 60 bis 80 Punkten; in Deutschland dagegen schaffen die Menschen gerade mal ein Wachstum von etwa 40 Punkten.

Tanja Zöllner erklärt sich das so: In den USA gehöre es zum »kulturellen Skript«, in der Krise immer auch eine Chance zu sehen, sagt sie. Deshalb geben Amerikaner brav an, genau so auch zu leben. Die Psychiaterin Jimmie Holland, die sich seit mehr als 30 Jahren mit dem Seelenleben von Krebspatienten beschäftigt, spricht gar von der »Tyrannei des positiven Denkens«. Das ist aber wahrscheinlich nicht der einzige Grund hinter dem explosionsartigen Gedeihen der persönlichen Reife unter US-Amerikanern. Womöglich ist es nicht nur ihre verinnerlichte soziale Pflicht, nach dem Desaster die Ärmel hochzukrempeln und die Mundwinkel nach oben zu ziehen: Aufgrund der eher optimistischen Grundhaltung in ihrer Kultur fällt ihnen das vielleicht auch wirklich leichter.

Selbsttäuschung oder echtes Wachstum?

Nutzen die Menschen, die davon berichten, nun also ihre Krisen für einen fulminanten Neustart oder reden sie es sich nur ein?

»Dass Menschen nach einem Schicksalsschlag etwa einen Sinn im Leben finden, den sie so nie gesehen haben, oder Beziehungen intensivieren, das gibt es gewiss«, sagt Tanja Zöllner. »Aber es gibt auch die andere Seite, die Illusion.«

Im ersten Fall reifen die Menschen wirklich durch den Bewältigungsprozesses; das posttraumatische Wachstum ist das direkte Ergebnis dessen, dass sie ihre Krise bewältigt haben. Im zweiten Fall aber ist die Einbildung, aus dem Unglück gestärkt oder gereift oder irgendwie glücklicher als früher hervorgegangen zu sein, ein Teil des Bewältigungsprozesses selbst.

Die Selbsttäuschung muss nichts Schlechtes sein: »Sich Illusionen über sich selbst zu machen, gehört für die meisten Menschen zum Alltag«, sagt Tanja Zöllner. »Sie stabilisieren sich so in einer schwierigen Umwelt.« Aber mitunter kann die Phantasievorstellung, ein psychischer Krisengewinnler zu sein, auch negative Folgen haben: »Das posttraumatische Wachstum wurde bisher sehr unkritisch gesehen, als positiv und als wünschenswert«, sagt die Psychologin. Aber wenn Menschen sich ihr nach dem Unglück empfundenes Glück nur vorgaukeln, kann das eine echte Bewältigung des Traumas verhindern. Dann kann das posttraumatische Wachstum mit viel Leid verbunden sein. Wegen seiner zwei Gesichter sprechen Maercker und Zöllner auch vom »Januskopf-Modell der posttraumatischen Reifung«.

Hinweise darauf ergab vor wenigen Jahren eine Studie der beiden Psychologen: Darin haben Zöllner und Maercker gemeinsam mit Wissenschaftlern der TU Dresden mehr als hundert Personen untersucht, die Opfer schwerer, zum Teil lebensbedrohlicher Autounfälle geworden waren. Manche von ihnen hatten in der Folge eine posttraumatische Belastungsstörung (PTBS) entwickelt. Sie litten also unter Alpträumen und hatten das Geschehene noch nicht so verarbeitet, dass sie unbelastet davon ihr weiteres Leben gestalten konnten. Immer wieder erlebten sie das Unglück ungewollt neu, zeigten dabei starke emotionale und körperliche Reaktionen.

Dass sich einem Menschen Bilder einer gerade erlebten Situation aufdrängen, die er eigentlich lieber loswerden würde, das kennt jeder. Aber im Allgemeinen sind solche Bilder nach ein bis zwei Tagen Vergangenheit. Nicht so bei der PTBS. Da gibt es diese Flash-backs über Monate. »Die Bilder sind so anhaltend und furchtbar, dass die Betroffenen auf allen möglichen Wegen versuchen, das Auftreten der Bilder zu vermeiden«, sagt Zöllner. Ihr Vermeidungsverhalten manifestiert aber die Störung und erschwert das Leben.

Als sie die Unfallopfer untersuchten, gingen Zöllner und Maercker ursprünglich davon aus, dass sie einen Zusammenhang zwischen dem posttraumatischen Wachstum und dem Auftreten einer PTBS bei ihnen entdecken würden. Aber erstaunlicherweise trat in ihrer Studie eine PTBS keineswegs seltener bei solchen Menschen auf, die von sich berichteten, an dem Unfall gewachsen zu sein. Unterschiede zeigten sich jedoch, wenn die Psychologen genauer hinschauten und nach speziellen Aspekten des posttraumatischen Wachstums fragten.

So waren Menschen mit einer PTBS tendenziell stärker davon überzeugt, spirituell gewachsen zu sein und dem Leben nun eine höhere Wertschätzung entgegenzubringen. Dagegen hielten Menschen, die keine PTBS entwickelt hatten, nach dem Unfall ihre Persönlichkeitsstärke für größer.

»Einen Zuwachs an persönlicher Stärke kann man sich nicht so leicht einreden wie Spiritualität und eine erhöhte Wertschätzung des Lebens«, kommentiert Zöllner das. Sie ist der Ansicht, dass Menschen, die von neu gefundener Spiritualität und einer höheren Wertschätzung des Lebens berichten, tendenziell stärker der Illusion des posttraumatischen Wachstums erliegen, in Wirklichkeit aber stark erschüttert sind. »Wer sehr verzweifelt ist, bildet sich das Wachstum eher ein«, so Zöllner.

Unfallopfern, die eine PTBS entwickelt haben, glaubt sie ihr posttraumatisches Wachstum eher dann, wenn sie ihr Trauma erfolgreich bewältigt haben. »Nur wer nach vorne blicken kann und offen ist für neue Erfahrungen, der hat eine Chance auf Wachstum«, so Zöllner.

Ob Menschen nach einem schrecklichen Erlebnis eine PTBS entwickeln, hängt aber gar nicht so sehr von der Persönlichkeit ab. In erster Linie spielt es eine Rolle, welcher Art der Schicksalsschlag war, den sie erlitten haben. Opfer sexueller Gewalt tragen das höchste Risiko, nachhaltig traumatisiert zu werden. Mehr als jeder Zweite entwickelt eine PTBS. Unter Gefolterten und Menschen mit Kriegserlebnissen ist es jeder Dritte; körperliche Gewalt hat in 17 Prozent der Fälle eine PTBS zur Folge und schwere Unfälle nur bei sieben Prozent der Betroffenen. »Die Persönlichkeit spielt erst in zweiter Linie eine Rolle«, sagt Zöllner.

Auch das Umfeld trägt dazu bei, wie ein Mensch ein Trauma verarbeitet. Denn die soziale und emotionale Unterstützung ist dabei von großer Bedeutung – dass andere Menschen dem Betroffenen in einer schwierigen Situation nahe sind und zu ihm halten.

Bedeutsam ist zudem, wann das Trauma passiert ist. Konnte die Person zunächst eine behütete Kindheit genießen, dann eine Familie gründen oder sich im Beruf etwas aufbauen – oder hat die Traumatisierung bereits im Kindesalter stattgefunden, bevor sich die Person als lebenstüchtig beweisen konnte? »Bei einer so frühen Traumatisierung«, sagt Zöllner, »sind die Betroffenen meist zeit ihres Lebens extrem vulnerabel.« Das gilt selbst dann, wenn all ihre Mitmenschen sicher sind, sie hätten es mit einer starken Persönlichkeit zu tun.

Auch wenn das posttraumatische Wachstum bei traumatisierten Menschen oft ein Luftschloss ist: Mit einer Psychotherapie lässt sich häufig doch noch echtes Wachstum hervorkitzeln. Das hat sich zunächst bei Brustkrebspatientinnen und auch bei Opfern sexuellen Missbrauchs gezeigt. Andreas Maercker und Tanja Zöllner haben dies im Jahr 2010 aber auch für die von ihnen untersuchten Unfallopfer bestätigt. Denjenigen, die erfolgreich eine Verhaltenstherapie absolvierten, um ihre traumatischen Erfahrungen zu bewältigen, wurde hernach ein Zuwachs an persönlicher Stärke attestiert – womöglich hervorgerufen, weil sie die herausfordernde Therapie bewältigt haben. Eine kognitive Verhaltenstherapie ist kein Zuckerschlecken. In ihr werden traumatisierte Menschen direkt mit dem konfrontiert, was sie eigentlich von sich schieben wollen. Zwar kann Verdrängen auch gut sein. Aber bei Menschen mit PTBS ist die Angst vor einer Wiederkehr des Erlebten so groß, dass das Wegschieben sie in ihrem Leben beeinträchtigt. Es befreit sie nicht, sondern hindert sie daran, ihren Alltag ungezwungen zu leben. Schwer traumatisierte Unfallopfer etwa steigen oft lange nicht mehr in ein Auto ein.»Ziel ist es, ein solches Vermeidungsverhalten aufzulösen«, sagt der Gesundheitspsychologe Ralf Schwarzer. So werden Menschen angehalten, nach einem Unfall wieder Auto zu fahren, wieder mitzufahren, wenn ein anderer am Lenkrad sitzt, oder auch wieder schneller zu fahren – je nachdem, wo ihre Ängste liegen.

In einer Therapie sollen die Betroffenen ihre Ängste daher möglichst noch einmal durchleben und die furchtbaren Ereignisse der Vergangenheit als Vergangenheit abspeichern. Dazu fahren die Therapeuten mit den Unfallopfern wirklich Auto.

»Hilfreich ist es immer, aus der Opferhaltung herauszukommen«, erläutert die Trauma-Expertin Zöllner. Denn wenn man sich selbst als Opfer sieht, gibt man die Verantwortung für sein Leben an Dritte oder an die Umstände ab. Beides kann man nicht leicht beeinflussen. »Es ist wichtig, dass diese Menschen die Verantwortung für das eigene Erleben wieder übernehmen«, so Zöllner. Die Therapeutin versucht ihren Patienten daher aus ihrer hilflosen Position herauszuhelfen, indem sie ganz konkret fragt: Wo kannst du Einfluss nehmen? Was dagegen gilt es zu akzeptieren? Sie hält die Patienten dazu an, sich selbst zu sagen, dass sie nun nicht mehr gegen die Erinnerungen kämpfen. Dass sie nicht mehr ständig grübeln sollen, um nicht in der Vergangenheit gefangen zu sein.

Wie wichtig es ist, trotz aller Widrigkeiten die Kontrolle über sein Leben zu behalten, hat schon der 1994 verstorbene amerikanisch-israelische Medizinsoziologe Aaron Antonovsky erkannt. Antonovsky hat sein Konzept der »Salutogenese« (der Entstehung von Gesundheit) entwickelt, das als ein Vorläufer des Resilienzkonzepts gilt. In den 1960er-Jahren hat der Soziologe Frauen untersucht, die den Holocaust überlebt hatten.

Das unfassbare Grauen in den Konzentrationslagern konnten manche dieser Frauen überstehen, ohne dauerhaften Schaden an ihrer Seele zu nehmen. Diese Frauen hatten ein Geschick, die Schrecken des Holocausts so zu verarbeiten, dass selbst diese »verständlich, kontrollierbar und sinnhaft« erschienen, so Antonovsky.

Der Wiener Psychiater Viktor Frankl hielt die Suche nach dem Sinn sogar für den wesentlichen Aspekt. Der »Wille zum Sinn« sei noch tiefer im Menschen verwurzelt als der Wille zur Lust und der Wille zur Macht, so Frankl, der ebenfalls mit Opfern des Holocaust arbeitete.

Auch wenn es noch viele offene Fragen zum posttraumatischen Wachstum gibt, eines ist gewiss: Angehörige, Freunde und Bekannte dürfen von Menschen niemals erwarten, dass sie an ihren Krisen wachsen. Das haben auch Tedeschi und Calhoun schon betont. Ärzte und Therapeuten sollten ihren Patienten deshalb ganz deutlich sagen, dass sie keine Versager sind, wenn es ihnen nicht gelungen ist, gestärkt aus ihrer schrecklichen Situation hervorzugehen. Gleichzeitig aber sollten sie jenen, die sich ein posttraumatisches Wachstum wohl nur einbilden, ihre Illusion nicht nehmen – solange sie die Verarbeitung des Traumas nicht blockiert. »Wenn Menschen Wachstum wahrnehmen, sollten sie darin unterstützt und ermutigt werden«, sagt Andreas Maercker. »Therapeuten sollten ihnen ihre eigenen Deutungen, Interpretationen und Wege der Verarbeitung oder Erholung lassen.«

Ist echtes posttraumatisches Wachstum nun gleichzusetzen mit Resilienz?

Zumindest scheint es eine Eigenschaft zu geben, die beides stärkt. Und das ist Optimismus. Wenige Wochen nach den Terroranschlägen vom 11. September 2001 haben Psychologen 46 Collegestudenten befragt. Das Team um Barbara Fredrickson hatte das große Glück, diese Studenten zufällig schon Anfang des Jahres untersucht zu haben – so konnten sie direkt messen, was der Al-Qaida-Terror mit den Seelen der Studenten angestellt hatte. »Es waren vor allem positive Emotionen, die zu posttraumatischem Wachstum geführt haben«, folgert Fredrickson aus ihren Analysen. Neben dem Optimismus war das primär eine allgemeine Lebenszufriedenheit und auch Dankbarkeit dem Leben gegenüber. Das sind zwar alles Teilaspekte von Resilienz – Resilienz selbst aber führte nicht zu posttraumatischem Wachstum.

»Es ist gut möglich, dass resiliente Menschen nicht so leicht an ihren Krisen wachsen«, sagt Tanja Zöllner. Denn wer nicht schwer erschüttert ist, der muss schließlich auch nichts an seinem Dasein ändern. Eine neue Haltung dem Leben oder anderen Menschen gegenüber wird damit eher unwahrscheinlich.

Ein Trauma ist demnach durchaus mit einem Erdbeben zu vergleichen. Erst wenn es eine gewisse Stärke erreicht hat, sind hinterher Veränderungen sichtbar. Psychisch besonders robuste Menschen müssen deshalb wahrscheinlich eine schlimmere Katastrophe erleben als zartbesaitetere Zeitgenossen, um wirklich an ihr zu wachsen.

Wer ist hier eigentlich das starke Geschlecht?

Nach und nach gibt die Resilienz ihre Geheimnisse preis. Zahlreiche Merkmale sind inzwischen bekannt, die dabei helfen, dass sich Kinder trotz widriger Bedingungen gut entwickeln und dass Erwachsene schwere, zum Teil unmenschlich erscheinende Krisen überstehen. Aber welchen Einfluss auf die Stabilität des Seelenlebens hat eigentlich das Geschlecht? Wie steht es um die psychische Stärke des muskelbepackten Bodybuilders, wie um die der vierfachen Mutter? Gibt es in Sachen psychischer Widerstandskraft einen Unterschied zwischen Mädchen und Jungen, Frauen und Männern?

Kurz: Wer ist denn nun eigentlich das starke Geschlecht?

So naheliegend die Frage ist: Das Thema ist bisher erstaunlich wenig untersucht worden. Dabei würde diese Forschung nicht nur Alltagsgespräche auf dem Weg zur Arbeit oder abends am Stimmtisch bereichern, sondern könnte auch helfen herauszufinden, was das eine Geschlecht in puncto Krisenbewältigung vom anderen lernen kann und in welcher Lebensphase Jungen und Mädchen welche Art von Unterstützung benötigen.

Auf Kauai drängte sich den Forschern in Sachen Geschlecht zunächst ein klares Fazit auf: Die Mädchen schienen eindeutig stärker zu sein. Sie zeigten seltener Verhaltensauffälligkeiten und hatten ein positiveres Bild von sich selbst als die Jungen. Das galt auch noch, als sie schon erwachsen waren: »Der Anteil der Frauen, die widrige Lebensbedingungen in der Kindheit und im Erwachsenenalter bewältigen konnten, war größer als der Anteil der Männer«, sagt die Studienleiterin Emmy Werner.

Inzwischen aber hat sich gezeigt: Das ist vermutlich nicht die ganze Wahrheit.

Die Entwicklungspsychologen Angela Ittel und Herbert Scheithauer warnen davor, es sich bei der Beurteilung der psychischen Widerstandskraft der beiden Geschlechter zu leicht zu machen. Jungen und Mädchen seien mit jeweils eigenen, sehr unterschiedlichen Entwicklungsrisiken konfrontiert, an denen sie Schaden nehmen, aber auch wachsen können, sagen die beiden. In der frühen und mittleren Kindheit, das erkennen auch Ittel und Scheithauer an, scheinen Jungen zunächst tatsächlich anfälliger zu sein als Mädchen. Sie haben häufiger Probleme mit dem Lesen, entwickeln häufiger autistische Störungen und ADHS und leben mehr antisoziales Verhalten aus. »Mädchen wirken etwas länger resilient als Jungen«, sagt Angela Ittel. »Bei Jungen ist die Gefahr, dass sie einen psychischen Einbruch erleben, dagegen früher gegeben.« Das liege auch daran, dass die Schule in Deutschland es den Mädchen leichter mache. Ihre Anforderungen sind stärker auf Mädchen zugeschnitten. »Man soll in der Schule ordentlich sein, man soll über sich reden und fremde Perspektiven einnehmen«, erläutert Angela Ittel. Das falle Mädchen oft leichter. Auch seien sie im frühen Jugendalter geistig häufig weiter als die Jungen.

Selbst schwere Misshandlungen oder Missbrauch in der Familie zeigen sich bei kleinen Mädchen erstaunlicherweise zunächst nicht in Form von Verhaltensproblemen. Jungen, die Ähnliches erleben, werden dagegen oft aggressiv und »dissozial«: Sie können sich also nicht mehr richtig in die Gesellschaft einordnen, weil sie Normen nicht akzeptieren; sie sind oft reizbar und impulsiv, haben eine geringe Frusttoleranz oder sind gefühlskalt.

»Jungen scheinen im ersten Lebensjahrzehnt vulnerabler zu sein«, sagt auch der Psychologieprofessor Friedrich Lösel. Die Situation kehre sich aber während der Pubertät um. Dann kommt bei den Mädchen, die familiäre Belastungen ertragen mussten, oft auch noch das Leid aus der frühen Kindheit zum Vorschein.

Insgesamt berichten jugendliche Mädchen nach Ansicht der beiden Entwicklungspsychologen Ittel und Scheithauer von einer größeren Anzahl von Krisen als Jungen und geben diesen auch einen höheren emotionalen Stellenwert. Die Mädchen erzählen in diesem Alter häufiger von Ärger in der Clique und leiden unter chronischem Stress mehr als die gleichaltrigen Jungen. Auch ist es mit ihrer Selbstzufriedenheit offenbar nicht weit her. »Mädchen berichten in der Pubertät häufiger als Jungen davon, unter gesellschaftlichen Rollenerwartungen zu leiden – etwa dem Ideal, extrem dünn zu sein«, so Ittel und Scheithauer.

In ebensolche Rollen scheinen sich resiliente kleine Persönlichkeiten weniger leicht drängen zu lassen als ihre labileren Altersgenossen. Sie zeigen weniger ausgeprägtes geschlechtertypisches Verhalten. So sind psychisch starke Mädchen weniger schüchtern als andere, haben eine gute Kontrolle über ihren Körper und äußern größeres Interesse an Aktivitäten, die als nicht geschlechtstypisch gelten. Starke Jungen zeigen mehr Emotionen und Empathie als nicht-resiliente Jungen.

Es mag also sein, dass starke Kinder eher den Mut besitzen, aus den Rollenmodellen auszubrechen und ihren eigenen Vorstellungen zu folgen. Vermutlich aber liegen Ursache und Wirkung genau andersherum: Weil diese Mädchen und Jungen vielfältig interessiert und nicht so festgelegt sind, können sie »auf ein breiteres Repertoire an Reaktionsmöglichkeiten zurückgreifen«, meint Angela Ittel. Was natürlich hilft, wenn sie einen Ausweg aus einem Problem suchen müssen, und somit resilient macht. »Starke Fixierungen machen dagegen nicht fit fürs Leben«, so Ittel, »sie machen vulnerabel.«

Für den scheinbaren Wechsel der Mädchen vom stärkeren zum schwächeren Geschlecht in der Pubertät liefern der Kinderpsychiater Martin Holtmann und der Neuropsychologe

Manfred Laucht eine mögliche neurobiologische Erklärung. Mädchen reifen nun einmal schneller als Jungen, und das gilt auch für ihre Gehirne. Dies »geht offenbar zunächst einher mit einer verbesserten Widerstandsfähigkeit gegenüber neuropsychiatrischen Entwicklungsstörungen«, so Holtmann und Laucht. »Im weiteren Verlauf allerdings bringt die hormonelle Umstellung, die mit der Pubertät einhergeht, im Vergleich zu den Jungen ein erhöhtes Risiko mit sich.«

Holtmann und Laucht gehen davon aus, dass von Anfang an biologische Mechanismen an den Geschlechterunterschieden beteiligt sind. Schon im Mutterleib seien Mädchen und Jungen unterschiedlichen hormonellen und immunologischen Einflüssen ausgesetzt. »Womöglich beeinflussen diese Unterschiede die Gehirnentwicklung geschlechtsspezifisch«, schreiben sie. Denn dass es Unterschiede in der Hirnentwicklung zwischen Jungen und Mädchen gebe, sei heute unumstritten. Zum Beispiel verarbeiten die beiden Geschlechter sowohl sprachliche als auch räumliche Stimuli unterschiedlich.

Beim Vergleich der Geschlechter zeigt sich somit erneut: Resilienz ist keine einmal erworbene und dauerhaft anhaltende Eigenschaft, sondern ein Phänomen, das vom Zeitpunkt abhängt und von der Situation, in der sich eine Person gerade befindet.

Auch bei der Entwicklung psychischer Störungen offenbart sich die seelische Verwundbarkeit beider Geschlechter, wenn man bereit ist, genauer hinzusehen. Zwar fallen die Probleme der Jungen leichter auf, weil sie diese oft externalisieren, wie Psychologen sagen: Jungen werden häufig aggressiv oder auch straffällig, wenn sie nicht mit sich zurechtkommen; Mädchen internalisieren ihre Probleme dagegen eher: Sie leiden dann zum Beispiel unter Depressionen oder Essstörungen.

Im Jugendalter »wird bei Mädchen sehr viel häufiger als bei Jungen eine Depression diagnostiziert«, sagt Angela Ittel. Eine Rolle scheint der weibliche Hormonhaushalt zu spielen, der anfälliger für die seelischen Tiefs macht. Das würde sich mit dem plötzlichen Auftreten von Depressionen bei Mädchen in der Pubertät decken – und auch damit, dass die Krankheit bei den Frauen ab den Wechseljahren nicht mehr häufiger ist als bei Männern.

Allerdings ist es auch gut möglich, dass Depressionen bei jungen Frauen nur häufiger diagnostiziert und bei Männern übersehen werden. Darauf hat vor einigen Jahren auch eine Studie der Weltgesundheitsorganisation hingewiesen. Obwohl die daran teilnehmenden Männer und Frauen ihren Ärzten dieselben Beschwerden geschildert haben, erklärten die Mediziner erheblich mehr Frauen für depressiv. Noch etwas gibt Angela Ittel zu bedenken: »Man kann Depressionen auch durch Aggression oder Alkoholkonsum ausdrücken und nicht nur durch enorme Traurigkeit«, sagt sie. Hinter diesen Auffälligkeiten, die verstärkt bei Männern vorkommen, steckten somit oft die gleichen Ursachen wie bei den Depressionen der Frauen.

Mädchen haben eine höhere soziale Kompetenz

Ein wesentlicher Faktor beim Abrutschen in die Depression scheint bei Mädchen zudem eine Eigenschaft zu sein, die statt verletzbar auch resilient machen kann, sofern sie nicht im Übermaß vorhanden ist: Jugendliche Mädchen verbringen besonders viel Zeit damit – allein oder mit Freundinnen –, sich selbst zu reflektieren. Sie reden sehr viel über sich, analysieren gemeinsam das Verhalten von Menschen. »Die enge Beziehung zu Gleichaltrigen – und häufig auch zu den Eltern – basiert auf einer hohen Bereitschaft, persönliche Informationen auszutauschen und sich gegenseitig ein hohes Maß an emotionaler Unterstützung zu bieten«, sagt Angela Ittel.

Dadurch erhalten Mädchen meist mehr Hilfe als Jungen, wenn sie welche brauchen; und sie verfügen auch selbst über eine höhere soziale Kompetenz. Doch zugleich können die intensiven Beziehungen zum Problem werden: Konflikte mit Freundinnen können für die psychische Gesundheit gefährlich werden, weil die Mädchen stark darunter leiden.

Jungs-Freundschaften hingegen basieren eher auf gemeinsamen Aktivitäten und kompetitivem Austausch. Auch die Beziehung der Jungen zu ihren Eltern ist auf der emotionalen

Ebene oft weniger intensiv als die der Mädchen zu ihren Eltern. »Eltern sprechen mit ihren Söhnen weniger über Gefühle als mit ihren Töchtern und fordern sie seltener dazu auf, ihre Gefühle zu verbalisieren und in der sozialen Interaktion zu bewältigen«, sagt Angela Ittel. »So haben Jungen wenig Gelegenheit zu erlernen, mit ihren Gefühlen umzugehen.« Wenn Probleme auftreten, fehlt es ihnen an Bewältigungsstrategien, weshalb sie nicht nur aggressiv reagieren, sondern womöglich auch häufiger zu Drogen oder Alkohol greifen. Die Aggressivität ist später schwer in den Griff zu bekommen. »Aggressives Verhalten gilt als eines der stabilsten Entwicklungsmerkmale einer Person«, ergänzen Ittel und Scheithauer.

Schwierig wird es für Mädchen vor allem dann, wenn ihre Pubertät besonders früh einsetzt. »Mädchen, die die Pubertät (zu) früh erleben, also vor dem Alter von zwölf Jahren, fühlen sich häufig überfordert, mit den Erwartungen ihrer Umwelt umzugehen«, schreiben Ittel und Scheithauer. Denn die Erwartungen, die von außen an die Mädchen herangetragen werden, sind oft groß. Außenstehende sehen einen pubertierenden Teenager, wissen aber nicht, dass sie vom kognitiven und emotionalen Entwicklungsniveau her noch ein Kind vor sich haben. Noch dazu gehen diese Mädchen häufig sehr früh sexuelle Beziehungen ein, mit denen sie eigentlich noch überfordert sind.

Aus all dem werde ersichtlich, welche Form der Unterstützung die beiden Geschlechter am ehesten brauchen, sagt der Bremer Entwicklungspsychologe Franz Petermann: Bei Mädchen müsse die Autonomie gefestigt werden, also die Selbstständigkeit und Selbstbestimmung, um sie unempfindlicher zu machen gegen Widrigkeiten. Auch bräuchten Mädchen emotionale Unterstützung. Den Jungen helfe es dagegen vor allem, wenn man ihnen in ihrer häuslichen Umgebung eine klare Struktur und klare Regeln gebe.

Und wie ist es nun mit dem starken Geschlecht? Das Fazit der Berliner Entwicklungspsychologen Ittel und Scheithauer ist jedenfalls eindeutig: Ihrer Meinung nach sind Mädchen – abhängig von Kontext und Zeitpunkt – ebenso verletzlich wie Jungen. Im Erwachsenenalter jedenfalls haben Karena Leppert und ihre Kollegen keinen Unterschied in der psychischen Widerstandskraft der beiden Geschlechter gefunden. Männer und Frauen erreichen im Resilienztest im Durchschnitt in etwa die gleiche Punktzahl.

Selbsttest: Wie resilient bin ich?

Es gibt Tage, an denen man sich stark fühlt, und es gibt die schwachen Tage – auch bei Personen, die besonders resilient sind. Wie widerstandsfähig ein Mensch ist, lässt sich mit Hilfe eines Fragebogens recht zuverlässig bestimmen. Wissenschaftler um Karena Leppert vom Universitätsklinikum Jena haben diesen Fragebogen erstellt und für die deutsche Bevölkerung wissenschaftlich erprobt. Mit Hilfe der folgenden 13 Fragen der Resilienzskala »RS-13« kann jeder für sich selbst herausfinden, über wie viel persönliche Widerstandskraft er verfügt (Leppert et al., 2008; siehe Seite 250).

Inwieweit treffen die folgenden Aussagen auf Sie zu?

Vergeben Sie bitte für jede der folgenden Feststellungen 1 bis 7 Punkte. Vergeben Sie umso mehr Punkte, je mehr die Aussagen im Allgemeinen auf Sie zutreffen, das heißt, wie sehr Ihr übliches Denken und Handeln durch diese Aussagen beschrieben wird.

Dabei bedeutet 1 Punkt = »ich stimme nicht zu« und 7 Punkte = »ich stimme völlig zu«.

		1 = nein ich stimme nicht zu						7 = ja ich stimme völlig zu
1	Wenn ich Pläne habe, verfolge ich sie auch.	1	2	3	4	5	6	7
2	Normalerweise schaffe ich alles irgendwie.	1	2	3	4	5	6	7
3	Ich lasse mich nicht so schnell aus der Bahn werfen.	1	2	3	4	5	6	7
4	Ich mag mich.	1	2	3	4	5	6	7

5	Ich kann mehrere Dinge gleichzeitig bewältigen.	1	2	3	4	5	6	7
6	Ich bin entschlossen.	1	2	3	4	5	6	7
7	Ich nehme die Dinge, wie sie kommen.	1	2	3	4	5	6	7
8	Ich behalte an vielen Dingen Interesse.	1	2	3	4	5	6	7
9	Normalerweise kann ich eine Situation aus mehreren Perspektiven betrachten.	1	2	3	4	5	6	7
10	Ich kann mich auch überwinden, Dinge zu tun, die ich eigentlich nicht machen will.	1	2	3	4	5	6	7
11	Wenn ich in einer schwierigen Situation bin, finde ich gewöhnlich einen Weg heraus.	1	2	3	4	5	6	7
12	In mir steckt genügend Energie, um alles zu machen, was ich machen muss.	1	2	3	4	5	6	7
13	Ich kann es akzeptieren, wenn mich nicht alle Leute mögen.	1	2	3	4	5	6	7

Auswertung

Addieren Sie nun alle Punkte. So wird sich ein Wert zwischen 13 und 91 ergeben. Dabei weist ein hoher Wert auf eine große Ausprägung von Resilienz hin, ein niedriger Wert dagegen auf geringe psychische Widerstandskraft.

Sie können maximal 91 Punkte erreichen.

Wenn Sie mehr als 72 Punkte haben, wirft Sie so schnell nichts um. Sie können mit den meisten Belastungen umgehen und sind den Anforderungen Ihres Lebens gewachsen. Manche Situationen erscheinen Ihnen als durchaus schwierig. Aber Sie sind in der Lage, flexibel auf Schicksalsschläge zu reagieren und so eine Lösung zu finden, die zu Ihnen passt und Sie weiterbringt.

Wenn Sie zwischen 67 und 72 Punkten haben, dann haben Sie eine durchschnittliche Widerstandskraft. Sie finden meist Lösungen für Ihre Probleme, auch wenn diese Sie mitunter viel Kraft kosten. Im Allgemeinen finden Sie ohne fremde Hilfe wieder neuen Lebensmut.

Wenn Sie weniger als 67 Punkte haben, dann sind Sie wenig belastbar. Auftretende Probleme werden für Sie oft zu einer Lebenskrise. Ihre Resilienz ist nicht sehr groß. Um das Risiko für Depressionen und körperliche Erkrankungen zu mindern und Ihre Lebenszufriedenheit zu erhöhen, sollten Sie aktives Stressmanagement betreiben und durchaus auch psychologische Hilfe in Anspruch nehmen, wenn Sie sie benötigen.

Einordnung

Menschen in Deutschland verfügen durchaus über psychische Widerstandskraft. Im Durchschnitt erreichen sie einen Wert von 70 auf der RS-13-Skala, das entspricht mehr als drei Viertel der insgesamt erreichbaren Punktzahl. Dabei schneiden Frauen und Männer sehr ähnlich ab, wie Tests mit einer ähnlichen Resilienzskala (RS-25) ergeben haben.

Der Wert für Männer liegt im Durchschnitt bei 77 Prozent der maximalen Punktzahl; er ist ziemlich unabhängig vom Lebensalter. Frauen in Deutschland erreichen durchschnittlich 75 Prozent der maximalen Punktzahl; bei ihnen sinkt der Wert im Alter über 60 Jahre allerdings – anders als bei den Männern – leicht ab.

Ohne ein gewisses Maß an Resilienz ginge es auch gar nicht. Tagtäglich begegnen uns Herausforderungen, immer wieder müssen wir uns Problemen stellen – und gehen daran in aller Regel nicht zugrunde. »Seit der Vertreibung des Menschen aus dem Paradies stellt die Krise und nicht die Routine den Normalfall menschlichen Lebens dar«, sagt der Soziologe Bruno Hildenbrand, der viele Arbeiten zur Resilienz publiziert hat. Das Leben sei letztlich nichts anderes als ein Prozess der Bewältigung von Krisen.

Wir Menschen in der Erfolgsgesellschaft hören es nicht gerne, aber: Scheitern ist normal! Zweifelsohne mussten unsere Vorfahren deshalb die Fähigkeit entwickeln, mit diesem Scheitern umzugehen. Eben das ist in Hildenbrands Augen Resilienz: die Flexibilität, sich an Widrigkeiten anzupassen und aus ihnen möglichst noch zu lernen. Ohne Krisen und Beeinträchtigung, davon sind zahlreiche Entwicklungstheoretiker überzeugt, ist Entwicklung überhaupt nicht möglich.

Aber auch wenn dem Durchschnittsdeutschen nicht viele Punkte bis zur maximalen Resilienz fehlen: Diese Lücke ist es, die in entscheidenden Momenten empfindlich macht. Sie sorgt dafür, dass wir bei Gegenwind mitunter schwer ins Taumeln geraten und dass viele von uns krank werden, sobald der Druck allzu sehr wächst.

Die harten Fakten zu den starken Menschen: Woher kommt die Widerstandskraft?

Seit Psychologen vor einigen Jahrzehnten klar geworden ist, dass Menschen nicht unbedingt an Krisen zerbrechen, sondern mitunter gestärkt aus ihnen hervorgehen, versuchen sie die Gründe dafür herauszufinden. Das ist allerdings keine leichte Aufgabe, zumal die unerschütterlichen Menschen selbst oft kaum in Worte fassen können, weshalb ihnen jene psychische Widerstandskraft zu eigen ist, die andere so sehr an ihnen bewundern. Wissenschaftler der verschiedensten Fachrichtungen mussten deshalb mehr oder weniger trickreiche Strategien ersinnen, mit denen sie den Stehaufmännchen ihre Geheimnisse entlocken wollen.

Einige Forscher untersuchten dazu jahrzehntelang auf dem entlegenen Inselstaat Mauritius, weshalb sich manche der Kinder von gewalttätigen Vätern trotz aller Widrigkeiten in ihrem jungen Leben zu gesunden Persönlichkeiten entwickelten. Andere erfassen mit aufwendigen Statistiken, weshalb ganz normale Kinderkrankheiten bei lieblos aufgezogenen Waisenkindern besonders häufig einen überraschend schweren Verlauf nehmen. Und wieder andere analysieren die einschneidenden Veränderungen in den Gehirnen kleiner Ratten, die sich ergeben, wenn die Tiere Mütter haben, die sich nicht um sie kümmern.

Diese und viele weitere Studien haben in den vergangenen Jahren Puzzlestücke zur Beantwortung der Frage nach der Kraft der Widerständigen zusammengetragen. Nach und nach vervollständigt sich so das Bild dessen, was Menschen zu starken Persönlichkeiten macht. Nicht nur moderne Forschung aus Psychologie und Psychiatrie trägt dazu bei, auch die Soziologie, die Pädagogik, die Neurobiologie und die Genetik liefern inzwischen harte Fakten, die das Verständnis von den personifizierten Felsen in der Brandung verbessern.

Demnach sind manche Menschen aufgrund winziger, aber weit verbreiteter genetischer Veränderungen besonders anfällig dafür, nach Gewalterfahrungen in der Kindheit später im Leben Belastungen nur schwer zu ertragen. In der Folge haben sie ein besonders hohes Risiko, als Erwachsene zum Alkoholiker zu werden. Doch es sind längst nicht nur die Gene, die einen Menschen psychisch entweder widerstandsfähig oder eben verletzbar machen. Auch die Prägung durch die Eltern und deren Erziehungsstil manifestieren sich in biologischen Strukturen. So brennen sich manche schlechten Erfahrungen während der Kindheit dauerhaft in das Gehirn ein. Bei Kindern etwa, die ohne Rückhalt in der Familie aufwachsen, lässt sich eine ungenügende Stressverarbeitung im Gehirn mit Hilfe moderner Durchleuchtungsmethoden sichtbar machen. Überraschendes bringt zudem der besonders junge Forschungszweig der Epigenetik an den Tag: demnach verändert das Leben die Erbanlagen. So werden Erlebnisse von Menschen – ihre Ängste, aber auch ihre sportliche Aktivität und ihre Ernährung – im Laufe ihres Lebens in den Genen niedergeschrieben. Diese Prägungen können wahrscheinlich sogar von Generation zu Generation weitergegeben werden. Das Kapitel fasst den aktuellen Stand der erstaunlichen modernen Resilienzforschung zusammen.

Wie das Umfeld das Leben eines Menschen modelliert (Umwelt)

Kuscheln ist verzichtbar. Auch für Babys und Kinder. Dieser Ansicht waren große Geister noch vor gar nicht langer Zeit. Man kann es sich zu Beginn des 21. Jahrhunderts kaum mehr vorstellen: Aber noch in den 1950er-Jahren lautete der gängige Rat, den Kinderärzte jungen Müttern mit auf den Weg gaben, dass diese sich nicht allzu viel um ihre Babys scheren sollten. Die Kinder sauber zu halten und mit Nahrung zu versorgen, das reiche vollkommen, meinten sie allen Ernstes. Tatsächlich waren die Pädiater der Ansicht, damit nur Gutes zu tun. Alles andere verwöhne die Kinder nur. Und die sollten doch nicht verweichlichen.

Dass diese Strategie richtig war, konnte sich Harry Harlow nicht vorstellen. Der Psychologe hatte selbst vier Kinder; für ihn stand unzweifelhaft fest, dass sie auch als Babys schon mehr brauchten als nur Nahrung und Hygiene. Das wollte er der Welt beweisen, durch Experimente mit kleinen Rhesusaffen, die er den Müttern gleich nach der Geburt wegnahm und zum Teil monatelang sich selbst überließ. Hinter den Mauern seines Labors spielten sich Dramen um Affenbabys ab, die Tiere wurden zu psychischen Wracks. Einer von Harlows Mitarbeitern meinte später, er sei fest davon überzeugt, dass die Experimente seines Chefs letztlich dafür gesorgt hätten, dass die Tierrechtsbewegung großen Zulauf bekam. In jedem Fall aber bewirkten sie, dass die Position derer zu schwächeln begann, die Körperkontakt in der Erziehung als völlig sinnlos betrachteten.

Auch Beobachtungen aus den Waisenhäusern der damaligen Zeit förderten ein neues Denken, wonach es Kindern nicht allzu gut bekommt, wenn sie ähnlich wie Harlows Affen ihre Zeit auf sich allein gestellt verbringen müssen – selbst wenn ihre Kinderzimmer noch so reichlich ausgestattet sind. In jüngster Zeit verdeutlichten dies noch einmal die Waisenhäuser des Ceaușescu-Regimes der Jahre 1965 bis 1989 in Rumänien, wo Kinder unter zum Teil unmenschlichen Bedingungen vor sich hinvegetierten. Die Kinder wurden häufig ans Bett gefesselt und allenfalls mit dem Nötigsten versorgt. Ein liebes Wort oder eine Streicheleinheit gab es nicht. Viele Kinder wirkten apathisch, als nach dem Zusammenbruch des Regimes westliche Beobachter die Heime betraten; sie waren schreckhaft oder aggressiv und zumindest anfänglich kaum in der Lage, an einem normalen Familienleben teilzunehmen.

Ende der 1980er-Jahre zweifelte niemand mehr daran, wie wichtig Ansprache und körperliche Zuwendung für eine gesunde psychische Entwicklung von Kindern sind. Eines überraschte Wissenschaftler aber doch: Die fehlende seelische Stabilität der Kinder schien sich auch auf ihre Gesundheit niederzuschlagen. Die rumänischen Waisen zogen sich nämlich besonders leicht Infekte zu. Sie waren auch dann noch anfälliger als ihre Altersgenossen aus normalen amerikanischen Familien, als sie schon jahrelang in den USA bei Adoptivfamilien lebten.

Offenbar gibt es einen Zusammenhang zwischen Kampfgeist und Immunabwehr. Das stellte auch der Psychologe Seth Pollak fest: Jugendliche, die in ihrer Kindheit körperlich misshandelt worden waren, hatten ein deutlich schwächeres Immunsystem als Gleichaltrige ohne Gewalt in der Familie. Die Körper der misshandelten Kinder konnten Herpesviren weniger gut bekämpfen und produzierten deshalb eine überbordende Menge an Antikörpern, die Pollaks Team in ihrem Speichel fand. Der Effekt hielt über Jahre an.

Es waren einfühlsame Kinderärzte und Seelenkundler, die die Erkenntnis vom Zusammenhang einer liebevollen Umwelt mit der Entwicklung psychischer und körperlicher Abwehrkraft auch gleich in die Praxis umsetzten. Wegweisende Studien hat die Kinderpsychiaterin Heidelise Als auf den Frühgeborenenstationen am Children's Hospital in Boston durchgeführt. Sie lehrte die dort arbeitenden Krankenschwestern, die Bedürfnisse auch noch so kleiner Frühchen zu erkennen und speziell auf sie zu reagieren – dem Winzling also zu geben, was ihm in der jeweiligen Situation offenbar am wichtigsten war. Jedes Frühchen bekam täglich mehrere Portionen solcher Extra-Aufmerksamkeiten.

Auf diese Art erzielte Als faszinierende Erfolge: Was die körperliche Zuwendung und die Interaktion für die Kleinsten bedeutete, zeigte sich an der Entwicklung, die sie noch in der Klinik nahmen. Die Frühchen reiften erheblich schneller, wenn sie nicht tagaus, tagein auf sich allein gestellt in ihren beheizten Brutkästen lagen, sondern menschliche Wärme erhielten. Sie wuchsen schneller, konnten früher nach Hause entlassen werden, entwickelten kräftigere Lungen und Herzen und hatten am Ende weniger geistige Defizite als alleingelassene Frühchen.

Auch erste Langzeitdaten mit den rumänischen Heimkindern zeigen den immensen Einfluss, den das soziale Umfeld auf die psychische Widerstandskraft hat: Waisen aus einem Bukarester Heim, die im Jahr 2000 in eine rumänische Pflegefamilie kamen und dort Liebe und Zuwendung erhielten, entwickelten deutlich seltener eine Angststörung oder eine Depression als Kinder, die auch nach dem Zusammenbruch des Ceaușescu-Regimes zunächst im Heim bleiben mussten.

Kritische Geister mögen einwenden, dass Pflegefamilien wahrscheinlich eher solche Kinder wählen, die gesund und fröhlich wirken; und dass die Kinder mit dem größeren Hang zu psychiatrischen Auffälligkeiten wohl eher im Heim zurückbleiben. Doch damit hatte der Effekt, den die Psychiater Charles Nelson, Nathan Fox und Charles Zeanah fanden, nichts zu tun. Denn sie hatten in einem Bukarester Heim das Los entscheiden lassen, welche der 136 Kinder im Alter zwischen sechs Monaten und zweieinhalb Jahren zu einer Pflegefamilie durften. Dass ein solches Vorgehen ethisch bedenklich ist, haben die Wissenschaftler durchaus bedacht. »Doch zu Beginn unserer Studie existierte in Bukarest so gut wie keine Betreuung in Pflegefamilien, sodass die meisten teilnehmenden Kinder ohne unser Zutun weiter in Heimen aufgewachsen oder erst später vermittelt worden wären.« Deshalb sahen sie ihr Vorgehen gerechtfertigt. Auch wurden die meisten Kinder, die das Heim-Los gezogen hatten, im Lauf der Zeit ebenfalls adoptiert.

Die Pflegefamilien waren geschult. Sie sollten besonders liebevoll mit den Kindern umgehen und erhielten auch einen Ansprechpartner, an den sie sich mit Sorgen und Fragen wenden konnten. So erreichte das Projekt viel für die Kinder: Deren Intelligenzquotient wuchs binnen 20 Monaten um rund zehn Punkte. Auch litten sie deutlich weniger unter ADHS, Depressionen und Ängsten als die Kinder, die im Waisenhaus blieben. Störungen des Sozialverhaltens konnte die Pflegefamilie allerdings nicht mindern.

Erziehung ist stark, und sie kann stark machen. Und ohne Frage kann eine schlechte Erziehung Kindern fürs Leben schaden. Aber: Sie muss es nicht. Auch in einem furchtbar negativen Umfeld gibt es eine Chance auf eine gesunde Entwicklung. Nicht alle misshandelten Kinder werden selbst gewalttätig, sobald sie einen Baseballschläger in der Hand tragen können. Offensichtlich gibt es Faktoren, die dafür sorgen, dass ein junger Mensch mit einem prügelnden Vater zum Schlägertyp wird, ein anderer sich aber eines Besseren besinnt, also Resilienz gegenüber dem unglückseligen väterlichen Einfluss besitzt.

Das Temperament ist ein heißer Kandidat, vermuten Psychologen schon seit Langem. Sie schätzen Menschen mit einem Hang zur tätlichen Auseinandersetzung weniger als aufbrausend, sondern vielmehr als kaltblütig im wahrsten Sinne des Wortes ein. Und können das sogar messen: Normalerweise führt ein alarmierendes Geräusch dazu, dass das Herz schneller schlägt. Die Haut produziert Schweiß, wenn auch mitunter nur in winzigen Mengen. Das ist mit Hilfe von Elektroden messbar, weil kurzzeitig die Leitfähigkeit der Haut zunimmt. Menschen mit einer Neigung zur Aggressivität reagieren hingegen schon als Kinder nur wenig auf alarmierende Situationen. Sie sind wenig aufgeregt, wenn sie für ein Fehlverhalten bestraft werden sollen; und sie reagieren auch kaum auf die Stressreaktionen, die andere zeigen. So kann sich im ungünstigen Fall eine Gewaltspirale entwickeln. Am Anfang sind die Schläge des Vaters gleichgültig, später die Schreie der eigenen Opfer.

Wem die Theorie zu krude ist: Möglicherweise stehe die leichtere Erregbarkeit auch für eine bessere Aufmerksamkeitsleistung, meinen der Kinderpsychiater Martin Holtmann und der Neuropsychologe Manfred Laucht. Wenn das Herz schneller schlägt, dann sei das ein Ausdruck einer gelungenen Verarbeitung emotionaler Stimuli, meinen sie. Statt abgestumpft der Dinge zu harren, die da kommen, sei die Erregbarkeit »als Aufgeschlossenheit gegenüber Umweltreizen« zu werten. Das erleichtert womöglich das Lernen – auch das Lernen, dass man nicht weiterkommt, wenn man ständig Gewalt ausübt und mit dem Gesetz in Konflikt gerät.

Inzwischen ist jedenfalls durch zahlreiche Studien belegt, dass eine unter Stress gesteigerte Herzfrequenz und eine hohe Hautleitfähigkeit tatsächlich Indizien für die Begabung sind, dass Kinder trotz widriger Umstände in ihrem Zuhause gut geraten. Einen besonders interessanten Nachweis fand die Psychologin Patricia Brennan. Sie teilte 94 junge Männer in vier Gruppen ein – je nachdem, ob sie selbst mit dem Gesetz in Konflikt geraten waren oder nicht und ob ihre Väter Kriminelle waren oder nicht. Die Hautleitfähigkeit und die Herzrate nach einem Schreck waren bei jenen Testpersonen signifikant am höchsten, die sich selbst an die Regeln der Gemeinschaft hielten, aber einen kriminellen Vater hatten. Brennans Ergebnissen zufolge schützt die erhöhte Herzfrequenz junge Männer tatsächlich davor, es ihrem Vater gleichzutun. Ein niedriger Puls gilt dagegen als Gefahr Nummer 1 für antisoziales Verhalten.

Der Zusammenhang ist so deutlich, dass der Kriminologe Adrian Raine diese Beobachtung sogar zu Vorhersagezwecken benutzt. Anhand der Herzfrequenz von rund hundert 15-jährigen Schuljungen konnte er in einer Studie prophezeien, wer von den Jungs im Alter von 29 Jahren ein Verbrechen begangen haben würde. Raine leitet seit vielen Jahren ein umfassendes Projekt auf der Insel Mauritius im Indischen Ozean. Im »Mauritius Child Health Project« hat er Gelegenheit, seine Studien mit Unterstützung der Weltgesundheitsorganisation an einer großen Zahl von Kindern durchzuführen.

So bestätigte er die Theorie von der Kaltblütigkeit vor Kurzem auch bei kleinen Kindern: Lehrer schätzten ausgerechnet jene Achtjährigen in ihrer Klasse als besonders aggressiv ein, die – ohne dass die Lehrer das wussten – schon als Dreijährige in Stresssituationen eine niedrige Herzfrequenz und eine geringe Hautleitfähigkeit gehabt hatten. Die hatten die Wissenschaftler gemessen, nachdem sie die Kleinen mit lauten Geräuschen erschreckt oder ihnen eine schwierige Aufgabe gestellt hatten.

Die Erziehung steht dem aber nicht hilflos gegenüber: Wenn die Wissenschaftler die Familien schulten und dafür sorgten, dass die Kinder schon mit drei Jahren eine bessere Bildung und Ernährung bekamen, dann zeigten die Kleinen einige Jahre später normalisierte Reaktionen von Herz und Haut. Und mit 23 Jahren ließ sich die Einmischung der Wissenschaftler auch daran ablesen, was die jungen Leute bis dahin auf dem Kerbholz hatten: Dann war ein Drittel weniger kriminell geworden. Negative Prophezeiungen müssen also nicht schlecht sein, wenn man etwas dagegen tun kann, dass sie sich selbst erfüllen.

Was sich im Gehirn abspielt (Neurobiologie)

Auch unter Ratten gibt es Rabenmütter. Eigentlich gehört es zum Familienleben in Rattennestern dazu, dass die Muttertiere ihren Jungen ihre Zuneigung zeigen. Sie lecken die Kleinen, wärmen sie und versorgen sie mit Nahrung. Manche Rättinnen aber sind zu solcher Mutterliebe nicht fähig. Statt ihren Nachwuchs zu hegen und zu pflegen, tun sie nur das Nötigste. Körperliche Geborgenheit lassen sie den Jungen kaum angedeihen.

Die Nachkommen beider Typen von Rattenmüttern überstehen das und werden groß. Beiden gelingt es auch, ein Rattenleben mit allem zu führen, was dazugehört: Sie suchen sich einen geschützten Fleck zum Übernachten, ergattern genug Nahrung und auch einen Partner und pflanzen sich fort.

Doch tief im Inneren der Tiere, da gibt es einen großen Unterschied, der sie fürs Leben prägt. Zwangsläufig geraten beide Sorten von Rattenkindern im Laufe ihres Lebens immer wieder in unangenehme oder gefährliche Situationen. Dann zeigt sich, wie es in ihren Rattenseelen aussieht: Als ausgewachsene Tiere reagieren die gehätschelten Rattenkinder auf Stress erheblich entspannter als ihre vernachlässigten Artgenossen; am Ende leben sie auch länger. Wenn sie in eine fremde Umgebung geraten, sind die wohlbehüteten Ratten nicht besonders ängstlich; die von ihren Müttern sich oft selbst überlassenen Tiere dagegen setzen sich in einem unbekannten Raum meist in die dunkelste Ecke und zittern. Sie haben offenbar nicht genug Selbstvertrauen, es mit der Fremde aufzunehmen, und erwarten von Veränderungen eher Schlechtes als Gutes.

Das hat einen erstaunlichen Grund. Und der ist biologischer Natur, wie der kanadische Neurobiologe Michael Meaney vor rund zehn Jahren entdeckte: Die Tiere verarbeiten die Botschaften des Stresshormons Cortisol auf höchst unterschiedliche Weise. Offenbar ist dieses Stresshormon daran beteiligt, wenn manche Rattenkinder in ihrem späteren Leben psychisch besonders widerstandsfähig und andere besonders verletzbar werden.

Das Hormon wird vom Körper immer dann ausgeschüttet, wenn es aufregend wird – bei Ratten ebenso wie bei Menschen. Dann kurbelt Cortisol die Mobilisierung von Zucker aus den Vorratsspeichern in der Leber an. So stellt es Energie bereit – um zum Beispiel davonzulaufen, schnell im Geiste eine Lösung zu finden oder anderweitig kurzfristig Höchstleistung zu erbringen. Der Körper befindet sich im Alarmzustand.

Das ist sinnvoll, solange die Ratten oder Menschen in Gefahr oder unter Druck sind. Aber irgendwann mal sollte dieser Alarmzustand auch wieder vorbei sein. Sonst werden Tier und Mensch zu nervlichen Wracks. Um den Stress zu beenden, bildet das Gehirn Andockstellen für Cortisol aus. Sie ziehen das Stresshormon aus dem Verkehr.

Eben hier findet sich der Unterschied zwischen den Rattenkindern. Tatsächlich sorgen die liebevollen Rattenweibchen mit ihrem Lecken und Hätscheln dafür, dass sich in den Gehirnen ihrer Jungen mehr Andockstellen für das Hormon bilden. So wird bei diesen Rattenjungen das bei Stress entstehende Cortisol schneller wieder unschädlich gemacht. Die Jungen der kaltherzigen Ratten geraten dagegen leicht unter Dauerstress.

Der einmal eingeschlagene Weg setzt sich in der Familie fort. Inzwischen gilt als sicher: Gehätschelte Rattenbabys werden auch selbst liebevolle Eltern, vernachlässigte dagegen ebenso kaltherzig, wie ihre Mütter es zu ihnen waren. Dass die Jungtiere die Zahl der Andockstellen in ihrem Gehirn aber nicht einfach von ihren Müttern erben, hat Michael Meaney durch einen Trick bewiesen: In einem seiner Experimente tauschte der Neurobiologe die Würfe der Rättinnen aus: Eine kuschelnde Mutter zog den Nachwuchs einer lieblosen Mutter auf und umgekehrt. Bei den Adoptivkindern aber ergab sich dasselbe Bild wie zuvor beim natürlichen Nachwuchs: Wer gehätschelt wurde, bei dem bildeten sich mehr Andockstellen für Cortisol im Gehirn, und der erkundete neugierig die Welt.

Der Einfluss des Cortisols auf das Seelenheil ließ sich inzwischen auch für Menschen bestätigen. Ein besonders eindrucksvolles Experiment führte die amerikanische Psychiaterin Christine Heim durch. Sie hat Frauen, die als Kinder sexuell missbraucht worden waren, absichtlich unter Stress gesetzt: Heim bat die Frauen einfach, einen öffentlichen Vortrag zu halten. Dabei erreichten die Spiegel an Stresshormonen bei diesen Frauen einen Wert, der sechsmal so hoch war wie bei psychisch stabileren Frauen, die keine traumatische Kindheit hatten. Auch andere Studien zeigten: Menschen, die früh traumatisiert wurden, reagieren später im Leben oft überempfindlich auf Belastungen.

Schrecken im Gehirn

Lieblosigkeit und Schreckenserlebnisse können also die Entwicklung psychischer Widerstandskraft torpedieren. Und sie lassen sich sogar an den Strukturen des Gehirns ablesen, sagt die Entwicklungsneurobiologin Anna Katharina Braun im Hinblick auf schwere Traumata. Sie fand dies zunächst an niedlichen Strauchratten heraus, die ein besonders ausgeprägtes Sozialleben haben.

Braun attackierte dieses Sozialleben – sie nahm einzelne Jungen täglich für eine Stunde vom Rest der Familie weg. In den Gehirnen dieser Tiere fand sie später, dass die Nervenzellen auf merkwürdige Art verschaltet waren. So fanden sich im Gyrus cinguli – einer Gehirnstruktur, die zum limbischen System gehört und damit an der Verarbeitung von Emotionen und Trieben beteiligt ist – mehr Synapsen als bei Tieren, die nicht isoliert worden waren.

Mehr? »Auch das ist eine Störung der gesunden Entwicklung«, betont Braun. Üblicherweise bildet das Gehirn während der Entwicklung viel mehr Synapsen aus als nötig. Aber: Mit der Zeit stabilisieren sich nur jene Verbindungen zwischen den Nervenzellen, die für ein effizientes Funktionieren des Gehirns auch gebraucht werden. Der Rest wird einfach wieder abgebaut. Ebendiesen Sortierprozess aber scheint es bei den isolierten Strauchratten nicht gegeben zu haben. Sie behielten ein Übermaß an Synapsen unter der Schädeldecke. Das hatte Folgen für ihr Verhalten: Fremde Umgebung machte sie ängstlich.

Wie man psychische Stärke misst

»Dass biologische Faktoren die Widerstandsfähigkeit gegen Belastungen beeinflussen, scheint seit Langem unzweifelhaft«, fassen der Kinderpsychiater Martin Holtmann und der Neuropsychologe Manfred Laucht die aktuelle Forschung zusammen. Daraus ergibt sich etwas Bemerkenswertes: Die psychische Stärke von Tieren oder Menschen ist auch ganz konkret anhand mancher körperlichen Funktionen messbar. Zum Beispiel lässt sich die Stressresistenz eines Menschen bis zu einem gewissen Maß bestimmen, wenn man ihn mit einem lauten Knall erschreckt. Die Länge seines Schreckreflexes offenbart dann, wie schnell die Erholung nach einem negativen Erlebnis einsetzt. Das sei ein Indiz dafür, wie gut ein Mensch solche Ereignisse verarbeitet, schreiben Holtmann und Laucht. So ist es von Mensch zu Mensch sehr unterschiedlich, wie lange sich die Augenlider schließen, wenn plötzlich ein extrem lautes Geräusch zu hören ist.

Aber ob die Länge des Zusammenzuckens auch weitergehende Schlüsse auf den Umgang mit Stress zulässt – etwa auf die seelische Gesundheit einer Person, ihre Anfälligkeit für psychische Erkrankungen? Das würde bedeuten, dass Menschen, die relativ lange Schreckreaktionen zeigen, auch bei größeren Widrigkeiten als einem Knall längere Zeit benötigen, um sich davon zu erholen. Sie brauchen dann womöglich so lange, dass sie davon seelisch krank werden. Tatsache ist jedenfalls: Die Länge des Schreckreflexes eines Menschen spiegelt sich in den Strukturen seines Gehirns wider.

Je nachdem, wie schnell Menschen nach einem Knall wieder entspannen, zeigen sich Unterschiede in ihrem präfrontalen Cortex. Diese hinter der Stirn liegende Hirnregion (auch Frontallappen genannt) ist quasi unser oberstes Kontrollzentrum dafür, dass wir angemessen auf eine Situation reagieren. Der präfrontale Cortex empfängt die Signale von außen (wie den Knall), verknüpft sie mit Gedächtnisinhalten und auch mit emotionalen Bewertungen, die aus dem limbischen System stammen. Was ist beim letzten Mal passiert, als so ein Knall zu hören war? War es furchteinflößend oder nicht weiter schlimm? War es richtig oder unnötig, dass man weggelaufen ist? Auf diese Weise ist der präfrontale Cortex nicht nur daran beteiligt, dass wir bei einer Explosion in Deckung gehen, sondern auch daran, dass wir unsere Emotionen danach wieder regulieren. Wenn in der Nähe Kinder mit Platzpatronen schießen, erschrecken wir uns spätestens beim dritten Schuss nicht mehr so stark.

Dass die Nervenzellen in diesem für unser Leben so wichtigen Kontrollzentrum bei einem unangenehmen Erlebnis je nach Persönlichkeit unterschiedlich stark feuern, lässt sich mittels funktioneller Magnetresonanztomographie feststellen. Mit dieser Technik können Forscher sichtbar machen, welche Hirnregionen in bestimmten Situationen aktiv sind – sofern diese Situationen irgendwie in der engen Röhre eines Tomographen zu realisieren sind.

Ein lauter Knall aber ist das. So zeigt sich, dass bei entspannteren Zeitgenossen die linke Seite des präfrontalen Cortex stärker aktiv ist. Solche Menschen bewerteten in Experimenten unangenehme Situationen tendenziell positiver als Personen mit einer stärkeren Aktivierung der rechten Seite des präfrontalen Cortex. Der linke Hirnlappen steht für gute Gefühle, mehr Enthusiasmus und gute Laune, während Menschen mit einem aktiven rechten Frontallappen eher Miesepeter oder ängstliche Typen sind.

Der Effekt ist so deutlich, dass Wissenschaftler sogar vorhersagen können, wie Individuen in einer unangenehmen Situation reagieren werden, wenn sie zuvor nur deren Zellfeuer im Cortex betrachtet haben. Schon bei zehn Monate alten Babys sind solche Unterschiede zu finden. Und einer Gruppe von Psychologen um Richard Davidson gelang es tatsächlich, bei den Kleinen zu prophezeien, wie schlimm eine kurze Trennung von ihrer Mutter für sie sein würde. Kinder, die zuvor vermehrte linksfrontale Aktivierung zeigten, reagierten auf die Trennung von der Mutter entspannter. Kinder mit mehr Feuer im rechten Cortex weinten dagegen.

Außer dem Cortex gibt auch der Hippocampus Auskunft über die psychische Stärke. So kann sich nach Ansicht von Forschern wie Michael Meaney fehlende Zuwendung direkt ins Gehirn eingraben. Als er seinen Versuchstieren genauer unter die Schädeldecke blickte, stellte er fest: Bei den von ihren Müttern vernachlässigten Rattenkindern waren wichtige Hirnregionen unterentwickelt, die sogenannten Hippocampi. Diese Regionen, von denen sich in jedem Gehirn rechts und links eine findet, haben die Form eines Seepferdchens; sie gelten als zentrale Schaltstationen für Gedächtnisleistungen und für Emotionen. »Die Rattenmütter formten also – im wahrsten Sinne des Wortes – die Gehirne ihrer Jungen durch ein simples, natürliches Verhalten«, ist Meaney überzeugt.

Entsprechende Auffälligkeiten im Gehirn wurden auch schon bei Menschen gefunden. So besitzen Personen mit schweren Depressionen genauso ungewöhnlich kleine Hippocampi wie die Ratten mit den lieblosen Müttern. Das Gleiche gilt für Opfer von Kindesmissbrauch oder Vietnamveteranen mit schwerem Trauma.

Ist Stress also Gift fürs Gehirn? Oder sind die kleinen Hippocampi vielleicht doch nicht die Folge, sondern die Ursache großer psychischer Verletzbarkeit? Der Psychiater Roger Pitman glaubt an Letzteres, seit er die Gehirne von Menschen untersucht hat, die schwer traumatisiert wurden. In seiner Studie gab es nämlich eine Besonderheit: Die von ihm untersuchten Traumaopfer waren Zwillinge. Und ihre Geschwister, denen nichts vergleichbar Schreckliches passiert war, hatten ähnlich kleine Hippocampi – ganz ohne Trauma.

Sollte sich diese Beobachtung bestätigen, könnte man besonders verletzbare Menschen künftig womöglich davor warnen, sich einen Beruf zu suchen, der mit großen psychischen Belastungen einhergeht. Hirnscanner könnten zum Einsatz kommen, um wenig resiliente junge Männer davon abzuhalten, als Berufssoldat nach Afghanistan zu gehen oder als Rettungssanitäter Unfallopfer zu behandeln. Auch viele dieser Sanitäter erkranken nämlich im Laufe ihres Berufslebens seelisch schwer.

Was die Erbanlagen einem Menschen mitgeben (Genetik)

So eine Chance bekommen Wissenschaftler nur einmal im Leben: Es war ein unglaubliches Glücksgefühl, das Terrie Moffitt erfasste, als sie Anfang der 1980er-Jahre die Zusage aus Neuseeland erhielt. Sie durfte mithelfen, einen Schatz zu heben! Auf dem Inselstaat hatte ein Psychologe schon mehr als zehn Jahre zuvor die Eltern sämtlicher Kinder für sich gewinnen können, die während eines Jahres im Queen Mary Hospital der Stadt Dunedin zur Welt gekommen waren. Der Mann hatte einen großen Plan: Über Jahrzehnte sollten die 1037 Kinder, die zwischen April 1972 und März 1973 geboren worden waren, regelmäßig untersucht werden. So wollte der Psychologe den Ursachen von Gesundheits- und Entwicklungsproblemen auf die Spur kommen.

Als Terrie Moffitt im Jahr 1984 einstieg, waren die Grundlagen für die Bergung des Datenschatzes also gelegt. Sie musste ihn nun mehren und auf möglichst gewinnbringende Art auswerten. Bis heute arbeitet die in Nürnberg geborene, aber in den USA aufgewachsene Psychologin gemeinsam mit ihrem israelischen Kollegen und Partner Avshalom Caspi an dem Projekt mit. Immer wieder haben Moffitt und Caspi in dieser Zeit mehr als überraschende Forschungsergebnisse präsentiert. Man könnte sagen, sie haben mit Hilfe der Kinder von Dunedin den Blick auf die Macht der Gene revolutioniert.

Terrie Moffitt sammelte eine Unmenge von Daten. Regelmäßig befragte sie die Kinder nach ihrem Leben, erfasste ihre Krankheiten, notierte die Widrigkeiten, denen die Kleinen begegneten. Haarklein schrieb sie auf, welche Kinder unter günstigen Bedingungen aufwuchsen und welche ein problematisches Elternhaus hatten. Und sie hielt fest, wie die Kinder, die nach und nach erwachsen wurden und inzwischen schon ihren 40. Geburtstag hinter sich haben, ihr Leben gestalteten – ob sie aggressiv waren oder sozial integriert, ob sie heirateten oder für immer allein blieben. Hinter all dem stand eine große Frage: Warum richten belastende Ereignisse im Leben bei manchen Menschen dauerhaft Schaden an der Seele an, während andere dagegen immun zu sein scheinen?

Eines Tages, im Jahr 1996, lasen Moffitt und Caspi eine wegweisende Publikation. Ein deutsches Forscherteam um Klaus-Peter Lesch hatte einen erstaunlichen Fund veröffentlicht: Die Psychiater und Genetiker aus Leschs Team hatten erstmals gezeigt, dass die Ängstlichkeit eines Menschen und seine emotionale Labilität offenbar davon abhängen, welche Variante eines bestimmten Gens er besitzt. Das war ein überaus faszinierender Fund: Ein einzelnes Gen sollte direkten Einfluss auf die Seele des Menschen haben!

Das Gen, um das es geht, heißt 5-HTT. Es enthält die Bauanleitung für den sogenannten Serotonintransporter. Das ist ein Molekül, das im Gehirn dafür sorgt, die Wirkung des Biomoleküls Serotonin zu beenden. Im Volksmund wird Serotonin gern als »Glückshormon« bezeichnet, in Wirklichkeit vermittelt es Zufriedenheit. Wissenschaftler nennen es weniger griffig einen Hirnbotenstoff oder einen Neurotransmitter, weil das Molekül Signale an die Nervenzellen im Gehirn übermittelt. In mäßigen Mengen vermittelt Serotonin ein Gefühl der inneren Ruhe, vertreibt Ängste und hemmt Aggressionen. Wenn zu viel davon im Gehirn herumschwimmt, kann es aber auch Halluzinationen hervorrufen. Der Körper ist also durchaus bemüht, dafür zu sorgen, dass die Wirkung des Serotonins auch wieder ein Ende findet. Dafür braucht er die Serotonintransporter, die das Hormon fortschaffen.

Aufgrund seiner vielfältigen Wirkungen vermittelt das Zufriedenheitshormon also nicht nur Wohlgefühl, sondern auch psychische Stärke. Das war längst klar, als Klaus-Peter Lesch seine Arbeiten begann. Zwar nützt es wenig, Serotonin in Tablettenform einzunehmen, um seine Ängste zu vertreiben. Auch entbehrt der Glaube, dass serotoninreiche Lebensmittel wie Schokolade und Bananen die Stimmung wegen ihres Gehalts an dem Hormon aufhellen, jeder wissenschaftlichen Grundlage. Denn das Hormon kann gar nicht aus dem Magen an die wichtigen Stellen im Gehirn gelangen. Mit Eingriffen in den Serotoninstoffwechsel aber können Psychiater dem Wohlbefinden auf die Sprünge helfen.

Schon seit vielen Jahren gibt es eine stattliche Zahl von Medikamenten, die Krankheiten der Seele lindern, indem sie selbst an den Serotoninschaltstellen wirken. Diese Arzneimittel beeinflussen die Bildung, die Wirkung, den Transport oder auch den Abbau des Zufriedenheitshormons. Ihre Anwendung ist ebenso vielfältig wie die Wirkung des Neurotransmitters im Gehirn: Die Arzneimittel werden gegen Migräne eingesetzt oder gegen Bluthochdruck, als Schlafmittel oder als Appetitzügler; die allermeisten dieser Medikamente aber richten sich gegen psychische Erkrankungen.

Auf der Suche nach dem Resilienz-Gen

Klaus-Peter Lesch hatte 1996 jedoch etwas völlig Neues entdeckt. Er hatte erkannt, dass es bei Menschen verschiedene Varianten des Gens für den Serotonintransporter gibt. Kurze Zeit später konnte er sogar nachweisen, dass die Ausprägung des Gens tatsächlich Einfluss auf den Gemütszustand von Menschen hat; eine Form dieses Gens schien Angst zu vertreiben, die andere aber Trübsinn zu befördern. Leschs Team analysierte die Persönlichkeit von 505 Menschen und danach auch ihre Gene. Tatsächlich zeigten diejenigen mit der Trübsinns-Variante des Gens besonders großen Neurotizismus. Sie neigten also zu Nervosität, reagierten schnell auf Stress, waren unsicher und verlegen, hatten viel Angst und waren auch häufig traurig. Die Testpersonen mit der Glücks-Variante des Gens schienen im Gegenzug gegen diese Charakterzüge gefeit zu sein.

Dabei waren die Unterschiede in den beiden Genen wirklich

klein: In der einen Variante wiederholte sich ganz am Ende (in der sogenannten Promotor-Region) ein bestimmtes Stückchen 14 Mal, in der anderen Variante dagegen 16 Mal. So war das riesige Erbgutmolekül des Menschen – die drei Milliarden Bausteine lange DNA, die in jeder seiner Körperzellen vorliegt – in dem einen Fall gerade mal um 44 Bausteine verkürzt. Das war alles. Und doch schien dieser Unterschied einen gewaltigen Einfluss auf das Seelenleben zu haben. Wer die kurze Version in sich trug, erwies sich als verletzlich und war erheblich anfälliger für Depressionen. Dagegen machte die lange Version, die in der Bevölkerung deutlich häufiger vorkommt, ihre Träger seelisch stabil gegen plötzlich auftretendes Ungemach.

Als Moffitt und Caspi von Leschs Fund hörten, schalteten sie sofort. Schließlich verfügten sie über die ideale Datensammlung, um diesen atemberaubenden Zusammenhang von Genetik und Psyche bei einer größeren Gruppe von Menschen überprüfen zu können. Die Vorstellung faszinierte die Psychologen: Womöglich beeinflussten simple genetische Unterschiede, wie sich das ganze Leben dieser Kinder entwickelte.

Die Gene der Kinder von Dunedin waren schnell gelesen. Nun mussten Moffitt und Caspi allerdings noch in aufwendigen statistischen Erhebungen herausfinden, ob sich dies irgendwie mit deren Gemütszustand und Entwicklung in Zusammenhang bringen ließ. Fürwahr, das tat es: Tatsächlich hatten die Kinder mit der kurzen Variante des Gens für den Serotonintransporter mehr depressive Symptome; wenn etwas Schlimmes in ihrem Leben passiert war, wurde bei ihnen häufiger eine Depression diagnostiziert, und sie neigten auch stärker zu Suizidgedanken als die Testpersonen mit der langen Genvariante, die mit ähnlichen Schwierigkeiten zurechtkommen mussten.

Die lange Variante des Serotonintransporters vermittelte offenbar Widerstandskraft gegen widrige Umstände. Es war augenscheinlich ein Resilienz-Gen! Emmy Werner, die US-amerikanische Pionierin auf dem Gebiet der Resilienzforschung, zeigte sich beeindruckt: Offenbar könne das genetische Rüstzeug eines Menschen »dessen Reaktion auf Kränkungen aus der Umwelt abschwächen«, so Werner.

Auch die Resistenz gegen den Stress des Erwachsenenlebens scheint die lange Genvariante zu erhöhen. Das hat der psychiatrische Genetiker Kenneth Kendler später mit Hilfe von 549 erwachsenen Zwillingen gezeigt. Bei den Zwillingen lösten Scheidungen, der Verlust des Arbeitsplatzes und weitere belastende Ereignisse vor allem dann Depressionen aus, wenn die Betroffenen von ihren beiden Eltern ein verkürztes Gen für den Serotonintransporter geerbt hatten.

Dass die lange Variante des Serotonintransporters dabei hilft, mit Schicksalsschlägen besser zurechtzukommen, hat sich inzwischen in vielen weiteren Studien an Menschen bestätigt, etwa nach der für Florida besonders schweren Hurrikan-Saison des Jahres 2004. Dort litten Personen mit dem Trübsinns-Gen besonders schwer unter den Folgen des Hurrikans. Zuletzt kamen Humangenetiker der Universität Würzburg, die auf Studien an mehr als 40 000 Testpersonen einen analytischen Blick warfen, zu demselben Schluss wie Moffitt und Caspi: Es gibt einen Zusammenhang zwischen der Variante des Serotonintransporters und dem Gemütszustand.

Es kommt auf mehr als auf die Gene an

Dennoch ist der Zusammenhang zwischen dem Resilienz-Gen und der seelischen Widerstandskraft nicht ganz so simpel, wie manche Experten in ihrer Anfangseuphorie dachten. Bei genauerem Hinsehen zeigt sich: Es kommt nicht nur auf die Gene an. Welchen Einfluss sie auf das Wesen des Menschen und auf seinen Umgang mit schwierigen Situationen ausüben, hängt von vielen Faktoren ab.

Eigentlich hatten Caspi und Moffitt das von Anfang an betont: Allzu begeisterten Genetikern, die sich in ihrer Weltsicht von der Allmacht der Erbanlagen bestätigt fühlten, hatten die Psychologen gleich zu Beginn den Wind aus den Segeln genommen. Sie haben immer darauf hingewiesen, dass die Einteilung in das »Trübsinns-Gen« und das »Glücks-Gen« eine unzulässige Vereinfachung sei. Denn es ist nicht so, dass man nur ein bestimmtes Gen haben muss und sogleich eine Depression entwickelt. Der Zusammenhang zwischen genetischer Ausstattung und Seelenheil galt auch bei den Kindern von Dunedin nur unter einer Voraussetzung: dass sie in ihrem jungen Leben bereits schlecht behandelt worden waren.

»Die Genetik zeigt keinen Effekt auf die psychische Gesundheit, wenn die Individuen keinerlei Risiken ausgesetzt waren«, betonte Terrie Moffitt. So hatten manche Kinder von Dunedin bereits Depressionen entwickelt, bevor ihre familiäre Situation schwierig wurde – bevor sich etwa die Eltern trennten oder der Vater zum Alkohol griff. Bei diesen Kindern, die offenbar aus sich heraus und ohne einen schwerwiegenden äußeren Anlass depressiv wurden, trat die Krankheit unabhängig davon auf, welche Gene für den Serotonintransporter sie besaßen.

Wie stark die äußeren Bedingungen den Einfluss der Gene modulieren, zeigt auch das Schicksal der Hurrikanopfer: Längst nicht alle Menschen mit der kurzen Genvariante, die durch die Flut heimatlos geworden waren, entwickelten eine PTBS. Offenbar kann »ein gutes soziales Netz aus Freunden und Bekannten schwer traumatisierende Erlebnisse abpuffern«, so der Psychiater Dean Kilpatrick, »selbst wenn die biologischen Grundlagen alles andere als günstig sind.«

Gewalt als Erbe

Auch eine weitere Genvariante, die ebenfalls Terrie Moffitt und Avshalom Caspi fanden, kommt erst durch äußere Auslöser zum Tragen: Man könnte sie, grob vereinfachend, das »Gewaltspiralen-Gen« nennen. Es handelt sich erneut um eine Erbanlage, die den Serotoninstoffwechsel betrifft, nämlich das Gen für das Enzym Monoaminooxidase-A (MAO-A). Das Enzym baut verschiedene Hirnbotenstoffe ab, darunter auch Serotonin. MAO-Hemmer werden schon seit Jahren als Medikamente gegen Depressionen verschrieben.

Eine Mutation in dem Gen MAO-A kann sich Moffitts und Caspis Forschungen zufolge nicht nur auf die Stimmungslage und das Depressionsrisiko auswirken. Sie erhöht bei Jungen auch die Wahrscheinlichkeit für antisoziales Verhalten – sofern sie in ihrer Kindheit selbst Gewalt ausgesetzt waren. So wird ein Kind, das von seinem Vater misshandelt wird, später eher selbst gewalttätig, wenn es eine Genvariante des MAO-A-Enzyms besitzt, die dafür sorgt, dass besonders wenig MAO-A produziert wird. Misshandelte Kinder mit relativ hoher MAO-A-Produktion sind dagegen trotz ihrer traurigen Kindheit eher ausgeglichene Zeitgenossen. Die Wissenschaftler konnten den Effekt nur für Jungen nachweisen, da das Gen für MAO-A auf dem X-Chromosom liegt. Während Jungen nur ein X-Chromosom besitzen, haben Mädchen zwei davon. Eine Mutation im MAO-A-Gen schlägt bei ihnen deshalb nicht so stark durch.

Bei den Jungen aber war der Effekt drastisch: Diejenigen von ihnen, die ein schlimmes Elternhaus hatten und zugleich mit der Anlage zu einer niedrigen MAO-A-Aktivität geboren waren, zeigten in acht von zehn Fällen ein gestörtes Sozialverhalten. Noch bevor sie volljährig wurden, entwickelten sie behandlungsbedürftige Verhaltensstörungen oder sie wurden vor ihrem 26. Geburtstag wegen einer Gewalttat verurteilt. Von denjenigen Jungen, die eine ebenso schlimme Kindheit, aber die Genvariante hatten, die für eine höhere MAO-A-Aktivität sorgte, wurden nur etwa 40 Prozent gewalttätig. Das waren allerdings immer noch doppelt so viele wie unter Kindern aus liebevollen Elternhäusern.

Ähnlich wie die lange Genvariante für den Serotonintransporter vermittelt offenbar auch die Genvariante für eine hohe MAO-A-Aktivität psychische Widerstandskraft gegen widrige Umstände, folgern Martin Holtmann und Manfred Laucht: »Diese Variante des Gens scheint zumindest zu einem gewissen Grad resilient gegen spätere psychische Folgen von Misshandlung in der Kindheit zu machen«, schreiben sie.

Die niedrige MAO-A-Aktivität und ein kurzes Trübsinns-Gen lassen sich sogar im Gehirn ablesen. Offenbar reagieren die vulnerablen Kinder besonders stark auf Stress, wie vor allem Studien mittels Magnetresonanztomographie gezeigt haben: Geraten Kinder mit den entsprechenden Genen unter Druck, dann wird ihr Hippocampus – jene Region im Gehirn, die Erinnerungen an bedrohliche Situationen speichert – schnell in einen Alarmzustand versetzt. Auch feuern die Nervenzellen im Angstzentrum des Gehirns, in der Amygdala, immer dann aufgeregt, wenn solchen Kindern ängstliche oder wütende Gesichter gezeigt werden, wie der Biopsychologe Turhan Canli gemeinsam mit Klaus-Peter Lesch gezeigt hat. Kurz: Kindern mit dieser genetischen Ausstattung scheint die Kontrolle von unangenehmen Gefühlen wie Angst oder Stress besonders schwerzufallen.

Gen-Umwelt-Interaktionen – ein neues Forschungsgebiet

Wie gesagt: Gewaltspiralen- wie Trübsinns-Gen haben auf den Gefühlshaushalt nicht misshandelter Kinder keinen Einfluss. Die Erbanlage kommt nur zum Tragen, wenn die Kinder selbst Gewalt erfahren haben.

Angesichts solcher Wechselwirkungen lächeln Persönlichkeitsgenetiker längst schon müde über einen alten Streit, der noch in den 1990er-Jahren mit zum Teil harten Bandagen ausgetragen wurde: die Auseinandersetzung darüber, ob denn nun die Gene oder die Umwelt bei der Ausbildung des Charakters die Oberhand haben. Diese »Nature versus Nurture«-Debatte (engl. für »Natur gegen Umwelt«) hatte schon ein Cousin von Charles Darwin, der britische Universalgelehrte Sir Francis Galton, im 19. Jahrhundert angestoßen. Moderne Persönlichkeitsgenetiker aber sind sich inzwischen sicher: Beide Faktoren beeinflussen einander ständig und in hohem Maße. Sie beschäftigen sich daher – auch bei der Erforschung der Ursachen für Resilienz – zunehmend mit »Gen-Umwelt-Interaktionen«, einem ständig wachsenden Forschungsgebiet.

Solche Gen-Umwelt-Interaktionen spielen, so der aktuelle Forschungsstand, wohl bei den meisten psychischen Leiden eine Rolle. Wissenschaftler gehen davon aus, dass die Gene, die Widerstandskraft gegen solche Krankheiten oder aber Empfänglichkeit dafür vermitteln, »versteckt sind und nur dann zutage treten, wenn Stress dazukommt«, wie es die Psychologin Julia Kim-Cohen ausdrückt. »Das wäre auch eine Erklärung, weshalb es so oft große Unterschiede im Auftreten von Schizophrenie bei eineiigen Zwillingen gibt, obwohl diese dieselben Gene besitzen und eine starke genetische Komponente bei Schizophrenie als gesichert gilt.«

Die große Bedeutung der Gene für viele psychische Leiden ist heute unstrittig. »Bei depressiven Erkrankungen ist bestens belegt, dass Personen mit einer genetischen Prädisposition auf belastende Lebensereignisse wesentlich leichter depressiv reagieren als andere«, folgert die Deutsche Gesellschaft für Psychiatrie und Psychotherapie, Psychosomatik und Nervenheilkunde. »Dies kann so stark ausgeprägt sein, dass bereits minimale Stressoren wie die Jahreszeitenwechsel oder Zeitzonenflüge eine depressive Episode auslösen können.« Womöglich hätten Gene auch einen Anteil daran, dass die Belastbarkeit von Mensch zu Mensch im Hinblick auf Burnout-Beschwerden so unterschiedlich ist. Hier gebe es jedoch, anders als bei Depressionen und anderen psychischen Erkrankungen, bisher keine wissenschaftlichen Belege.

Die Gene haben also zweifelsohne einen erheblichen Einfluss. Dennoch sind sie keine Alleinherrscher über den Menschen. »Wir sind trotz allem nicht Opfer unserer Gene«, sagt Julia Kim-Cohen. Das Kräfteverhältnis von Erbanlagen und Umweltfaktoren bei der Entstehung von Resilienz hat sie in Studien mit über 1100 gleichgeschlechtlichen Zwillingen untersucht, die alle in den Jahren 1994 oder 1995 in Wales oder England geboren wurden. Etwa die Hälfte der Zwillinge ist eineiig, die andere Hälfte zweieiig. Manche kommen aus problematischen Familien und haben aggressive oder antisoziale Verhaltensprobleme entwickelt. Andere aber sind trotz des gleichen familiären Backgrounds nicht auffällig geworden.

Zwillingspaare üben eine besondere Faszination aus, auch auf Forscher. Da Zwillinge zur gleichen Zeit in eine Familie hineingeboren werden, erleben sie eine ziemlich ähnliche Umwelt. Eineiige Zwillinge sind noch dazu genetisch identisch, während zweieiige Zwillinge einander genetisch auch nicht ähnlicher sind als gewöhnliche Geschwister. Deshalb kann man an Vergleichsstudien mit beiden Arten von Zwillingspaaren besonders gut darauf rückschließen, wie viel Einfluss die Gene auf eine bestimmte Art der Entwicklung haben und wie viel die Umwelt. Zwillinge sind also eine Fundgrube für die Erforschung von Gen-Umwelt-Interaktionen.

Entsprechend interessante Schlüsse konnte Julia Kim-Cohen aus den von ihr untersuchten Familien ziehen. Was die Entwicklung auffälligen Verhaltens betraf, ähnelten die eineiigen Zwillinge einander erheblich stärker als die zweieiigen. Tendenziell waren die Eineiigen entweder beide resilient gegen die Aggressionen zu Hause oder eben nicht. Die Zweieiigen entwickelten sich dagegen häufiger in unterschiedliche Richtungen. Aus dem Verhalten der Zwillinge hat Kim-Cohen für die Gene einen Einfluss von 70 Prozent errechnet. 30 Prozent bleiben für die Umwelt. Andere Forscher setzen das Kräfteverhältnis von Erbanlagen zu Umweltfaktoren bei der Entstehung von Resilienz hingegen auf 50 zu 50 an.

Ein hochgradig komplexes Wechselspiel

Dabei beeinflussen Gene und Umwelt einander auf oft erstaunliche Weise. »Das Wechselspiel ist hochgradig komplex«, betont der Erlanger Psychologe Friedrich Lösel.

Zum Ersten werden Kindern von ihren Eltern nicht nur Gene mitgegeben, sondern – sofern sie bei ihren natürlichen Eltern aufwachsen – gleich noch eine Umwelt dazu. Auch die Umwelt ist somit zu einem gewissen Grade »ererbt«.

Zum Zweiten suchen sich Kinder durchaus jene Nischen in ihrer Umwelt, die ihren angeborenen Veranlagungen, Interessen und Talenten am ehesten entsprechen. Wer offen und neugierig ist, der entscheidet sich häufig aktiv für neue Erfahrungen. Die wiederum begünstigen die Entwicklung dieser Kinder – und machen sie letztlich auch resilienter. »Selbst kleine Kinder sind nicht nur passive Empfänger sozialisierender Einflüsse durch ihre Eltern, Familien und Umwelten«, sagt Julia Kim-Cohen. Das Kind wählt sich also seine Umwelt.

Und zum Dritten reagieren Eltern und Erzieher durchaus unterschiedlich, je nachdem welche Persönlichkeitseigenschaften ein Kind aufgrund seiner genetischen Ausstattung mitbringt. So treten Kinder mit einem extravertierten Temperament gern mit den Erwachsenen in ihrem Umfeld in Kontakt. Auf diese Weise bekommen sie oft mehr Aufmerksamkeit und Stimulation von ihren Eltern, Lehrern oder Erziehern als schüchterne Kinder – und können am Ende auch mehr Resilienz entwickeln. Das Kind formt sich somit seine Umwelt.

»Wenn wir sagen, dass die Biologie eine erhebliche Rolle bei der Entwicklung des Charakters und der psychischen Widerstandskraft spielt, dann bedeutet das nicht, dass das Verhalten eines Menschen genetisch vorbestimmt ist«, fasst Friedrich Lösel den Stand der Dinge zusammen. Das werde oft missverstanden. »Die Gene setzen zwar die Grenzen, aber es bleibt ein erheblicher Spielraum.« Man könnte auch sagen: Die Gene machen dem Menschen nur ein Angebot, das er selbst ausgestalten kann.

Das Doppelgesicht der Resilienz-Gene: Löwenzahn und Orchidee

So kommt es, dass ein und dieselbe Genvariante extrem unterschiedliche Auswirkungen haben kann. Je nachdem wie die Umwelt mitspielt, kann dasselbe Gen verwundbar oder auch resilient machen. »In einem liebevollen Umfeld können Gene, die in schwierigen Verhältnissen vulnerabel machen, ein Kind sogar psychisch stärken«, sagt die Entwicklungspsychologin Jelena Obradovic von der Stanford-Universität. Die Resilienz-Gene haben offenbar ein Doppelgesicht.
- So kann das Trübsinns-Gen (für den Serotonintransporter) mitunter aktiv vor Depressionen schützen.
- Wenn es in der Familie viel Liebe gibt, kann das sonst so kritische Gewaltspiralen-Gen (für das MAO-A-Enzym) Jungen zu Kuschel- statt zu Schlägertypen werden lassen.
- Und Varianten eines Gens namens CHRM2, das in schwierigen Familien das Risiko für Aggressivität, Regelübertritte und Alkoholismus erhöht, macht Jugendliche in fürsorglichen Familien zu den unproblematischsten Zeitgenossen von allen.

Demnach gibt es, was die psychische Widerstandskraft betrifft, wohl eher keine wirklich guten, wünschenswerten

Gene – und auch nicht solche, die man lieber nicht haben will. Eine mögliche Erklärung dafür hat Jelena Obradovic gemeinsam mit Thomas Boyce schon geliefert – und zwar, indem sie nicht besonders nett zu kalifornischen Vorschulkindern war. Zwei Tropfen konzentrierten Zitronensafts träufelten die Psychologin und der Kinderarzt den mehr als 300 Fünf- bis Sechsjährigen auf die Zunge, die an ihrer Studie teilnahmen. Außerdem sollten sich die Kinder sechsstellige Zahlen merken. Sie sollten einem Wildfremden unter vier Augen von ihrer Familie und ihren Freunden erzählen. Und schließlich mussten sie noch einen Film anschauen, in dem ein Junge und ein Mädchen Angst vor Gewitter hatten.

Was das sollte? Auf diese Art wollten Obradovic und Boyce die Resistenz der Kinder gegen alle möglichen Arten von Belastung testen: körperlichen (Zitronensaft), geistigen (Zahlen merken), sozialen (Vieraugengespräch) und emotionalen Stress (Gewitter-Film). Sie bestimmten, wie viel Stresshormon die Kinder jeweils in ihrem Speichel produzierten. Zudem fragten sie die Eltern und Lehrer, wie sie die Sozialkompetenz und das Aggressionspotenzial der Vorschüler einschätzten.

Dabei ergab sich, dass die empfindsamen Kinder aus schwierigen Verhältnissen wie erwartet stärker verhaltensauffällig waren als diejenigen aus ebenso schwierigen Verhältnissen, die während des Stresstests weniger Stresshormon ausschütteten. Aber es zeigte sich auch folgender unerwarteter Zusammenhang: Wuchsen die Sensibelchen in einem liebevollen Elternhaus auf, dann waren sie sogar weniger verhaltensauffällig als die robusteren Kinder aus guten Verhältnissen. Die Empfindsamen zeigten auch mehr Spaß an der Schule und waren sozial besser integriert.

Womöglich also sind Kinder, die empfindlich auf Stress reagieren, einfach insgesamt empfänglicher als ihre weniger stressanfälligen Altersgenossen. Sie reagieren stärker auf Reize aus ihrer Umgebung – auf gute ebenso wie auf schlechte. Das bedeutet aber auch: Wenn sie die Umwelteinflüsse für sich gewinnbringend nutzen, dann können sie umso mehr davon profitieren und ihre weniger gestressten Altersgenossen überflügeln.

Thomas Boyce spricht von »Orchideen-Kindern«, die eingehen, wenn man sich nicht gut um sie kümmert, aber unter guter Pflege prächtige Blüten hervorzaubern. Er hat damit einen im Schwedischen schon lange gebräuchlichen Begriff in die Psychologensprache überführt und auch gleich noch das Pendant dazu mit entlehnt: Im Gegensatz zu Orchideen-Kindern können »Löwenzahn-Kinder« – wie Unkraut, das nie vergeht – auch auf dem Schrottplatz des Lebens gedeihen, wenn es denn sein muss.

Wer empfindlich ist wie eine Orchidee, der hat also nicht unbedingt krank machende Gene. Wenn solche Kinder von Eltern, Lehrern oder anderen Bezugspersonen genügend gefördert werden, dann tragen sie offenbar ein großes Potenzial in sich. Das hat die Kinderpsychologin Marian Bakermans-Kranenburg auch schon in der Praxis bewiesen. Sie widmete sich Kindern mit ADHS, die schon im Alter zwischen ein und drei Jahren um sich schlugen, kaum ruhig zu kriegen waren und oft auf ihre Altersgenossen einprügelten.

Bakermans-Kranenburg besuchte die Familien dieser Kinder acht Monate lang. Sie filmte das Familienleben und sprach anschließend mit den Eltern, was diese im Umgang mit ihren anstrengenden Sprösslingen besser machen könnten. Bald darauf ging es in vielen Familien friedlicher zu. Doch am stärksten blühten die Kinder auf, die eine genetische Veranlagung für das Zappelphilipp-Syndrom hatten (sie hatten eine Mutation im DRD4-Gen): Ihr Verhalten besserte sich auf einer Skala der Psychologen um 27 Prozent, während die auffälligen Kinder mit an sich unproblematischer genetischer Ausstattung ein nur um 12 Prozent sozialkompatibleres Verhalten an den Tag legten.

Weitere Studien zeigten: Kinder mit dieser Genmutation konnten im Alter von drei Jahren sogar besonders umgänglich sein – wenn sie von Anfang an Eltern mit einem feinfühligen Erziehungsstil genossen hatten. Dann war ihr Liebreiz sogar größer als der von Gleichaltrigen ohne die so kritische Mutation.

Je intensiver Wissenschaftler sich das Zusammenspiel von Genen und Umwelt anschauen, desto verwirrender wird es.

Inzwischen sind bei der Ausbildung von Resilienz-Merkmalen nicht nur Gen-Umwelt-Interaktionen gefunden worden, sondern auch schon Gen-Gen-Interaktionen. Epistase nennen Fachleute das, wenn die Aktivität eines Gens durch ein weiteres Gen in Gang gesetzt oder unterdrückt wird.

Dass Resilienz auf genetischer Ebene leicht zu beeinflussen sei, glaubt ohnehin niemand mehr. »Es spielen sicherlich zahlreiche Gene eine Rolle«, sagt der Persönlichkeitsgenetiker Klaus-Peter Lesch. Er geht davon aus, dass nach und nach Hunderte von Erbanlagen bekannt werden, die sich auf die psychische Stabilität eines Menschen auswirken. Dem schließt sich auch der Neurobiologe Rainer Landgraf an: »Eine einfache Resilienz-Pille wird es nicht geben«, sagte der Experte für Hormonwirkung im Gehirn einmal, »aber vielleicht eines Tages einen Cocktail.«

Wie Eltern ihre eigenen Erlebnisse ungewollt weitervererben (Epigenetik)

Lange galt die DNA als stoffliches Alter Ego jedes Menschen. Was und wie wir sind, schien in ihrem Code festgeschrieben zu sein. Doch seit einigen Jahren lässt sich nicht mehr leugnen: Nicht die Gene sind die höhere Gewalt über das Leben. Vielmehr hat das Leben eine höhere Gewalt über die Gene.

Die DNA ist nämlich kein statisches Molekül. Schon deshalb kann sie den Menschen in seiner Gestalt und seinem Handeln nicht für immer festlegen. Vielmehr verändert sich das Erbgut im Laufe des Lebens. Der Mensch hat sogar direkten Einfluss darauf: Was er tut, isst, erlebt, schlägt sich auch auf seine DNA nieder. »Die Gene reagieren lebenslang höchst empfindlich auf alle möglichen äußeren Einflüsse«, sagt der Biologe Gene Robinson. Die Umwelt kann die Gene also nachhaltig beeinflussen.

Dass das so sein muss, hätten sich Genetiker eigentlich schon denken können, als ihre Zunft in den 1950er-Jahren mehr und mehr an Bedeutung gewann. Schließlich besitzt der Mensch in jeder seiner Körperzellen die gleiche Erbinformation aus rund drei Milliarden DNA-Bausteinen und knapp 25 000 Genen. Und doch entwickeln sich die Körperzellen, für jeden leicht erkennbar, auf höchst unterschiedliche Weise: Die einen werden zu Zellen des Gehirns, die anderen formen die Fußnägel, wieder andere bilden den Augapfel und so fort. Dass Zellen in der Netzhaut und in der Innenwand des Dickdarms so unterschiedlich aussehen und so verschiedene Aufgaben übernehmen, kann nur funktionieren, wenn in ihnen auch unterschiedliche Gene aktiv sind. Schon zu Beginn des Lebens sind Prozesse, die manche Gene zum Schweigen bringen und anderen umso stärkere Stimmen verleihen, also grundlegend für das Funktionieren des Körpers.

Somit lag immer auf der Hand: Es musste ein höheres Programm geben, das den Zellen irgendwann in ihrer Entwicklung sagt, welche ihrer vielen Erbanlagen sie verstärkt nutzen und welche sie stilllegen sollen, um ihre Aufgaben im Sinne des großen Ganzen, des funktionierenden Organismus erfüllen zu können. Das wurde Genetikern früh klar – nur haben sie diese unterschiedliche Ausprägung der Genaktivität in den verschiedenen Zellen lange Zeit für unabänderlich gehalten. Sie dachten, Gene würden, wenn sie einmal stillgelegt sind, auch für immer stillgelegt bleiben.

Die Chemie der schweigenden Gene

Doch weit gefehlt. Nach und nach haben Wissenschaftler das höhere Programm entziffert, das den Genen sagt, welches von ihnen gefälligst zu schweigen hat. Es sind recht simple chemische Prozesse, die die wichtige Aufgabe des An- und Abschaltens der Erbanlagen übernehmen. Einer der am häufigsten stattfindenden Mechanismen nennt sich Methylierung. Dabei werden an das lange Erbgutmolekül DNA kleine chemische Anhängsel, sogenannte Methylgruppen, angeheftet. Die chemischen Markierungen bestimmen darüber, wie genetische Information vom Körper ausgewertet wird. Denn Methylgruppen verändern die räumliche Struktur des Erbguts. Und diese ist entscheidend dafür, welche Erbgut-Abschnitte durch den komplexen DNA-Ableseapparat überhaupt erfasst werden können und so vom Organismus als Handlungsanweisung verstanden werden. Die Methylgruppen finden sich vermehrt an jenen Genen, deren Information wenig genutzt wird; sie scheinen diese Gene quasi stillzulegen. Umgekehrt sind besonders aktiv genutzte Gene eher wenig methyliert. So entsteht ein charakteristisches Methylierungsmuster, das sich immer wieder verändern kann. Die Reihenfolge der DNA-Bausteine und auch die Gene selbst werden dabei nicht verändert.

Da diese Prozesse, die mit darüber entscheiden, welche Gene einer Zelle aktiv sind, der Macht des Erbguts eine zweite Instanz hinzufügen, spricht man auch von »Epigenetik« (»epi« bedeutet auf Griechisch »über«). Seit Beginn des Jahrtausends boomt dieses neue Spezialgebiet der Biologie.

Als das wohl drastischste Beispiel für die Kraft epigenetischer Prozesse beschreibt der Journalist Peter Spork in seinem Buch ›Der zweite Code: Epigenetik‹ die Metamorphose einer Raupe zum Schmetterling: »Das simple wurmartige Geschöpf, das nicht viel mehr konnte als fressen und kriechen, trug in jeder seiner Zellen exakt dieselben Gene wie das herrliche Tier, das jetzt so unnachahmliche Flugkunststücke vorführte. Was sich geändert hatte, waren einzig die epigenetischen Programme. (…) Hinterher hatte fast jede Zelle eine andere Aufgabe.«

Auch wenn es beim Menschen keine so drastische Metamorphose wie die von der Raupe zum Schmetterling gibt: Im Laufe des Lebens verändert sich auch sein Erbgut durch epigenetische Prozesse stetig weiter. Erfahrungen und Umwelteinflüsse schlagen sich an Zehntausenden Orten als chemische Markierungen in der DNA nieder.

Wissenschaftler haben inzwischen schon Spuren von Ernährung, Luftverschmutzung, Drogen, geistiger Anstrengung und auch von Stress in Form epigenetischer Veränderungen entdeckt. Biologen nennen die Epigenetik daher das Gedächtnis des Körpers. Die epigenetischen Veränderungen seien »die Sprache, in der das Erbgut mit der Umwelt kommuniziert«, sagt der Biologe Rudolf Jaenisch.

Ein dynamischer Prozess

So unterscheiden sich auch eineiige Zwillinge mit der Zeit genetisch immer stärker. Dabei besaßen sie bei ihrer Entstehung noch wie zwei Klone dieselbe DNA. Wie das Leben die Zwillinge immer individueller werden lässt, hat der Arzt und Molekulargenetiker Manel Esteller eindrucksvoll belegt: In einer wegweisenden Studie untersuchte er das Blut von 40 eineiigen Zwillingspaaren, die zwischen drei und 74 Jahre alt waren. Dabei zeigte sich: Während sich die epigenetischen Muster bei den jungen Geschwistern nur wenig unterschieden, gab es bei den Zwillingspaaren im Seniorenalter erhebliche Abweichungen. Die Unterschiede im Erbgut der älteren Geschwister waren umso größer, je unterschiedlicher ihr Leben verlaufen war. »Wenn einer von beiden mit dem Rauchen anfängt, Drogen nimmt oder stärkerer Umweltverschmutzung ausgesetzt ist, dann kann das epigenetische Profil der Zwillinge deutlich voneinander abweichen«, sagt Esteller. Der gesamte Prozess der epigenetischen Veränderungen sei »sehr dynamisch«, betont der Genetiker.

Wie dynamisch er ist, haben schwedische Forscher im März 2012 gezeigt – und damit selbst Fachkollegen in Erstaunen versetzt. Gerade hatten sich Lebenswissenschaftler aller möglichen Fachdisziplinen an die Veränderlichkeit des menschlichen Erbguts zu gewöhnen begonnen, da präsentierten die Schweden ihren Überraschungsfund: Veränderungen am Molekül des Lebens können schon binnen Minuten ablaufen, ließen sie ihre Kollegen wissen.

Die Wissenschaftler um die Physiologin Juleen Zierath brachten 14 gesunde, aber unsportliche junge Leute um die 25 Jahre dazu, auf einem Fahrrad-Ergometer in die Pedale zu treten. Schon nach 20 Minuten hatte der Sport das Erbgut in den Muskelzellen der Strampelnden verändert: Es fanden sich dort weniger chemische Markierungen (in Form von Methylgruppen) als vor dem Fahrradfahren. Das erkannten die Forscher an winzigen, zwischen 50 und 100 Milligramm schweren Muskelstückchen, die sie ihren Probanden aus dem Oberschenkel pickten. »Unsere Muskeln sind wirklich plastisch«, sagte Juleen Zierath, die selbst von ihrer Entdeckung überrascht war.

Im Grunde ist das aus dem Alltag ja längst bekannt. Immerhin passen sich die Muskeln ständig in ihrer Form und Stärke daran an, wie ein Mensch sein Dasein fristet. Durch Sport werden sie gestählt, und wenn sie für einige Wochen in einen Gips gepfercht werden, sind sie selbst bei bis dahin durchtrainierten Zeitgenossen auf ein trauriges Maß zusammengeschrumpft. »Muskeln adaptieren sich extrem an die Anforderungen, die an sie gestellt werden«, so Zierath. Das Aufregende an der schnellen Trainierbarkeit der Muskeln aber ist, dass ihr offenbar epigenetische Mechanismen zugrunde liegen. Der Abbau der Methylierungen sei als molekularer Trainingseffekt zu werten, meint die Physiologin. Es waren schließlich nicht irgendwelche Gene, die sich bei den unsportlichen Testpersonen auf den Fahrrad-Ergometern verändert hatten. Vielmehr verschwanden Methylgruppen an Erbanlagen, die bei sportlicher Betätigung am Stoffwechsel beteiligt sind.

Solche Prozesse laufen dynamisch ab, und sie scheinen auch schon früh im Leben zu beginnen – nämlich noch im Mutterleib: Ein australisches Forscherteam um Jeffrey Craig und Richard Saffery hat die Versuche ihres spanischen Kollegen Manel Esteller an Zwillingen zeitlich noch ein bisschen vorverlegt: Sie untersuchten das Erbgut eineiiger Zwillinge direkt nach der Geburt, indem sie auf das Nabelschnurblut der Neugeborenen und ihren Mutterkuchen zurückgriffen. Obwohl die Zwillinge bei ihrer Zeugung noch genetisch identisch gewesen waren, kamen sie bereits mit unterschiedlichen Prägungen im Erbgut zur Welt. Diese Veränderungen haben sich offenbar während ihrer Zeit im Mutterleib ergeben. Craig zufolge müssen sie »auf Ereignisse zurückzuführen sein, die einem Zwilling geschehen sind und dem anderen nicht«. Demnach hat die Umwelt schon im Mutterleib einen starken Einfluss darauf, welche seiner Gene ein Mensch bevorzugt nutzt und welche er eher stilllegt.

Die Umwelt? Ist die bei eineiigen Zwillingen im Mutterleib nicht de facto identisch? Nein, meint der Forscher: »Sie haben eine eigene Nabelschnur, die sie womöglich mit leicht unterschiedlich zusammengesetztem Blut versorgt, und in mehr als 95 Prozent der Fälle haben sie auch eine eigene Fruchtblase.« Außerdem liegt einer der Zwillinge vielleicht näher am Herzen, der andere womöglich weiter vorn im Bauch. Ihre Umgebung ist also durchaus individuell.

Das epigenetische Muster des Traumas

Wenn sich schon ein etwas weiter entfernter Herzschlag der Mutter und so harmlose kleine Dinge wie ein 20-minütiges Fahrradtraining im Erbgut erkennen lassen: Wie groß mögen dann erst die Veränderungen an der DNA nach einem erlebten Trauma oder einer körperlichen Verletzung sein? »Wahnsinnig groß«, sagt der kanadische Neurologe Gustavo Turecki. Er hat das Erbgut von insgesamt 41 Männern aus Quebec auf das Methylierungsmuster hin untersucht. 25 dieser Testpersonen hatten in ihrer Kindheit schwere Misshandlungen ertragen müssen, die übrigen 16 hatten eine normale Jugend verlebt. Dabei zeigte sich: Die Schläge wurden den misshandelten Kindern gleichsam ins Erbgut eingeprügelt.

Bei den Misshandlungsopfern fanden sich charakteristische Methylierungen an sage und schreibe 362 Genen. 248 von ihnen waren stärker methyliert als die der Kontrollpersonen, der Rest schwächer. Am deutlichsten war der Unterschied beim Gen Alsin (ALS2), welches in Nervenzellen des Hippocampus vorkommt und für die Veränderlichkeit des Gehirns mitverantwortlich ist. Es ist, so Turecki, mit Verhaltensänderungen hin zur Ängstlichkeit verbunden.

»Epigenetische Mechanismen können kurzfristige Antworten auf Stress sein – und Stunden dauern. Sie können aber auch Monate anhalten, Jahre oder sogar ein Leben lang«, sagt der Neuropsychopharmakologe Eric Nestler. Wie lange eine epigenetische Veränderung erhalten bleibt und woran es liegt, wann und ob sie wieder abgebaut wird, ist derzeit Gegenstand intensiver Forschungen. Offenbar sind gerade jene epigenetischen Markierungen von Dauer, die während der frühen Kindheit am Erbgut angebracht werden. So hinterlassen Traumata in jungem Alter besonders tiefe Spuren in den Erbanlagen der

Gehirnzellen, weil sie zu einem Zeitpunkt stattfinden, zu dem die Hirnentwicklung noch in vollem Gange ist. Auf viele dieser epigenetischen Veränderungen scheint es später keinen Zugriff mehr zu geben. Andere Markierungen dagegen, wie die Methylierung an den Muskelzellen durch Sport, werden offenbar ständig an- und abgebaut.

Eric Nestler ist einer der Begründer der genetischen Psychiatrie. Mit seinen Studien an Nagetieren hat er zahlreiche molekulare Erklärungen für psychiatrische Krankheiten geliefert und auch Verständnis geweckt für die biochemischen Mechanismen, die etwa hinter Depressionen stecken.

Dass die Krankheiten der Seele nicht nur durch die Gene beeinflusst werden, sondern auch durch epigenetische Prozesse, konnte als Erster Michael Meaney mit seinen Rattenversuchen zeigen. Ihn interessierte, welcher Mechanismus dahintersteckte, wenn die gehätschelten Jungen plötzlich eine gesteigerte Zahl an Andockstellen für das Stresshormon Cortisol bildeten. Tatsächlich war es reine Epigenetik: Gemeinsam mit dem Molekulargenetiker Moshe Szyf wies Meaney nach, dass die Gene für die Cortisol-Andockstellen bei den vernachlässigten Tieren stärker methyliert waren.

Doch damit waren Meaney und Szyf ihrer Zeit zu weit voraus. Methylierungen an der DNA als Folge von zu wenig Kuscheln? Das konnten Wissenschaftler-Kollegen aus aller Welt Anfang des Jahrtausends gar nicht glauben. Damals herrschte noch die Ansicht vor, Meythlierungen im Erbgut seien von Dauer. Dass sie durch Umwelteinflüsse wie die liebevolle Pflege einer Mutter verändert werden konnten, lag außerhalb der Vorstellungskraft der meisten Forscher. Erst nach zähen Versuchen, im Jahr 2004, gelang es den beiden Kanadiern, ihre Entdeckung im Fachblatt ›Nature Neuroscience‹ unterzubringen.

Von nun an war die Erkenntnis in der Welt: Offenbar veränderten sich Gene durch die Traumatisierung, die die jungen Ratten erfuhren. Wie eng der Zusammenhang war, zeigte Eric Nestler wenig später mit einem überzeugenden Trick: Er blockierte die Methylierung bei einzelnen Tieren und verhinderte so, dass sie – im Gegensatz zur Kontrollgruppe – eine psychische Störung entwickelten, wenn er sie wiederholt mit aggressiven Artgenossen zusammenbrachte. Die malträtierten Tiere hatten weniger Interesse an Dingen, die sie sonst toll fanden – süßes Essen zum Beispiel und Sex. Fraßen sie aber den Methylierungshemmer, dann entwickelten sie keine solchen depressiven Symptome.

Ob so etwas auch für Menschen galt? Das würde ja bedeuten, dass sich Traumatisierungen mit Hilfe solcher Methylierungsblocker in Pillenform eines Tages womöglich verhindern ließen! Bald wagten Meaney und Szyf sich an diese Fragestellung heran. Im Jahr 2009 konnten sie in einer viel beachteten Studie die Hypothese untermauern, dass sich auch die Gene von Menschen durch epigenetische Prozesse verändern, wenn sie in ihrer Kindheit schlechte Erfahrungen machen. Die Wissenschaftler untersuchten die Gehirne von 36 Erwachsenen: Zwölf von ihnen waren in ihrer Kindheit misshandelt worden und hatten sich später das Leben genommen. Zwölf weitere hatten sich das Leben genommen, aber – soweit bekannt – keine schweren Kindheitstraumata erlitten; und die übrigen zwölf waren plötzlich eines natürlichen Todes gestorben.

»Die Misshandlung hatte Spuren in den Gehirnen hinterlassen«, erzählt Moshe Szyf. Und zwar Methylierungsspuren: Das epigenetische Muster in den Nervenzellen der misshandelten Suizidopfer ähnelte dem der lieblos großgezogenen Rattenkinder auf frappierende Weise. Die Schläge in der Kindheit hatten zu Methylierungen an einem Gen namens NR3C1 geführt, welches dafür sorgt, dass Andockstellen für das Stresshormon Cortisol im Gehirn gebildet werden. Die Bildung der Cortisol-Andockstellen, die das Stresshormon unschädlich machen, war somit um etwa 40 Prozent gehemmt. Wie die Gehirne der lieblos aufgezogenen Ratten, so befanden sich auch die Gehirne der Misshandelten dadurch in ständiger Alarmbereitschaft. Das machte sie offenbar besonders empfindlich für Angststörungen, Depressionen und womöglich auch den Suizid.

Das lange gesuchte Puzzlestück

»Erbe und Umwelt lassen sich nicht mehr voneinander trennen«, sagt auch die Neurowissenschaftlerin Elisabeth Binder.

»Entscheidend ist immer beides.« Dafür hat sie erst vor Kurzem in aufwendigen Experimenten einen Beweis erbracht. Binder und ihr Mitarbeiter Torsten Klengel interessierten sich für FKBP5, das ein wichtiger Regulator von Stresshormonen wie Cortisol ist. Menschen, bei denen aufgrund einer Genvariante besonders viel FKBP5 gebildet wird, haben ein höheres Risiko, selbst gewalttätig zu werden, und werden auch leichter depressiv als Menschen mit einer weniger aktiven Genvariante. Allerdings nur, wenn sie selbst als Kinder misshandelt wurden. Dann nämlich verändert sich das ohnehin vulnerable Gen unter der durch das Leid ausgelösten Flut von Stresshormonen epigenetisch; seine Methylierungen verschwinden, es wird noch stärker aktiviert. »Diese dauerhafte Veränderung der DNA wird vor allem durch Traumata im Kindesalter erzeugt«, betont Torsten Klengel. Bei Studienteilnehmern, die ausschließlich im Erwachsenenalter Leid erfuhren, ließ sich keine solche Rasur der Methylreste nachweisen.

Sind die Methylgruppen aber erst einmal entfernt, dann wird das für den Stresshaushalt so zentrale FKBP5 in schwierigen Situationen immer wieder in zu großer Menge produziert. Die Folge sei »eine lebenslange Behinderung im Umgang mit belastenden Situationen«, so die Forscher. Kollegen von Binder und Klengel arbeiten deshalb bereits an einem Medikament, das die Wirkung von FKBP5 schmälern soll.

Die vererbte Umwelt

Wenn man die epigenetischen Veränderungen gewähren lässt, machen sie womöglich nicht einmal vor dem Erbgut der nächsten Generation Halt. Derzeit mehren sich die Belege dafür, dass Menschen manche Veränderungen an ihrem Erbgut, die sie selbst durch Stress, Gewalt, Drogen oder auch nur durch ihre Ernährung erworben haben, an ihre Nachkommen weitergeben. Umwelteinflüsse und Lebenserfahrungen wären demnach erblich.

Es waren die Folgen des Zweiten Weltkriegs, an denen sich dies erstmals auf imposante Weise zeigte: Im Winter 1944/45 erlebten die Niederlande infolge der deutschen Besatzung eine besonders schwere Zeit. Vor allem in den westlichen Provinzen des Landes hatten die Menschen nicht genug zu essen, weil die Nationalsozialisten in dem ohnehin schon strengen Winter alles Essbare zurückhielten und die Versorgung der niederländischen Bevölkerung mit Lebensmitteln fast vollständig blockierten. Rund 4,5 Millionen Menschen hungerten, etwa 22 000 starben.

Der »Hungerwinter«, wie die Niederländer ihn nennen, hat nicht nur im Geschichtsbewusstsein, sondern auch in der niederländischen Bevölkerung selbst seine Spuren hinterlassen. Denn jene Menschen, die damals geboren wurden, leiden heute noch gesundheitlich unter den Folgen der Hungersnot von 1944/45. Das haben Wissenschaftler um Tessa Roseboom herausgearbeitet. Demnach unterscheiden sich die Kinder des Hungerwinters noch als 60-Jährige von ihren Geschwistern, die zu besseren Zeiten geboren wurden.

Als Ungeborene mussten die Kinder mit einem absoluten Minimum an Nahrung auskommen. Selten konnten ihre Mütter mehr als 500 Kilokalorien pro Tag zu sich nehmen. Darauf stellte sich der Stoffwechsel der Föten offenbar ein; sie verwerteten alles, was sie kriegen konnten, so gut es ging. Diese epigenetischen Veränderungen aber beeinflussten ihr Leben als Erwachsene. Sie prädestinierten sie in den auf den Krieg folgenden Jahren des Überflusses dazu, besonders schnell Speck anzusetzen. Entsprechend häufig entwickelten sie als Folge ihres Übergewichts Erkrankungen wie Diabetes. Auch bekamen sie als Erwachsene zweimal so häufig wie andere Niederländer einen Herzinfarkt, viermal so häufig Brustkrebs und litten häufiger unter Depressionen. »Man kann also sagen: Du bist, was du isst«, sagt Tessa Roseboom, die selbst die Tochter zweier Hungerwinter-Babys ist. »Aber nicht nur. Du bist auch, was deine Mutter aß.«

Auch die Schrecken des Holocaust wirken bereits bis in die zweite Generation fort. Menschen, deren Eltern die Judenverfolgung durch die Nationalsozialisten überlebten, leiden überdurchschnittlich häufig unter Angstzuständen, posttraumatischer Belastungsstörung und Depressionen. Die New Yorker Traumaforscherin Rachel Yehuda von der Mount Sinai School of Medicine konnte bei ihnen eine erhöhte Stressreaktion des Körpers nachweisen, wie dies auch für viele Menschen gilt, die selbst traumatisiert worden sind.

Yehuda arbeitet derzeit daran, die Spuren im Erbgut zu finden, die für die gesteigerte Stressreaktion verantwortlich sind. Dass es epigenetische Spuren zu entdecken gibt, davon geht sie aus.

Nicht nur die Gene des Cortisol-Stoffwechsels, auch der in Sachen Traumatisierung schon bekannte Serotonintransporter gilt als Kandidat für diese epigenetischen Veränderungen: Das fiel Epidemiologen um Karestan Koenen und Monica Uddin auf. Die Forscher hatten 1500 Erwachsene aus demselben Viertel in Detroit gefragt, ob sie unter Depressionen leiden, wie oft sie in ihrem Leben schon schwere Prüfungen bestehen mussten und ob sie infolge eines schrecklichen Erlebnisses jemals eine posttraumatische Belastungsstörung (PTBS) entwickelt hätten. Als sie das Blut der Befragten gentechnisch untersuchten, fanden sie bei jenen Menschen, die trotz zahlreicher traumatischer Erlebnisse nie unter einer PTBS gelitten hatten, am Gen für den Serotonintransporter besonders viele Methylierungen. Offenbar war der Transporter infolge epigenetischer Prozesse nicht mehr so leicht aktivierbar wie bei empfindlicheren Zeitgenossen.

Veränderung ist möglich

Die Erkenntnisse der Forschungen zur Epigenetik haben etwas Beängstigendes: Alles, was man tut, kann sich also im Erbgut niederschlagen – vom viel zu fetten Essen an Weihnachten bis hin zur Zigarette nach Feierabend. Und nicht nur das: Die Folgen gibt man womöglich auch noch an seine Kinder und Kindeskinder weiter. Bei den niederländischen Hungerwinter-Kindern gibt es bereits erste Anzeichen für einen in die dritte oder vierte Generation durchschlagenden Effekt. Verlässliche Daten gibt es bisher aber nur aus Tierversuchen. Die allerdings sind beeindruckend: An Ratten konnten Wissenschaftler die Folgen des Rauchens auf die Enkelgeneration nachweisen. Kinderärzte um Virender Rehan und John Torday hatten trächtige Tiere mit Nikotin versorgt. Deren Nachkommen entwickelten besonders häufig Asthma und gaben die Veranlagung dazu auch an ihre eigenen Jungen weiter, obwohl sie selbst nach ihrer Geburt ebenso wenig wie ihr Nachwuchs mit Nikotin oder Zigarettenqualm in Berührung gekommen waren. Bei Menschen gibt es naturgemäß keine solchen Versuche, aber Befragungen, die auf einen ähnlichen Effekt hindeuten: In Südkalifornien geht aus den Angaben von Interviewten hervor, dass Kinder doppelt so häufig unter Asthma leiden, wenn ihre Großmütter in der Schwangerschaft geraucht haben.

Die Verantwortung für das eigene Handeln mag man vor diesem Hintergrund kaum noch übernehmen.

Doch die Epigenetik hat durchaus auch ihre positiven Seiten: Die Gene sind formbar! Was uns von unseren Eltern mitgegeben wurde und was wir unseren Kindern mitgeben, lässt sich in viel stärkerem Maße verändern, als dies lange Zeit vermutet wurde. Wir Menschen sind unseren Erbanlagen weit weniger ausgesetzt, als oft behauptet. Wir haben die Macht, sie zu verändern.

Dabei sind die epigenetischen Veränderungen – im Gegensatz zu den dauerhaften Mutationen, die manche Krankheiten oder radioaktive Strahlung in unseren Genen anrichten – besonders beeinflussbar. Die für die Methylierungen nötigen chemischen Gruppen können an unsere Gene an-, von ihnen aber auch wieder abgebaut werden. Wie schnell das mitunter gehen kann, haben die Versuche auf den Stockholmer Fahrradergometern eindrucksvoll gezeigt (siehe Seite 146 f.). Wir Menschen können unsere Prägungen also auch wieder loswerden, die eigenen ebenso wie die von den Eltern übernommenen, wenn wir uns aktiv positiven Einflüssen aussetzen. Sie können zumindest die nicht ganz so fest in unserem Erbgut verankerten Methylierungen, die wir geerbt haben, nach und nach auch wieder überschreiben.

Eines Tages, hofft der Psychiater und Chemiker Florian Holsboer, gibt es vielleicht sogar eine »Pille danach« für Trauma-Opfer. Dann könnten Ärzte besonders empfindlichen Menschen nach einem schrecklichen Erlebnis ein Medikament verabreichen, das verhindert, dass sie eine PTBS entwickeln.

Ein solches Medikament könnte die epigenetischen Prozesse blockieren, die das Trauma in den Nervenzellen niederschreiben, meint er. Immerhin haben solche Methylierungshemmer in den Tierversuchen von Eric Nestler die von ihren Artgenossen malträtierten Mäuse schon davor bewahrt, eine Angststörung zu entwickeln.

Und noch etwas macht Hoffnung: Vielleicht, meint Elisabeth Binder, sind gerade jene Personen, die schnell eine Trauma-Anfälligkeit entwickeln, auch relativ schnell wieder davon zu befreien. »Es ist durchaus möglich, dass die hier vorliegende genetische Ausstattung nicht nur ein Risiko vermittelt, sondern mitunter auch Resilienz«, betont sie mit Blick auf die Studien zu Orchideen- und Löwenzahnkindern. Womöglich profitieren die Menschen, die besonders leicht mit epigenetischen Veränderungen auf die Umwelt reagieren, auch von positiven Umwelteinflüssen besonders stark. Wenn sie sich entscheiden, regelmäßig Entspannungsübungen zu machen, an einem Anti-Stress-Training teilzunehmen, sich beruflich zu verändern oder auch einen Psychotherapeuten aufzusuchen, hilft ihnen das vielleicht außergewöhnlich gut.

Wie man Kinder stark macht

Mit den Genen wird schon dem Baby ein gewisses Maß an Resilienz in die Wiege gelegt. Weitere psychische Widerstandskraft entsteht in den ersten Lebensjahren, und einen großen Anteil daran haben im Allgemeinen die Eltern. Deshalb wollen viele Väter und Mütter wissen, wie sie ihre Kinder stark machen können. Jedenfalls nicht, indem sie ihnen jedwede Schwierigkeit vom Leib halten, mahnen Fachleute. Die Eltern von heute überbehüten ihre Kinder häufig; damit erreichen sie das Gegenteil von dem, was sie eigentlich wollen. Die Kinder werden labiler; sie können mit den Schwierigkeiten, die sie ereilen, schlechter umgehen als Menschen, die sich in ihrer Kindheit auch einmal selbst behaupten mussten. Die seelische Widerstandskraft gilt es zu trainieren wie einen Muskel. Nur dann ist sie da, wenn man sie braucht. Ein solches Training kann schon früh beginnen, wenn beispielsweise Eltern die Kleinen ihre Sandkastenstreitigkeiten selbst austragen lassen. Kinder müssen lernen, Verantwortung zu übernehmen.

Wie wichtig die Resilienzförderung schon in jungen Jahren ist, erkennen zunehmend auch die Bildungsminister. So werden heute bereits in vielen Schulen und Kindergärten von Fachleuten entwickelte Programme eingesetzt, die Kindern Selbstbewusstsein geben sollen und ihnen Fähigkeiten vermitteln, wie sie mit Konflikten und Herausforderungen umgehen können. Das Kapitel gibt einen Einblick in die Strategien, die solche Programme nutzen, sodass Eltern sich davon etwas abschauen können. Nicht umsonst binden viele der professionellen Stärkentrainings auch die Eltern mit ein – dann sind sie nämlich erheblich erfolgreicher, als wenn allein die Kinder gecoacht werden.

Das Wissen um die Bedeutung der Resilienz bereitet Eltern aber auch neue Sorgen. Viele fragen sich: Wenn liebevolle Zuwendung so gravierende und lebenslange Auswirkungen auf das psychische und körperliche Wohlbefinden hat: Brauchen Kinder ihre Eltern dann nicht rund um die Uhr? Sollte sich ein Elternteil also doch besser voll auf die Erziehung der Kinder konzentrieren, statt einem Beruf nachzugehen und die Kleinen der Obhut von Erzieherinnen zu überlassen? Hier gibt es Entwarnung. Die Sorgen sind unberechtigt, wie 50 Jahre Forschung zur Fremdbetreuung mehr als überzeugend belegt haben. Demnach beruhen die vor allem in Deutschland verbreiteten Vorbehalte gegenüber einer frühen Außerhausbetreuung auf Ideologie und nicht auf Fakten. Kinder, deren Mütter schon bald nach der Geburt wieder arbeiten gehen, entwickeln nicht häufiger Verhaltensprobleme, Ängste oder psychosomatisches Bauchweh und sind nicht weniger fröhlich als Kinder von Vollzeit-Hausfrauen. Im Gegenteil. Kindern nützen Krippen sogar: Längst sind sich Entwicklungspsychologen weitestgehend einig darin, dass die Kleinen gerade in Krippen und Kindergärten wichtige Erfahrungen sammeln, die sie zu starken Persönlichkeiten werden lassen.

»Man soll seine Kinder nicht in Watte packen«

Eltern von heute sind vor allem besorgt. Sie haben gewiss auch noch andere Eigenschaften. Sie sind sicher oft stolz, sie sind sehr gestresst, sie haben viel Spaß mit ihrem Nachwuchs und sie leiden, vor allem wenn die Kinder noch klein sind, überproportional häufig unter lästigen Erkältungen und grässlichen Magen-Darm-Grippen. Zuvorderst aber scheinen sie besorgt zu sein: Sie fragen sich, ob sie einen Krippen- oder Kindergartenplatz bekommen, welche Schule sie für ihre Sprösslinge wählen sollen, wie sie das Beste für deren Gesundheit tun und wie sie ihnen jedwede Unbill des Lebens möglichst lange vom Hals halten können. Denn während sie selbst unter ihren vielfältigen Belastungen nur noch selten wirklich glücklich sind, wollen sie eine sorglose Kindheit für ihren Nachwuchs. Unbedingt.

Wenn Kinder besonders behütet groß werden, scheint sich das aber nicht unbedingt so günstig auf deren Gesundheit auszuwirken, wie sich Eltern das oft vorstellen. Die psychische Stärke nämlich wächst erst an den giftigen Attacken des Lebens, an den Auseinandersetzungen mit den Eltern oder Freunden und an Problemen, die es zu meistern gilt. Vorausgesetzt, der Streit legt sich auch wieder und die Schwierigkeiten arten nicht zur Katastrophe aus.

»Resilienz scheint sich in einem Kind jedes Mal dann zu bilden, wenn es zwischen Eltern und Kind einen Moment des gestörten Gleichgewichts gibt und darauf die Reparatur folgt«, sagt die Psychologin Julia Kim-Cohen. Im Streit wachsen die Stresslevel in den Kindern, und wenn diese dann auf Normalniveau zurückkehren, entwickelt sich Resilienz. »Deshalb«, sagt Kim-Cohen, »ist ein gewisses Maß an Stress und Uneinigkeit wichtig, um Gelegenheiten für erfolgreichen Schutz zu schaffen.«

Aber was ist das richtige Maß? Das ist eines der Lieblingsthemen des Erlanger Resilienzforschers Friedrich Lösel. Im Gespräch erklärt er, was er damit meint.

Zu Ihren oft zitierten Äußerungen gehört der Rat: »Man soll seine Kinder nicht in Watte packen.« Warum eigentlich nicht?

Wir haben heute diesen Typus von Eltern, die ihren Kindern ständig helfen. Das ist auch gut, wenn das Kind in Schwierigkeiten ist. Aber es darf nicht übertrieben werden. Man darf dem Kind nicht alles abnehmen. Schwierigkeiten gehören zum Leben dazu. Zum Leben der Eltern ebenso wie zum Leben der Kinder. Das muss man sich immer wieder klarmachen. Man kann Schwierigkeiten auch einfach mal akzeptieren und trotzdem glücklich sein.

Inwiefern bewirken Schwierigkeiten denn Gutes?

Das Kind wird sein ganzes Leben lang immer wieder mit Problemen konfrontiert sein, davor werden wir Eltern es nicht bewahren können. Es muss also die Fähigkeit entwickeln, mit Herausforderungen umzugehen – und deshalb muss es auch Enttäuschungen und Niederlagen erfahren dürfen. Wenn man mit einem Problem fertig geworden ist, wächst das Selbstbewusstsein. Und nur dann entwickelt sich die Bereitschaft, sich auch künftig für die Lösung seiner Probleme einzusetzen. Wer das nie gelernt hat, der duckt sich bei Schwierigkeiten eher weg, als dass er sie anpackt. Dem fehlt am Ende die Motivation, Verantwortung für sich selbst zu übernehmen.

Welche Schwierigkeiten genau sollte man einem Kind nicht ersparen?

Überall da, wo es nicht unbedingt Hilfe braucht, sollte man es gewähren lassen. »So wenig wie möglich und so viel wie nötig«, das ist ein guter Leitsatz der Pädagogik. Das fängt schon bei den ganz Kleinen an. Man muss einen Zweijährigen, der hinfällt, nicht aufheben. Der kann alleine aufstehen. Dann weiß er auch, dass er es beim nächsten Mal wieder ohne seine Mutter oder seinen Vater schaffen wird. Ich kann die Kleinsten auch schon im Sandkasten ihren Streit um die Förmchen austragen lassen. Sofern sie sich dabei nicht verletzen, sollen sie doch trainieren, wie man sich auseinandersetzt und dann auch wieder Frieden schließt.

Und wenn die Kinder größer werden?

Dann ist es wichtig, dass man ihnen auch aktiv Bewältigungschancen ermöglicht. Man sollte ihnen Verantwortung übertragen, die ihrem Alter entspricht. Es kann zum Beispiel ihre Aufgabe sein, regelmäßig den Müll runterzubringen, das Meerschweinchen zu füttern oder für Ordnung im Kinderzimmer zu sorgen. Kinder sollten auch selbstständig ihre Hausaufgaben machen und selbst dafür sorgen, dass sie am nächsten Tag in der Schule alles dabeihaben. Und größere Kinder können ihre Sachen für die Klassenfahrt selber packen. Wenn Kinder vieles allein machen dürfen, entwickeln sie Vertrauen zu sich selbst. Dieses Vertrauen nehmen sie für ihr ganzes Leben mit. Und es hilft ihnen, wenn einmal Krisenzeiten anbrechen.

Wobei es für Eltern nicht leicht ist, ihr Kind sehenden Auges in eine dumme Situation hineinlaufen zu lassen.

Natürlich sollen Eltern ihr Kind nicht in eine schwierige Lage bringen. Man muss sich aber immer vor Augen halten: Das Leben ist die wichtigste Schule für ein Kind. Es muss lernen, sich auch in unruhigen Zeiten zu behaupten. Nur dann wird es das auch als Erwachsener können. Eltern, die ihr Kind stark machen, greifen nur lenkend ein, wenn es nötig ist.

Hätten die Deutschen mehr Kinder, würden sie die Kleinen zwangsläufig mehr sich selbst überlassen ...

Die große Aufmerksamkeit hat gewiss etwas damit zu tun, dass es meist nur noch ein oder zwei Kinder in der Familie gibt. Entsprechend viel Zuwendung können Kinder heute von ihren Eltern bekommen. Trotzdem dürfen wir sie nicht grenzenlos verwöhnen. Wir müssen angemessen auf sie reagieren, damit sie eine stabile Beziehung zu uns und auch zu anderen aufbauen können.

Was bedeutet diese Stabilität für die Kinder?

Das Kind weiß: Da ist jemand, der mich akzeptiert. Da ist aber auch jemand, der mir Grenzen setzt und bei dem ich nicht alles tun und lassen kann, was ich will. Ein autoritativer Erziehungsstil ist wichtig. Es geht nicht darum, dass Eltern autoritär sind, also eher zurückweisend und stark kontrollierend. Sie sollten autoritativ erziehen. Das heißt, dass sie ihrem Kind mit Wärme und Unterstützung begegnen, aber auch klare Grenzen setzen und es kontrollieren. Das heißt auch, dass man seinem Kind im Biergarten nicht noch ein drittes Eis kauft, weil es sonst laut schreit. Dann lernt das Kind nur, dass es Erfolg hat, wenn es sich aggressiv durchsetzt.

Soziales Lernen kann aber ganz schön weh tun. Soll man sein Kind dann auch mit seinen Wunden allein lassen?
Nein. Die Kinder sollen ruhig negative Erfahrungen machen. Aber danach soll man ihnen natürlich Unterstützung anbieten. Jedes Kind sollte in dem Bewusstsein aufwachsen, dass seine Eltern für es da sind – egal, welchen Unsinn es angestellt hat. Das ist einer der wichtigen Schutzfaktoren in Krisenzeiten: dass man weiß, zu wem man geht, wenn man Hilfe braucht. Und dass man die auch annehmen kann.
Wie viel Schaden kann man anrichten, wenn man seinem Kind zu viele Widrigkeiten aufbürdet?
Es hört sich vielleicht schlimm an, wenn das ein Psychologe sagt, aber: Wir dürfen den Einfluss der familiären Erziehung auch nicht überschätzen. Sensible Eltern glauben, jedes Detail der Erziehung sei bedeutsam. In dem großen mittleren Bereich der Normalbevölkerung ist das aber gar nicht so wichtig. Extreme Milieus sind es, die das Kind verletzlich machen – dort, wo es zum Beispiel vernachlässigt oder misshandelt wird. Wenn Sie eine gute Beziehung zu Ihrem Kind haben und Ihnen mal die Hand ausrutscht, dann ist das nicht schön, aber das Kind wird nicht traumatisiert. Wir haben schon 1990 in der Gewaltkommission der Bundesregierung für das Züchtigungsverbot gekämpft, das dann 2000 auch endlich Gesetz wurde. Dabei geht es aber weniger darum, dass ein normaler Vater nicht auch mal die Contenance verlieren kann, sondern vor allem darum, den anderen, kalten Eltern zu signalisieren: Es gehört nicht zur Erziehung dazu, sein Kind zu schlagen.
Heute fällt es Mittelschichteltern vielleicht auch schwerer, Kinder einfach Erfahrungen machen zu lassen. Das Leben scheint gefährlicher geworden zu sein.
Das scheint nur so. Wir müssen uns hüten, in eine nostalgische Betrachtungsweise zu verfallen. Früher war ja keineswegs alles ideal. Aber die Kinder von heute haben schlicht zu wenig Raum, sich zu entwickeln. Das gilt auch wortwörtlich. Viele Kinder dürfen heute kaum noch alleine auf die Straße. Eltern sollten lernen, nicht vor allem Angst zu haben. Die Kinder müssen lernen, dass die Welt gefährlich sein kann – aber auch, dass und wie sie sich schützen können.

Viele Eltern finden es einfach schön, gemeinsam mit ihren Kindern etwas zu unternehmen, statt sie alleine loszuschicken.
Diese ständigen Unternehmungen scheinen mir auch etwas auszuufern. Das Kind muss lernen, mit Langeweile umzugehen. Sich auch mal selbst Spielzeug zu suchen oder es sich zu basteln. Man kann ja heutzutage jedes Wochenende zu irgendeinem Baumarkt oder in ein Möbelhaus fahren, wo es Hüpfburgen und Unterhaltung gibt. Und dazu kommen noch die Computer. Da ist insgesamt zu viel vorgegeben. Kinder müssen es aushalten, dass es nicht immer Action gibt. Dann suchen sie sich etwas. Das schafft Raum für Kreativität und die Überzeugung, dass sie auch ohne Anregungen von außen einen schönen Nachmittag verbringen können. Auch das ist eine Selbstwirksamkeitserfahrung.
Die Scheidungsraten steigen. Wie schlimm ist es für die psychische Entwicklung des Kindes, wenn sich die Eltern trennen?
Das Aufwachsen in einer Scheidungsfamilie gilt als Risikofaktor für die psychische Gesundheit. Aber es kommt natürlich darauf an, ob die Eltern im Streit auseinandergehen und ständig Konflikte haben und ob das Kind hin- und hergerissen wird. Wenn es auch nach der Scheidung ein gutes Miteinander gibt, muss das Kind nicht stark darunter leiden.
Kinder aus Scheidungsfamilien lassen sich später selbst häufiger scheiden. Wird ihre Bindungsfähigkeit gestört?
Es gibt hier einen leichten statistischen Ausschlag, ja. Offenbar kann die gescheiterte Ehe der Eltern die Kinder verletzlicher machen, sodass manche weniger bindungsfähig sind. Aber es gibt auch eine andere Erklärung für den statistischen Zusammenhang: Kinder, die bei ihren Eltern eine Scheidung erlebt haben, haben erfahren: Es ist nicht die ganz große Katastrophe, man überlebt es, es kann auch die bessere Lösung sein. Deshalb entscheiden sie sich später vielleicht etwas häufiger selbst für die Trennung.
Wie steht es mit der Erziehung in der Pubertät? Spätestens im Teenageralter ist es mit der Kontrolle über den Nachwuchs doch sowieso vorbei.
Nein, man muss Regeln setzen, Normen vermitteln – auch in der Pubertät noch. Selbst dann, wenn Eltern überzeugt sind:

Der hört ja sowieso nicht mehr auf mich. Man kann trotzdem vermitteln, dass man möchte, dass Sohn oder Tochter nicht so spät nach Hause kommen. Das muss nicht immer fruchten, wir sind auch nicht immer pünktlich zu Hause gewesen. Aber etwas bleibt doch hängen. Es wird ein Wertesystem erzeugt. Das funktioniert natürlich nur, wenn die Beziehung zwischen Eltern und Kindern grundsätzlich positiv ist. Aber das ist sie ja in den allermeisten Fällen. Trotz aller Schwierigkeiten in der Pubertät lieben die Kinder ihre Eltern und wollen es ihnen auch irgendwie recht machen. So entsteht ein Mindset, eine Norm, an die sich der Jugendliche später halten kann, wenn seine wilden Jahre vorbei sind, und die seinem Leben dann eine Struktur gibt.

Das Prinzip der Resilienz hält Einzug in die Bildungspläne der Kindergärten

> *Nichts kann den Menschen mehr stärken als das Vertrauen, das man ihm entgegenbringt.*
> Paul Claudel

Jason hatte keinen Stern. Nicht einen. Als einziges Kind in seiner Klasse. Davon wusste der Junge aus einem Bundesstaat irgendwo in den Weiten der USA nichts. Aber er hat es ziemlich sicher gespürt. Jasons Einsamkeit war in einem Experiment an seiner Schule zutage gekommen, mit dem die Lehrer dafür sorgen wollten, dass sich ihre Kinder geborgen fühlten – und dass ihnen dabei kein Kind durchrutschte. Deshalb hatten sie Fotos von allen Schülern im Lehrerzimmer aufgehängt. Und jeder Lehrer hatte bei jenen Kindern, zu denen er eine Beziehung hatte aufbauen können, ein kleines, glitzerndes Sternchen aufgeklebt. Jason war leer ausgegangen.

Für die Lehrer seiner Schule war es das entscheidende Warnsignal. Die Sternchen waren Teil eines Programms zur Stärkung der Resilienz an Schulen. Denn je mehr über die Hintergründe der psychischen Widerstandskraft bekannt wird, desto mehr zeigt sich: Auch Lehrer und Erzieher spielen hierbei eine wesentliche Rolle. Schließlich hatte schon Emmy Werners Studie auf Kauai gezeigt, dass Bindung schützt – und dabei war es ziemlich egal, zu welcher Person ein Kind eine innige Beziehung hatte. Es konnten Mutter oder Vater sein, aber ebenso gut eine Nachbarin, der Vater eines Freundes, der Dorfpfarrer oder eben eine Lehrerin.

Deshalb beschlossen die Lehrer und Lehrerinnen an der amerikanischen Schule, dass auch Jason unter ihnen eine Bezugsperson brauchte. Sie fragten sich, wie sie dafür sorgen konnten, dass der Junge wenigstens zu einer Lehrkraft eine gute Beziehung entwickelte. Es gab doch bestimmt etwas, das sie an Jason mochten. Was fanden sie an ihm gut? Was bewunderten sie vielleicht sogar? Die Lehrer, die am meisten Gefühl für Jason mobilisieren konnten, kümmerten sich fortan besonders intensiv um den sehr zurückhaltenden und oft auch etwas schwierigen Jungen, der es einem nicht leicht machte, mit ihm in Kontakt zu treten.

Bindung schafft Resilienz. Und Resilienz ist das eigentliche Rüstzeug fürs Leben. Für so wichtig halten Pädagogen die Stärkung der psychischen Widerstandskraft inzwischen, dass Resilienz auch in deutschen Schulen und Kindergärten ein allseits bekannter Begriff geworden ist. »Die Konsequenz aus der Resilienzforschung ist es ja gerade nicht, naiv auf Prozesse der Selbstheilung zu vertrauen«, betont die Psychologin Doris Bender. Vielmehr gehe es um Hilfe zur Selbsthilfe.

So früh wie möglich wollen Fachleute deshalb in deutschen Bildungseinrichtungen eine positive Entwicklung der Kinder bahnen. Die Kinder sollen eine negative Sicht auf sich selbst, ungünstige Bewältigungsstrategien und ein schwieriges Sozialverhalten möglichst gar nicht erst entwickeln. Während Resilienzförderung in fast allen Bundesländern aber noch vom guten Willen der Kita-Leitung abhängt, gibt es in Bayern eine gesetzliche Verpflichtung.

Schon seit Herbst 2008 füllen die Erzieher in Bayerns Kindergärten den Perik-Beobachtungsbogen aus, den Michaela Ulich und Toni Mayr am Staatsinstitut für Frühpädagogik in München entwickelt haben; es geht darin um »Positive Entwicklung und Resilienz im Kindergartenalter«. Mit Hilfe von

Perik sollen die Erzieher unter anderem die sozialen und emotionalen Kompetenzen der Kinder einschätzen lernen. »Sie sind eine wesentliche Basis für ein erfolgreiches Leben«, sagt Toni Mayr.

Sechs Bereiche des sozialen Wesens Kind werden mit Perik abgefragt: Wie groß sind seine Kontaktfähigkeit, seine Selbststeuerung/Rücksichtnahme, seine Selbstbehauptung, seine Stressregulierung, seine Aufgabenorientierung und seine Explorationsfreude? Anhand der Antworten werden den Erziehern die Stärken und Schwächen jedes Kindes deutlicher – und sie können die Kinder gezielt weiter fördern. Immer noch sind Erzieher, Lehrer und Eltern häufig auf Defizite und Schwächen fixiert, statt sich auf das Können der Kinder zu konzentrieren und dieses auszubauen, ihre Fähigkeiten und Ressourcen zu nutzen. »Ziel ist es, das Kind in seinen Stärken und Schwächen wahrzunehmen«, sagt die Berliner Heilpädagogin Monika Schumann. Dabei dürfen die Probleme, die das Kind hat, vor lauter Fokussierung auf das Positive natürlich nicht ignoriert oder unterschätzt werden.

Zwar wird es Erziehern auch ohne Fragebogen relativ leicht fallen, die Kinder in ihrer Gruppe einzuschätzen; und gewiss haben sie Konzepte vom Wesen der Kinder im Kopf. Das Ausfüllen der Beobachtungsbögen aber hilft ihnen, die Entwicklung der Kinder differenzierter zu betrachten.

Laura zum Beispiel hat durchaus viele Kontakte zu anderen Kindern; trotzdem ist sie, wenn man einmal genauer hinschaut, in ihrer Kontaktfähigkeit eingeschränkt. Sie ergreift nämlich fast nie selbst die Initiative zum Spielen. Und, was noch schwerer wiegt: Sie ist selbst davon überzeugt, gar keine Freunde zu haben. Lauras Stärke, die Kontaktfreudigkeit, gilt es also durchaus noch weiter zu fördern. Hier können Erzieher ansetzen.

Stark und Schlau

Die Perik-Beobachtungsbögen sind in Bayern Teil des Bildungsplans, denn die dort abgefragten Kompetenzen wie etwa Explorationsfreude machen nicht nur stark, sondern auch schlau: Offenheit und der Spaß am Ausprobieren sind nun einmal wichtig dafür, auf Neues zuzugehen und keine Angst zu haben – auch nicht vor ungewohntem Lernstoff. Ein Kind, das sehr ängstlich ist, kann sich oft nicht so gut darauf einstellen. Seine Lernfähigkeit und seine Neugier werden durch seine Ängstlichkeit beeinträchtigt.

Neben dem Verstand bestimmen also die sozial-emotionalen Kompetenzen, wie Kinder in der Schule zurechtkommen – und entscheiden deshalb mit über ihren Bildungserfolg. »Wir wollen nicht die alte Polarisierung von kognitiver Förderung einerseits und sozial-emotionaler Förderung andererseits aufwärmen«, versichern Mayr und Ulich. »Wir möchten aber festhalten: Sozial-emotionale Kompetenzen sind eine wesentliche Voraussetzung für erfolgreiches Lernen.« Gerade bei jüngeren Kindern sei es wichtig, diese emotionale Ebene im Auge zu behalten: Wie nähern sie sich einer Lernsituation – mit welchen Einstellungen und Gefühlen? Wie kommen sie mit anderen Kindern und Erwachsenen zurecht? Sind sie zuversichtlich, offen und neugierig? Entwickeln sie Initiative und Durchhaltevermögen? Wie gehen sie mit Belastungen um? Können sie einen eigenen Standpunkt vertreten? »Solche Kompetenzen sind für Kinder unmittelbar wichtig – im Sinne von Wohlbefinden, Zurechtkommen und Lernchancen«, betont Mayr.

Die Antworten auf die Perik-Fragen lenken den Blick der Erzieher aber auch darauf: Wie kann ich dem Kind im Alltag helfen – zum Beispiel mit Stress und Belastung umzugehen. Wenn ein Kind vor lauter Sorgen und Anspannung ständig über Bauchschmerzen klagt, dann könnten sie es fragen: Was könntest du tun, damit es dir besser geht? Magst du Ruhe haben? Oder möchtest du rausgehen und ganz viel rennen? Mit solchen Anregungen kann das Kind lernen, manche Probleme auch selbst in den Griff zu bekommen. Das macht es stolz – und das macht es stark.

Neben dem Perik-Programm sind inzwischen deutschlandweit zahlreiche Programme entstanden, die Kinder stärken und systematisch fördern sollen. Zu den Faktoren, die Resilienz ausmachen, gehören neben der stabilen emotionalen Beziehung zu einer Bezugsperson und der sozialen Unterstützung außerhalb der Familie vor allem Selbstvertrauen sowie die Fähigkeit, seine Emotionen und sein Verhalten zu steuern und auch selbst zu regulieren. Grundthemen der Programme sind deshalb immer wieder Selbstwahrnehmung, Ärgerregulation und Selbstkontrolle, Selbstwirksamkeit, soziale Kompetenz, Einfühlungsvermögen, Differenzierung von Gefühlen, Umgang mit Stress, Problemlösen und auch, eine positive Sicht auf sich selbst zu gewinnen.

Friedrich Lösel ist optimistisch, was den Erfolg solcher Programme betrifft, zu denen auch das bekannte Gewaltpräventionsprogramm »Faustlos« der Universität Heidelberg, die Initiative »Starke Eltern – starke Kinder« des Deutschen Kinderschutzbunds oder das an Lösels Institut an der Universität Erlangen-Nürnberg entwickelte EFFEKT-Programm (»Entwicklungsförderung in Familien: Eltern und Kindertraining«) gehören. Im Rahmen von EFFEKT werden je nach Altersgruppe unterschiedliche Kurse angeboten.

Ernie und Bert als Moderatoren

Bei den Kleinen moderieren Ernie und Bert als Handpuppen die Konflikte. Eingesetzt werden auch Rollenspiele, Frage-Antwort-Runden und Bewegungsspiele. Die Hauptbotschaft lautet: »Ich kann Probleme lösen.«

Ein Bild zeigt zwei Kinder auf der Rutsche. Eins möchte gerne runterrutschen, aber das andere Kind bleibt unten stur sitzen. »Was soll ich jetzt tun?«, wird sich das Kind oben fragen, das schon lange warten musste und jetzt endlich hinuntersausen möchte. »Ich könnte einfach trotzdem rutschen«, kann sich das Kind sagen. »Ganz schnell. Und wenn der da unten dann nicht aufspringt, trete ich ihm die Füße in den Rücken.«

Aber was wird dann passieren?

Im »Ich kann Probleme lösen (IKPL)«-Kurs lernen die Vorschulkinder, über solche und andere Schwierigkeiten aus ihrem Alltag nachzudenken und darüber zu sprechen. So sollen sie lernen, ihre eigenen Gefühle wahrzunehmen – aber auch die der anderen. »Was passiert mit mir, wenn der da unten sitzenbleibt?« Aber auch: »Wie fühlt sich wohl der da unten jetzt?« Es geht also auch darum, zu erkennen, was hinter dem Verhalten des anderen Kindes steckt: »Eigentlich ist es ja nicht besonders schön, dazuhocken, anstatt weiterzuspielen. Wenn er das tut, geht es ihm wahrscheinlich gerade nicht so gut.«

»Und was würde geschehen«, so die Frage an das Kind, »wenn du einfach runterrutschst?« »Vielleicht weint er dann. Vielleicht wird er dann auch böse und haut mich. Und am Ende heulen wir beide.« Dann wär's doch gar nicht schlecht, sich eine andere Lösung auszudenken: »Ich könnte stattdessen auch rufen und sagen: ›Tu mal Sand auf die Rutsche, dann wird sie noch schneller!‹ Oder: ›Komm hoch: Wir rutschen zusammen.‹« Ob das eine gute Idee ist?

Auch bei Grundschülern läuft das nicht viel anders ab. Sie erhalten ein »Training im Problemlösen (TIP)« nach dem Ampelprinzip. Zunächst steht die Ampel auf Rot. Da gilt es, erst einmal laut »Stopp!« zu sich zu sagen. Tief durchzuatmen. Sich zu erzählen, was jetzt eigentlich das Problem ist und wie man sich fühlt. Dann schaltet die Ampel auf Gelb: Mach einen Plan, heißt das. Was könntest du in dieser Situation tun? Und was würde dann passieren? Würde es wohl funktionieren? Jetzt kommt Grün: LOS! Probiere die beste Idee aus. Und am Ende frage dich: Hat es funktioniert?

Im Kindergartendurchschnitt, so zeigte sich, waren zwei Jahre nach Ende des Programms die Verhaltensprobleme in den Gruppen auf die Hälfte geschrumpft: Dort fielen von den geschulten Kindern nicht mehr 9,2 Prozent, sondern nur noch 4,4 Prozent negativ auf, weil sie prügelten oder um sich schlugen. »Am ehesten helfen solche Resilienzprogramme Kindern, die ausgeprägte Probleme im Sozialverhalten haben«, räumt Lösel ein.

Er plädiert deshalb dafür, auch die Eltern mit zu trainieren. »Dann werden die Effekte größer«, so der Psychologe. In den Programmen wird den Eltern vermittelt, Grenzen zu setzen. Sie sollen lernen, wie sie angemessen loben und die positiven Verhaltensmuster ihrer Kinder stärken können. Wie sie konstruktiv mit ihren Kindern reden können und wie sie mit Belohnung, Lob und Ermutigung ihre Kinder dazu bringen, zu einem sozialkompatiblen Wesen zu werden. Dabei gilt es aber auch, die Eltern in ihrem Selbstbewusstsein zu stärken und ihre elterlichen Kompetenzen zu fördern, betont die Zürcher Pädagogin Corina Wustmann Seiler.

Jedes Kind hat Talente

Getragen ist das alles von der Überzeugung, dass jedes Kind besondere Talente und Fähigkeiten besitzt. Sie gilt es zu entdecken und zu stärken. »Das ist die zentrale resilienzfördernde Maxime«, betont der Kinder- und Jugendpsychologe Georg Kormann. Allerdings muss man sich einen kritischen Blick bewahren. Manche der resilienzfördernden Faktoren können im Einzelfall nämlich auch negative Auswirkungen haben. Das hängt zum Beispiel vom sozialen Umfeld ab. Bei Jugendlichen, die in Armut aufwachsen, ist eine eher strenge Erziehung häufig ein Schutz gegen Entgleisung und Aggression. Nicht so aber bei Jugendlichen, deren Eltern psychisch labil sind. »Jeder Faktor kann Gutes und Schlechtes bewirken«, sagt der Frankfurter Heilpädagoge Michael Fingerle. Aggressive Jugendliche hätten oft ein ganz ausgeprägtes Selbstwertgefühl. Es sei nicht unbedingt eine gute Idee, deren Selbstbewusstsein noch zu stärken. Umgekehrt werden Kinder, die ängstlich und scheu sind, seltener delinquent und aggressiv. Selbst Ängstlichkeit kann also ein Schutzfaktor sein.

Auch ist es nicht immer eine gute Idee, Konflikte zu lösen, indem man über seine Gefühle redet. »Das mag in der Mittelschicht eine sinnvolle Strategie sein«, sagt Fingerle. Im Randmilieu aber funktioniert das nicht. Da kriegt man als gefühlsduseliger Diskutant höchstens eine Faust ins Gesicht. Jugendliche und Kinder aus solchen Milieus trainieren am besten untereinander, ohne dass sich akademisch ausgebildete Pädagogen oder Erzieher einmischen. Dahinter steckt die Idee der »positiven Peerkultur«, einer Kultur von Ebenbürtigen also.

Beim Konzept der Resilienz handle es sich eindeutig um einen Gegenentwurf zur »Vorstellung vom Kind als bloß passivem Prägeprodukt äußerer Einflüsse«, schreibt der Pädagoge Rolf Göppel in seinem Buch ›Lehrer, Schüler und Konflikte‹. Es gehe vielmehr darum, dass Kinder und Jugendliche auch selbst Aktivität entwickeln können. Dass sie ihr eigenes Leben mitgestalten und ihre Probleme zupackend bewältigen. Allerdings können sich Kinder auf Dauer nicht selbst resilient machen, betont Corina Wustmann Seiler. »Denn Kinder sind viel stärker von ihrem Lebensraum abhängig als Erwachsene und aufgrund dessen wesentlich mehr auf stützende Systeme angewiesen.«

Alle Erziehenden können und sollen deshalb dazu beitragen, »dass das Kind Vertrauen in die eigene Kraft und die eigenen Fähigkeiten gewinnt, dass es sich selbst als wertvoll erlebt und dass es durch seine eigenen Handlungen Veränderung bewirkt«, so Georg Kormann.

– Wenn Kinder beispielsweise von früh auf in wichtige Entscheidungsprozesse eingebunden werden, können sie ein Gefühl entwickeln, selbstwirksam zu sein und Kontrolle über ihr eigenes Leben zu haben.
– Wenn Kindern realisierbare kleine Verantwortlichkeiten übertragen werden – zum Beispiel Ansprechpartner für einen Erstklässler zu sein oder vor dem Unterricht den Raum zu lüften –, dann gewinnen sie Vertrauen in die eigenen Fähigkeiten und lernen, selbstbestimmt zu handeln.
– Wenn Kinder schon zu einem frühen Entwicklungszeitpunkt erfahren, dass sie sich mit ihren Problemen an ihre Eltern oder andere Personen aus ihrem Umfeld wenden können, wird ihnen vermittelt, sich in schwierigen Situationen um soziale Unterstützung zu bemühen.
– Wenn Kinder frühzeitig lernen, sich auf ihre Stärken zu besinnen und das Positive an sich selbst und an belastenden Situationen zu sehen, werden sie sich von Problemen weniger verunsichern lassen und weniger Stress erfahren.
– Wenn Kinder erleben, dass man sich mit Problemen bewusst auseinandersetzen kann und sich Konflikte gemeinsam lösen lassen, weichen sie Problemen nicht aus, sondern lernen, nach Lösungen zu suchen.
– Wenn Kindern geholfen wird, ihre Bedürfnisse zu erkennen und zu verwirklichen, und wenn sie frühzeitig mitentscheiden dürfen, können sie einen Sinn in ihrem Leben entdecken.

Zusammengefasst, sagt Kormann, brauchen wir »Schulen und Bildungseinrichtungen, die die Kompetenz der Kinder belohnen und ihnen Glauben an das Leben geben«.

Wie viel Mutti braucht das Kind?

Die irritierten Blicke ist Raina Cravciuc schon gewohnt. Wenn die Gruppenleiterin einer Kinderkrippe in München-Sendling mit ihren Schützlingen im Sechser-Wagen ausfährt, begegnet sie immer wieder besorgten Passanten: »So klein und schon im Kindergarten«, sagen sie voller Mitgefühl. Die Ansicht, Kinder gehörten drei Jahre lang ausschließlich in die Obhut der Mutter, ist in Deutschland noch weit verbreitet. In kaum einem anderen Land der Welt werden Mütter derart von schlechtem Gewissen verfolgt, wenn sie ihre Kinder vor dem dritten Geburtstag Fremden anvertrauen. »Ein Vorschulkind leidet wahrscheinlich darunter, wenn die Mutter berufstätig ist« – dieser Aussage stimmten im Jahr 2006 in einer Eurobarometer-Umfrage noch 60 Prozent der Westdeutschen zu. Das wirkt sich auch auf das Verhalten der Mütter aus: Nur 44 Prozent der Frauen mit Kindern unter fünf Jahren arbeiten hierzulande. Damit liegt Deutschland auf dem letzten Platz in der EU.

Aber sind die Sorgen überhaupt begründet? »Nein«, sagt die Psychologieprofessorin Stefanie Jaursch. Alle neueren wissenschaftlichen Untersuchungen zum Wohlbefinden von Krippenkindern lassen nur einen Schluss zu, so Jaursch: dass »die politischen Auseinandersetzungen um die Berufstätigkeit von Müttern mehr auf Ideologien als auf Fakten beruhen«.

Im Jahr 2010 haben US-Psychologen sämtliche Literatur zur Krippenforschung aus den vergangenen 50 Jahren zusammengefasst. »Kinder, deren Mütter schon vor dem dritten Lebensjahr an den Arbeitsplatz zurückkehren, leiden später nicht häufiger unter Schul- oder Verhaltensproblemen als Kinder, deren Mütter zu Hause bleiben«, lautete das Fazit der Entwicklungspsychologen um Rachel Lucas-Thompson; sie haben sich 69 Studien aus den Jahren 1960 bis 2010 noch einmal genauer angeschaut. Viele von diesen Studien waren alles andere als Momentaufnahmen. Manche verfolgten die Kinder sogar bis ins Erwachsenenalter. »Frauen, die bald wieder anfangen zu arbeiten, sollten sich nicht zu sehr um das Wohlbefinden ihrer Kinder sorgen«, resümiert Lucas-Thompson. Witzigerweise ergab sich unter allen zusammengefassten Daten nur ein statistisch aussagekräftiger Unterschied zwischen den Kindern von Vollzeit-Hausfrauen und denen von berufstätigen Müttern: Demnach entwickeln Kinder mit außer Haus arbeitenden Müttern sogar etwas seltener internalisierende Probleme. Sie leiden also weniger unter Selbstzweifeln, Depressionen oder Ängsten.

Ein Problem in der hitzigen deutschen Krippendiskussion bestand lange darin, dass es kaum Studien aus Deutschland gab, bei denen die Kinder früh in ihrem Wesen erfasst und dann über mehrere Jahre begleitet wurden. Das wollten Stefanie Jaursch und Friedrich Lösel vor ein paar Jahren ändern. Sie befragten die Erzieher/innen, Lehrer/innen und Mütter von 660 Vorschulkindern aus Erlangen und Nürnberg über einen Zeitraum von sechs Jahren und wollten auch wissen, ob die Mütter schon im Kleinkindalter außer Haus einer Arbeit nachgegangen waren. Absichtlich ließen sie die fast 50 Fragen zum Wesen der Kinder von mehreren Erwachsenen beantworten. So wollten sie verhindern, dass sich »Effekte der sozialen Erwünschtheit« ergaben, also etwa die berufstätigen Mütter die Verhaltensprobleme ihrer Kinder herunterspielten oder kritische Lehrer sie überbewerteten.

Die Ergebnisse sprachen eine klare Sprache – und waren in jeder Hinsicht sehr beruhigend: »Es gibt überhaupt keinen Zusammenhang zwischen Verhaltensproblemen und mütterlicher Berufstätigkeit«, betont Friedrich Lösel. Dabei ist es gleichgültig, ob die Mütter schon bald nach der Geburt ihres Kindes oder erst nach dessen Eintritt in die Schule ihre Arbeit wieder aufnehmen, ob sie ganztags arbeiten oder in Teilzeit.

Die Ergebnisse aus Erlangen decken sich mit denen von großen Studien aus den USA und auch solchen von der Grande Dame der deutschen Krippenforschung, der gebürtigen Thüringerin Lieselotte Ahnert. Die Entwicklungspsychologin befasst sich schon seit Jahrzehnten mit dem Einfluss öffentlicher Kleinkindbetreuung auf das Seelenleben der Kleinen und hat daraus ihren Leitsatz destilliert, den sie gerne und mit Nachdruck wiederholt: »Mütter, entspannt euch!« Wer Kinder erzieht, muss nicht perfekt sein. Die Mutter lege nicht, »was viele immer noch denken, in den ersten zwei oder drei Jahren mit jeder ihrer Taten unwiderruflich das Fundament für alles, was später aus dem Kind wird«, so Ahnert. Und sie muss auch nicht, wie es lange Doktrin war, mit Haut und Haar und Tag und Nacht ausschließlich für den Nachwuchs da sein.

Weit verbreitet ist die Ansicht, es sei doch natürlich, dass Kinder zu Hause bei ihrer Mutter aufwachsen. Mutter und Kind gehörten nun mal zusammen. Aber was ist schon natürlich? Im Hinblick auf Kindererziehung lasse sich das jedenfalls nicht so einfach definieren, so Lieselotte Ahnert. Das zeige schon ein Blick auf die Naturvölker der Erde. Da gibt es zum Beispiel die Kung in der Kalahari. Dort tragen die Mütter ihre Kinder die ersten drei Jahre lang fast ständig an ihrem Körper mit sich herum. Mutter und Kind leben quasi in Symbiose. Doch es gibt auch das andere Extrem. Das ist etwa bei den Ewe in Zentralafrika zu finden. Die Mitglieder dieses Volkes reichen ihre Säuglinge von Schoß zu Schoß weiter. Auf diese Weise hat jedes Ewe-Baby durchschnittlich 14 Betreuerinnen. Einige von ihnen stillen es sogar. So verbringt das Kind manchmal nur ein Fünftel des Tages bei seiner leiblichen Mutter.

Es könne doch gar nicht sein, dass sich Kinder nur gut entwickeln, wenn sie in den ersten Jahren »an ihrer Mutter kleben«, lästert der amerikanische Evolutionsbiologe Jared Diamond. »Sonst müssten die Kinder der Hausfrauen in den reichen Industrienationen wohl die ersten und einzigen normalen Menschen der Welt sein.« Selbst in diesen Ländern seien die Kinder noch vor 100 Jahren von einem ganzen Netz von Tanten, Onkeln und anderen Bezugspersonen erzogen und betreut worden.

Qualität ist eben nicht gleich Quantität. Dass das auch für die Beziehungen von Müttern und Kindern gilt, betonen Pädagogen und Entwicklungspsychologen unisono. Es kommt nicht darauf an, dass Eltern und Kinder besonders viel Zeit beisammen sind, sondern wie sie ihr Miteinander gestalten. Abgesehen davon verbringen berufstätige Mütter fast genauso viel

Zeit mit ihren Kindern und spielen ebenso häufig mit ihnen wie nicht berufstätige Mütter, das haben verschiedene Studien nachgewiesen.

Was eine stimulierende Umgebung bewirkt

Gerade Kinder aus weniger privilegierten Familien können von einem Krippenplatz profitieren; sie sind seltener aggressiv oder übertrieben ängstlich als die Sprösslinge von vergleichbaren Müttern, die nicht arbeiten. Das hat auch Rachel Lucas-Thompson herausgefunden: Dem Nachwuchs von Alleinerziehenden und Kindern aus Familien mit niedrigem Einkommen nützen die frühen Kontakte außer Haus sehr. Für sie kann der Besuch einer Krippe ein Segen sein.

Vielen Fachleuten ist das abschätzig »Herdprämie« genannte Betreuungsgeld daher ein Graus, weil es vor allem Mütter aus niedrigeren sozialen Schichten dazu bringen könnte, ihre Kinder zu Hause zu behalten. Dabei wäre gerade in diesen Familien eine frühzeitige professionelle Betreuung in Kindertagesstätten wichtig und könnte »späteres Unheil abwenden: Schulversagen, Scheitern bei der beruflichen Eingliederung und sogar Kriminalität«, so der Professor für Sozialpolitik Hermann Scherl. Es ist eben nicht unbedingt die mütterliche Nähe, die Kinder weiterbringt.

Dabei wirken sich Krippen und Kindergärten nicht nur positiv auf das Verhalten, sondern auch auf die geistige Entwicklung aus: Schon 1962 stellten sich Pädagogen in den USA genau jene Frage, die heute wieder so viele Eltern und Politiker in Deutschland bewegt: Wie viel Mutti braucht das Kind? Die amerikanischen Erzieher initiierten das Perry Preschool Project mit Kindern im Alter ab drei Jahren und ein Jahrzehnt später das Abecedarian Project mit Kleinkindern ab drei Monaten. In beiden Projekten wurden Kinder aus schwachen sozialen Schichten in Tagesstätten betreut. Ihre Fortschritte wurden mit der Entwicklung von Kindern aus ähnlichen Familienverhältnissen verglichen, die zu Hause blieben.

Heute haben die Kinder aus dem Perry Preschool Project ihren 50. Geburtstag hinter sich, und die einstigen Kita-Sprösslinge können auf größeren beruflichen Erfolg und ein höheres Einkommen zurückblicken als ihre Nachbarkinder, die bei Mutti blieben. Sie landeten seltener im Gefängnis und waren nur halb so oft auf Sozialhilfe angewiesen. Sogar um ihre Gesundheit stand es besser als bei dem nur in der Familie erzogenen Nachwuchs.

Gerade in den ersten Lebensjahren können Anregungen viel bewirken. Wenn das Gehirn in dieser frühen Lebenszeit verödet, ist das kaum mehr aufzuholen. »Die Gesellschaft trägt eine große Verantwortung dafür, Kindern einen guten Start zu garantieren«, sagt die Heidelberger Entwicklungspsychologin Sabina Pauen. »Wir müssen für unsere Kinder eine stimulierende Umgebung schaffen.« Eben die fehlt zahlreichen Kindern in ihren Elternhäusern. Wo kaum gesprochen wird oder ständig der Fernseher läuft, lechzen die Babygehirne vergeblich nach förderlichem Input.

Einen ähnlich günstigen Einfluss auf die Intelligenz zeigte auch die frühe Krippenerziehung bei den Babys aus dem Abecedarian Project: Diese Kinder wurden allerdings nur untersucht, bis sie 21 Jahre alt waren. Dabei schnitten die Jugendlichen aus den Tagesstätten in kognitiven Tests deutlich besser ab als jene Kinder, die in ihren Familien blieben. In der Schule lasen und rechneten sie besser und sie schafften es auch mit einer höheren Wahrscheinlichkeit aufs College.

Das gilt nicht nur für amerikanische Randmilieus, sondern auch für Deutschlands Mittelschicht: »Die frühkindliche Bildung hat einen ausgesprochen hohen Einfluss auf den späteren Bildungsweg«, folgert das Schweizer Büro für arbeits- und sozialpolitische Studien (BASS), das im Auftrag der Bertelsmann-Stiftung mehr als tausend Kinder der Jahrgänge 1990 und 1995 untersucht hat. Krippenkinder besuchen demnach später sehr viel häufiger ein Gymnasium als solche, die ausschließlich zu Hause oder bei Tagesmüttern erzogen wurden. Der Anteil der Abiturienten betrug unter den Krippenkindern 50 Prozent, während er unter den in der Familie aufgezogenen Kindern nur bei 36 Prozent lag. Dabei hatte die Schulkarriere nichts damit zu tun, dass die Krippenkinder womöglich häufiger Eltern mit Abitur hatten.

Es lohnt sich nicht nur für die Kinder und ihre Familien. Das Geld in (gute) Kinderkrippen ist mehr als sinnvoll investiert – sogar aus der Sicht knallharter Ökonomen. Im Jahr 2000 hat James Heckman den Wirtschaftsnobelpreis für Forschungsarbeiten bekommen, die zu dieser Erkenntnis geführt hatten. »Jeder Dollar, der investiert wird, kommt vielfach zurück«, sagt Heckman. Weil Krippenkinder häufig einen höheren Schulabschluss erlangen und später mehr Geld verdienen, geben sie der Gesellschaft die Investition in die meist staatlich geförderten Kindertagesstätten zurück – zum Beispiel in Form höherer Steuern und Rentenabgaben. Das Dreifache dessen, was er zuvor in einer Krippe investiert hat, bekommt der Staat auf diesem Wege zurück, errechneten auch die im Auftrag der Bertelsmann-Stiftung tätigen Forscher. Die Grundlagen für den höheren Schulabschluss und den besser bezahlten Job werden früh gelegt.

Aber haben Krippen nicht auch Nachteile? Wie steht es um die für die psychische Widerstandskraft doch so wichtige Bindung der Kleinen, wenn sie allzu früh von den Eltern getrennt werden? Ist das Zuhause nicht doch der beste Ort – zumindest wenn sich die Mutter dort treusorgend und mit aller Kraft um das Kindeswohl bemüht?

Das hänge vor allem von der Qualität der Einrichtungen ab, betont Lieselotte Ahnert. Gerade kleine Kinder bräuchten eine zuverlässige, feinfühlige Person, die sich ihnen widmet. Das müsse aber nicht die Mutter sein. »Übermutterung ist nichts Gutes«, sagt Ahnert. Nach dem ersten Lebensjahr seien »erweiterte Sozialkontakte« der Entwicklung förderlich. Das Kind solle erste Schritte in die Welt tun, damit es losgelöst von der Mutter eigene Erfahrungen machen könne. Deshalb seien es auch nicht nur die Kinder mit niedrigem sozialen Status, denen Krippen am meisten nützen, ergänzt die Entwicklungspsychologin Sabina Pauen, sondern »auch die überbehüteten Kinder«.

Für die meisten Kinder biete der Besuch einer Kindertagesstätte eine Fülle positiver Anregungen, die zu Hause nicht zu haben sind, so Pauen. »Die Kinder lernen verschiedene Erziehungsstile kennen und sich in einer Gruppe zurechtzufinden, das sind unschätzbare Erfahrungen«, sagt auch der Psychologe Alexander Grob. Vor allem für Erstgeborene seien die Krippen vorteilhaft, um soziale Fähigkeiten zu trainieren.

Allerdings, betont Grob, reagierten nicht alle Kinder gleich auf die Krippe. Wenn sich ein Baby vor anderen Kindern fürchtet, wenn es dauerhaft mit Tränen auf die Trennung oder den Trubel der Gruppe reagiert, dann sind Mutter, Vater oder Tagesmutter vielleicht die bessere Option. Auch Sabina Pauen betont, dass Eltern sensibel auf ihr Kind eingehen und es nicht nach einem bereits vor der Geburt festgelegten Fahrplan in den Kita-Alltag zwängen sollten.

Aber auch wenn einzelne Kinder sich bei einer Tagesmutter oder zu Hause wohler fühlen: Keine einzige seriöse Untersuchung deutet bisher auf Nachteile durch den Krippenbesuch hin. Gern zitieren Krippengegner eine US-Studie, die im Jahr 1991 begann. Die Untersuchung des National Institute of Child Health and Human Development (NICHD) verfolgte den Lebenslauf von mehr als tausend Kindern unterschiedlicher Herkunft. Dabei wurde auf alles Mögliche geachtet – etwa, welche Kinder nachts ins Bett nässten, welche unter Depressionen oder ständigem Bauchweh litten und welche das Zappelphilipp-Syndrom entwickelten. In all diesen Bereichen waren die Sprösslinge aus den Tagesstätten einfach ganz normale Kinder. Das wichtigste Ergebnis: Hauptsache, während der Zeit daheim läuft's prima. Wenn die Kleinen bei Mama und Papa gut aufgehoben sind, entwickeln sie sich prächtig, auch wenn sie zwischendrin viel Zeit in der Obhut von Erzieherinnen verbringen. »Jedenfalls haben die Kinder keine Bindungsprobleme, wie Kritiker häufig anmerken«, sagt der Psychologieprofessor Michael Lamb.

Trotzdem ziehen Krippengegner gern ein Teilergebnis der NICHD-Studie für ihre Argumentation gegen die frühe Trennung von Mutter und Kind heran. Dieses kann zunächst erschrecken: Im Alter von 4,5 Jahren zeigte sich nämlich eine Auffälligkeit bei den Krippenkindern. Sie schienen etwas häufiger aufsässig zu sein als die daheim von Mutter, Kindermädchen oder Tagesmutter betreuten Kinder.

»Aufsässigkeit muss aber nichts Negatives sein«, betont Michael Lamb. Wenn die Kinder den Konflikt mit Lehrern oder Eltern suchen, sind sie womöglich einfach selbstbewusster als andere Kinder, sagt der Entwicklungspsychologe. Das sieht auch Stefanie Jaursch so, die genau den gleichen, ebenfalls minimalen Effekt in ihrer Erlanger Studie fand. Die Zeit der leicht erhöhten Aufsässigkeit vergehe aber bald wieder, so Jaursch. Und als alarmierend sei das Ergebnis ohnehin nicht einzustufen, sondern wahrscheinlich als ein ganz natürlicher Prozess, den in der Familie betreute Kinder erst in der Schule durchmachen. Kindergartenkinder seien »mehr Gruppenprozessen mit Gleichaltrigen ausgesetzt«. Da kommt es eben zu Hänseleien, Ausgrenzungen und auch dem Gebrauch von Schimpfwörtern.

Zweifellos brauchen Kleinkinder ihre Mutter. Sie müssen aber nicht ständig mit ihr zusammen sein. So lautet das Fazit der modernen Bindungsforschung. Diese habe den Mythos von der unverzichtbaren Mutter längst ad acta gelegt, sagt Sabina Pauen. Was für ein Kind normal ist, hängt nun einmal von den Bedürfnissen und Entscheidungen der Eltern ab. Eltern sollten weniger Angst haben, bei der Erziehung ihrer Sprösslinge etwas falsch zu machen, rät auch der Entwicklungs- und Persönlichkeitspsychologe Alexander Grob: »Kinder sind unglaublich fehlertolerant.« Sie seien darauf eingerichtet, dass nicht alles perfekt läuft. »Wenn man allein bedenkt, wie oft Kleinkinder fallen, bis sie endlich richtig laufen lernen: Sie verzeihen viele Fehler – sich selbst, aber auch ihrer Umwelt.«

Deshalb, sagt Lieselotte Ahnert versöhnlich, wird auch »ein Kind, das einzig bei Mama aufwächst, in der Regel keinen Schaden nehmen«.

Lehren für den Alltag

Die Kindheit ist nicht alles: Menschen können seelische Stärke auch noch später im Leben erwerben. Denn die Persönlichkeit ist keineswegs in Stein gemeißelt. Bis vor wenigen Jahren dachten Psychologen noch, nach der Pubertät, spätestens aber nach dem 30. Geburtstag ändere sich der Mensch nur mehr wenig. Er sei in seinen wesentlichen Charakterzügen festgelegt. Doch das sehen Fachleute inzwischen anders: Auch im späten Erwachsenenalter können Menschen ihr Wesen durchaus noch ändern. Es gibt allerdings eine wichtige Voraussetzung dafür: Sie müssen es auch wollen!

Persönlichkeitstests zeigen: Gerade wenig resiliente Menschen sind besonders wandlungsfähig. Psychologen haben mittlerweile eine Reihe von Handlungsanweisungen parat, mit deren Hilfe sich ein bisschen Hornhaut auf die Seele legen lässt. Das gelingt am besten, wenn man sich selbst, seine Stärken und Schwächen gut kennt. Deshalb beginnen die meisten Programme zum Aufbau seelischer Widerstandskraft zunächst mit einem Test, der die persönlichen Stärken ermittelt.

Doch auch wer sich stark fühlt, sollte sich klarmachen: Resilienz ist keine lebenslange Eigenschaft. Durch große Erschütterungen kann sie selbst bei psychisch noch so starken Persönlichkeiten eines Tages verloren gehen. Ohnehin ist die psychische Widerstandskraft in hohem Maße davon abhängig, in welcher Situation sich ein Mensch gerade befindet. Wenn jemand gegen jede Art von Beziehungskrise gut gewappnet ist, heißt das nicht, dass er auch einen schweren Verkehrsunfall psychisch unbeschadet übersteht. Und wer mit den Schultern zuckt, wenn er seinen Job verliert, den mag die Diagnose einer chronischen Krankheit umhauen.

Psychologen geben deshalb Ratschläge, wie es gelingt, Stärke zu bewahren und die Speicher möglichst immer wieder aufzufüllen. Dazu gehört es vor allem, sich Herausforderungen zu stellen, statt sich vor ihnen zu drücken. Denn Resilienz kann in einem Menschen nur wachsen, wenn er immer wieder die Erfahrung macht, dass er Krisen bewältigen oder schwierige Aufgaben meistern kann. Schließlich ist Resilienz nicht allein ein Persönlichkeitsmerkmal, sondern auch eine Strategie, wie man mit Schwierigkeiten umgeht. Diese Strategie sollte man immer wieder neu erproben und an die aktuelle Situation anpassen, damit man darin geschult bleibt, sie flexibel auch bei bislang unbekannten Hürden anzuwenden.

Allerdings sollte man sich auch nicht blind auf jede Herausforderung stürzen: Es gilt, schonend mit seinen Ressourcen umzugehen. Kein Mensch sollte mehrere Großbaustellen eröffnen. Wer gerade im Privatleben eine sehr belastende Situation zu bewältigen hat – eine Scheidung etwa –, der ist gut beraten, nicht just zu dieser Zeit auch noch im Beruf einen schon länger schwelenden Konflikt entflammen zu lassen. Zu viel Stress ist ohnehin eine der ganz großen Bedrohungen für die psychische Widerstandskraft. Es gilt deshalb, den Umgang mit Druck im Berufs- wie im Privatleben zu erlernen. Neu zu lernen, wie man sich Auszeiten nimmt, wie man auf das Leben und die Umwelt mehr achtet – und sich zu erinnern, wie das eigentlich noch ging, das mit dem Faulsein.

Menschen können sich ändern

Wie konnte er nur wieder so verrückt gewesen sein? Vor einem Monat erst, nach seiner letzten Trennung, hatte er es sich so fest vorgenommen: Von jetzt an wollte er sich nur noch langsam und bedächtig auf eine neue Bekanntschaft einlassen. Doch nun hatte es ihn schon wieder schwer erwischt. Trotz aller Vorsätze war er bereits mitten drin in einer ebenso aufregenden wie schwierigen neuen Beziehungskiste. Wieso nur passierte das immer ihm? Sein Bruder war da ganz anders. Der würde auch eine noch so anziehende Frau lieber nicht mehr wiedersehen, als sich allzu schnell auf sie einzulassen.

Warum bin ich, wie ich bin? Diese Frage beschäftigt nicht nur diese beiden Brüder. Sie trifft alle Menschen in ihrem Kern. Woran liegt es, dass aus einem Bruder in Beziehungsfragen ein hilfloser Spielball seiner Emotionen wird und der andere seine Gefühle so stark kontrollieren kann, dass er Beziehungsprobleme schon deshalb nicht zu lösen braucht, weil er kaum je eine Partnerin findet? Wie viel davon ist Schicksal, wie viel tragen die beiden Brüder selbst dazu bei? Ist es vorherbestimmt, wenn aus einem süßen Neugeborenen ein rücksichtsloser Investmentbanker wird und aus dem anderen ein Entwicklungshelfer in den Hungerregionen der Welt?

Die Frage nach dem Warum beschäftigt wohl alle Menschen im Laufe ihres Lebens. Sie würden gerne wissen, welche Faktoren für die Entwicklung ihrer Persönlichkeit von Bedeutung waren, für das, was sie antreibt – oder auch scheitern lässt. Und besonders drängend wird die Frage zweifelsohne, wenn es gerade Anlass dazu gibt, über die eigenen Verhaltensmuster unglücklich oder mit sich selbst unzufrieden zu sein. Dann liegt auch gleich die weiterführende Frage auf der Zunge, die Persönlichkeitspsychologen seit Jahren intensiv zu ergründen versuchen: Können sich Menschen eigentlich ändern?

Die beiden Brüder waren jedenfalls schon als Babys so. Der zweite war kaum geboren, da zeigte sich bereits, wie unterschiedlich ihre Charaktere waren. Der eine mochte gerne auf den Arm genommen und liebkost werden, der andere war glücklich, wenn er allein in der Wiege lag und niemand an ihm herumfingern wollte. An diesem grundlegenden Kontaktbedürfnis änderte sich über die Jahre wenig – auch nicht, als die beiden erwachsen wurden. Der eine blieb extrovertiert, aktiv, engagiert, der andere eher zurückgezogen und in sich ruhend. »Schon bei kleinen Babys erkennt man erhebliche Unterschiede im Charakter. Manche sind schüchtern und ängstlich, andere emotional ausgesprochen stabil«, sagt auch die Resilienzforscherin Karena Leppert. Sie ist wie die meisten Fachleute, die sich mit den Ab- oder Hintergründen der menschlichen Persönlichkeit befassen, fest überzeugt: »Es gibt einen angeborenen Kern.«

Wir sind eben, was wir sind, möchte man meinen. Schon sehr früh im Leben, so glaubten Psychologen und Psychiater lange, sei die Persönlichkeit durch den Charakter eines Menschen festgelegt. Mit seinen Thesen zur großen Bedeutung der frühkindlichen Phase verstärkte Sigmund Freud diese Vorstellung noch, und in den Anfängen der modernen Genforschung wurde sie dann nahezu in Beton gegossen. Doch mittlerweile weiß man: Selbst wenn das Temperament und der Charakter eines Babys unübersehbar sind und seine grundlegenden Eigenschaften bis ins Erwachsenenalter relativ konstant bleiben, so ist dies nicht allein auf seine Erbanlagen zurückzuführen. Die Gene sind nur die Bühne, auf der der Mensch tanzen kann (siehe Seite 130 ff.).

Dass man trotzdem bei einem Jahrgangstreffen selten von der Entwicklung seiner alten Klassenkameraden komplett überrascht wird, liegt auch daran, dass die Persönlichkeit eines jungen Menschen durch viele äußere Faktoren zementiert wird. So legen Eltern, Verwandte und Bekannte das Kind immer wieder auf seine Rolle als schüchternes oder eben als sehr kommunikatives Wesen fest. Und wenn das Kind größer wird, bastelt es sich seine Welt durch die Wahl seines Berufs und seines Freundeskreises oft weiter so zurecht, dass das liebgewonnene Bild vom eigenen Charakter erhalten bleibt. Schließlich gibt es auch Sicherheit, wenn man glaubt zu wissen, wer und wie man ist.

Auf diese Weise verstärken sich Eigenschaften oft: Intelligente Menschen suchen sich meist Anregungen und befördern ihre geistigen Fähigkeiten so noch, betont etwa die Entwicklungspsychologin Emmy Werner. Und wer schüchtern ist, geht nicht so offen auf andere zu; Begegnungen mit Fremden werden dadurch mit der Zeit noch furchteinflößender. Man bleibt erst recht lieber allein zu Haus.

Lässt sich also vorhersagen, wie ein Mensch, wenn er erst einmal erwachsen geworden ist und die prägenden Faktoren aus Genen, Erziehung und Bildung ihre Spuren hinterlassen haben, in einer bestimmten Situation reagieren wird? Das würden nicht nur viele Firmenbosse gerne wissen. Wohl jeden Menschen interessiert die Determiniertheit seines eigenen Verhaltens. Deshalb versuchen Psychologen schon seit Jahrzehnten, Tests zu entwickeln, die es erlauben, Vorhersagen über die Reaktionen von Menschen zu treffen.

Angefangen hatten diese Versuche im Ersten Weltkrieg im Auftrag der US Army. Damals wollten die Generäle für schwierige Aufgaben möglichst zuverlässige, kaum zu ängstigende und psychisch stabile Soldaten gewinnen. Doch die entwickelten Methoden fanden dies nicht so zuverlässig heraus, wie sich die Armee das gewünscht hatte. Unliebsame Zwischenfälle mit psychisch labilen Geheimnisträgern und Beförderungen von Psychopathen fanden auch weiterhin statt.

So kam mit der Zeit grundlegende Skepsis auf, ob Persönlichkeitstests jemals zuverlässige Aussagen über Menschen liefern könnten. Waren sie nicht allzu leicht durch die Untersuchten selbst manipulierbar, die ja wussten, worauf es ankam? In den 1960er- und 1970er-Jahren stellte zudem der herrschende Zeitgeist infrage, ob es überhaupt stabile Persönlichkeitsmerkmale gäbe. War das Verhalten von Menschen nicht immer in erheblichem Maße von der Situation abhängig? Waren die Menschen nicht alle Opfer der spießigen Gesellschaft, in der sie lebten? Und war nicht, wenn die Bedingungen nur sozial und fair waren, jedem jede Art von Entwicklung möglich?

Die Debatte gilt inzwischen als beendet. Kaum ein Experte zweifelt noch daran, dass Temperament und Charaktereigenschaften in gewissem Maße vorgegeben sind und sich daraus recht zuverlässig vorhersagen lässt, wie jemand sich unter bestimmten Bedingungen benehmen wird. Zahlreichen Wissenschaftlern ist es tatsächlich gelungen, aussagekräftige Persönlichkeitstests zu entwickeln.

Die fünf Dimensionen der Persönlichkeit

Auf fünf Eigenschaften, die »Big Five«, lässt sich die Persönlichkeit demnach im Wesentlichen reduzieren: Es sind Offenheit für Erfahrungen, Verträglichkeit, Gewissenhaftigkeit, Begeisterungsfähigkeit (Extraversion) und Neurotizismus (emotionale Labilität). (Siehe Seite 190 f.)

Diese fünf Dimensionen der Persönlichkeit bestimmen das Wesen eines Menschen – und zwar unabhängig von der Art der Fragebögen, von statistischen Methoden und auch vom Kulturraum, in dem Testpersonen befragt werden. Es waren die US-Psychologen Paul Costa und Robert McCrae, die Mitte der 1980er-Jahre die Erfassung der Big Five in einem Test namens NEO-FFI zusammenfassten. Dabei steht NEO für drei der Big Five, nämlich Neurotizismus, Extraversion und Offenheit, und FFI für »Five Factor Inventory«, also »Bestandsaufnahme der fünf Faktoren«.

Alle Big Five gelten als Merkmale, die durch den Lebenswandel eines Menschen nicht so leicht zu beeinflussen sind. Etwa fifty-fifty scheinen sich Umwelt und Gene ihren Einfluss auf diese Persönlichkeitseigenschaften zu teilen, wobei die Offenheit für neue Erfahrungen mit einer geschätzten Erblichkeit von 57 Prozent den größten genetischen Anteil hat. Extraversion gilt zu 54 Prozent als erblich, Gewissenhaftigkeit zu 49 Prozent, Neurotizismus zu 48 Prozent und Verträglichkeit zu 42 Prozent.

Zweifelsohne fallen Menschen noch viel mehr als nur diese fünf Wörter ein, wenn sie sich selbst oder andere beschreiben sollen. Doch bei genauem Hinsehen schrumpft der große Wortschatz der Sprachen, der dazu dient, andere zu charakterisieren, auf diese fünf wesentlichen Merkmale zusammen. Es war nämlich in der Tat ein sprachlicher Ansatz, aus dem das Modell der Big Five ursprünglich hervorgegangen ist. Die Persönlichkeit von Menschen sei so hervorstechend und noch dazu so relevant für eine Gesellschaft, dass sich in jeder Sprache dafür Begriffe entwickelt haben müssten, sagten sich in den 1930er-Jahren zwei amerikanische Psychologen. Sie arbeiteten sich durch zwei englische Wörterbücher und fanden exakt 17 953 Begriffe, die die Persönlichkeit beschreiben. Sie selbst reduzierten diese gigantische Liste auf 4504 Adjektive; andere Psychologen betrieben die Schrumpfung weiter. Schließlich zeigte sich, dass sich die Wörter, mit denen Menschen über Menschen sprachen, in fünf Gruppen zusammenfassen ließen. Das Modell der Big Five ist seit den 1990er-Jahren in Fachkreisen weithin anerkannt. Dass diese fünf Faktoren auch im deutschen Sprachraum die bestimmenden Persönlichkeitsmerkmale sind, konnten die Psychologen Alois Angleitner und Fritz Ostendorf bestätigen, die als deutsche Koryphäen auf dem Gebiet der Big Five gelten.

Aber auch die Big Five sind nicht für den Rest des Lebens in Stein gemeißelt. Neuere Forschungen bestätigen zunehmend einen schon länger gehegten Verdacht: Die Persönlichkeit des Menschen ist letztlich doch so variabel, dass sich selbst Senioren, wie ein Ebenezer Scrooge in Charles Dickens' ›A Christmas Carol‹, noch ändern können. »Zumindest gibt es keinen Schlusspunkt, zu dem die Persönlichkeit fertig ist«, sagt der Entwicklungspsychologe Werner Greve.

Hinweise darauf gab vor einigen Jahren schon die Entdeckung, dass das Gehirn des Menschen keinesfalls so unbeweglich ist, wie Neurowissenschaftler lange dachten. Früher ging man davon aus, dass sich im Oberstübchen des Menschen keine neuen Verbindungen mehr ausbilden, sobald er erwachsen geworden ist. Doch diese Vorstellung ist längst nicht mehr zu halten. Bis ins hohe Alter bleibt die neuronale Plastizität erhalten, besagen neueste Forschungen. Das Gehirn bildet nicht nur Synapsen aus, wenn ihm nie zuvor Gehörtes oder Gesehenes geschieht. Es kann sogar ganzen Bereichen eine neue Aufgabe geben, wenn dies etwa infolge eines Unfalls nötig wird.

Wie schnell solche Umbauprozesse im Gehirn auch bei erwachsenen Menschen mitunter erfolgen, zeigte im Jahr 2006 eine Untersuchung von Bogdan Draganski und Arne May an der Universität Regensburg. Die Neurowissenschaftler blickten Medizinstudenten mehrmals im Kernspintomographen unter die Schädeldecke, während diese sich in Vorbereitung auf ihre Examen Unmengen von Fachwissen ins Gehirn pressten. Binnen Monaten wuchs ihre graue Masse in der Großhirnrinde erheblich an.

Vermutlich sind auch biologische Prozesse im Gehirn nötig, wenn sich die Persönlichkeit verändert. Der Persönlichkeitspsychologe Jens Asendorpf gilt als deutsche Fachgröße für die Entwicklung des menschlichen Wesens. »Der Charakter eines Menschen stabilisiert sich etwa ab dem 30. Geburtstag«, sagt er. »Aber er ist erst ab dem 50. Geburtstag weitgehend geformt und auch danach noch veränderbar.« Asendorpf beruft sich dabei auf eine Studie der beiden US-Psychologen Brent Roberts und Wendy DelVecchio. Sie hatten im Jahr 2000 mehr als 150 Studien mit insgesamt 35000 Personen ausgewertet und waren dabei zu dem Schluss gekommen: Im Laufe des Lebens wandeln sich auch die Big Five. Drei Jahre später wurde dieses Ergebnis durch eine Studie mit 130000 Teilnehmern bestätigt.

Dabei sind allerdings die verschiedenen Persönlichkeitsmerkmale unterschiedlich statisch: So scheinen Menschen mit zunehmendem Alter zuverlässiger und umgänglicher zu werden, dafür nimmt ihre Offenheit für neue Erfahrungen ab. Allein der Hang zum Neurotizismus, die psychische Labilität also, scheint über die Jahrzehnte sehr fest im Wesen eines Menschen verankert zu sein.

Ob diese Veränderungen der Persönlichkeit auf Einflüsse von Umwelt und Kultur zurückgehen – oder doch eher auf ein biologisches Reifungsprogramm? Die Big-Five-Pioniere Paul Costa und Robert McCrae glauben an Letzteres: »Vielleicht hat sich das in der Evolution so entwickelt, weil es das Aufziehen der nächsten Generation erleichtert.« Wer Kinder großziehen will, muss schließlich zuverlässiger und weniger egozentrisch agieren, als wenn er sich nur um sich selbst zu kümmern hat. Demnach stünde die Veränderung mancher der Big Five schlicht für eine Art des Erwachsenwerdens. Umwelteinflüsse auf die Big Five seien jedenfalls nie beobachtet worden, meinen Costa und McCrae. Dafür aber ähnliche charakterliche Alterstrends bei Affen.

Ausgerechnet Neurotizismus soll also die am wenigsten

veränderliche Eigenschaft sein? Das klingt nicht gerade hoffnungsvoll für die Arbeit von Psychotherapeuten. Aber womöglich ändert sich an dieser Einschätzung noch etwas. Denn auch die Intelligenz, die in einem engen Zusammenhang mit dem Big-Five-Faktor Offenheit steht, wurde bisher immer als eine Eigenschaft angesehen, die einen Menschen ein Leben lang charakterisiert. Wissenschaftler glaubten, den Intelligenzquotienten in jedem Lebensalter messen zu können: Wenn ein Kind schon einen IQ von 140 schafft, dann würde es auch als Erwachsener noch etwa diesen Wert erreichen.

Doch diese Überzeugung ist gefallen. Zumindest in der Pubertät kann sich der IQ noch deutlich ändern, berichteten britische Neurowissenschaftler um Cathy Price erst 2011. Sie bestimmten den IQ von 33 Jugendlichen, als diese zwischen zwölf und 16 Jahre alt waren. Vier Jahre später wiederholten sie die Tests. Die Forscher waren selbst erstaunt, wie groß die Unterschiede waren: Bei manchen Testpersonen war der IQ plötzlich um 20 gestiegen, bei anderen in dieser Größenordnung gesunken. Eine Abweichung von 20 ist beim IQ gigantisch: Der Intelligenzquotient ist so definiert, dass 100 für den Mittelwert in der Bevölkerung steht. Mit einem IQ von 70 gilt ein Mensch als geistig behindert, ab einem IQ von 130 ist er hochbegabt.

Um sicherzugehen, überprüften die britischen Forscher ihre Ergebnisse aus den Intelligenztests mit Hilfe eines Magnetresonanztomographen. Tatsächlich zeigte sich bei jenen Testpersonen, die im IQ-Test bei den Fragen zum Wortschatz oder Wortverständnis zugelegt hatten, auch ein Zuwachs an grauer Masse in der Hirnregion, die für die verbale Intelligenz zuständig ist. Und bei jenen Personen, die besser als vor vier Jahren beim Lösen von Bild- oder Rechenaufgaben abschnitten, zeigte sich ein Zuwachs in den Hirnregionen für die nicht-verbale Intelligenz.

»Die intellektuelle Kapazität eines Individuums kann offenbar während des Teenageralters sinken oder wachsen«, sagt Cathy Price. Woran das aber liegt? Womöglich seien manche Jugendliche schlicht Früh- und andere Spätentwickler, meint Price. Wer später anfange, seine Intelligenz zu trainieren, der habe eben später Erfolge, wie dies auch beim körperlichen Training der Fall sei. Ob Erwachsene noch in so großem Maße zulegen können, kann Price bisher nicht beantworten.

Zusammenfassend also gilt: Wer es sich wirklich vornimmt, der kann so manches an seiner Persönlichkeit ändern. Auch noch im höheren Erwachsenenalter. Allerdings ist große Motivation die Grundvoraussetzung dafür. Jemanden gegen seinen Willen umzuformen, gilt als unmöglich. Das erfahren Eltern tagtäglich, wenn sie ihren Nachwuchs allein mit Autorität zuverlässiger oder braver machen wollen. Meist ist es eben doch eine Krise oder ein großes Glück, jedenfalls ein einschneidendes Ereignis, das Menschen dazu bringt, neue Wege zu gehen, sagt der Psychologe Greve. Das kann eine Scheidung sein, der Umzug in eine andere Stadt oder eine tiefe emotionale Erfahrung. »Wenn sich unsere Motive ändern, können auch wir uns ändern«, so Greve. Wer ein Leben lang derselbe bleibt, dem fehlt womöglich nur der Antrieb. Mitunter, weil er einfach zufrieden mit sich ist.

Die »Big Five«

Neurotizismus:
Menschen mit ausgeprägtem Neurotizismus gelten als emotional labil. Sie erleben häufiger und länger Angst, Nervosität, Trauer, Anspannung, Verlegenheit und Unsicherheit. Insgesamt machen sie sich mehr Sorgen um ihre Gesundheit, neigen zu Hirngespinsten und reagieren in schwierigen Situationen schnell sehr gestresst.

Menschen mit wenig ausgeprägtem Neurotizismus sind tendenziell stabil, entspannt, zufrieden und ruhig. Sie haben seltener unangenehme Gefühle – aber nicht unbedingt öfter positive Emotionen.

Extraversion:
Extravertierte Menschen sind begeisterungsfähig, heiter und optimistisch. Im Umgang mit anderen sind sie gesellig, gesprächig und auch aktiv. Anregungen nehmen sie gerne wahr.

Introvertierte Menschen sind dagegen eher zurückhaltend und mitunter auch reserviert. Sie gelten als ruhig und unabhängig und sind gern allein.

Offenheit für Erfahrungen:
Menschen mit großer Offenheit lieben es, neue Erfahrungen zu sammeln, und freuen sich über neue Eindrücke, Abwechslungen und Erlebnisse. Oft sind sie intellektuell, haben viel Fantasie und nehmen ihre Emotionen stark wahr. Sie sind wissbegierig, experimentierfreudig und vielfältig interessiert. In ihrem Urteil sind sie unabhängig, probieren gerne Neues aus und hinterfragen auch gesellschaftliche Normen.
Weniger offene Menschen sind eher konventionell und konservativ. Ihre eigenen Emotionen nehmen sie nicht so stark wahr. Sie sind realistisch und sachlich und führen oft ein bodenständiges Leben.

Verträglichkeit:
Menschen mit hoher Verträglichkeit sind oft sehr sozial eingestellt. Sie bringen anderen Mitgefühl und Verständnis entgegen. Sie setzen auf Vertrauen und Zusammenhalt. Meist sind sie gern bereit zu helfen, sie sind gutmütig und nachgiebig.
Weniger verträgliche Menschen sind dagegen tendenziell egozentrisch. Sie begegnen ihren Mitmenschen mit Misstrauen und Unverständnis und setzen eher auf Wettkampf denn auf Kooperation. Sentimentalität ist ihnen fremd.

Gewissenhaftigkeit:
Wer gewissenhaft ist, plant seine Handlungen sorgfältig, ist sehr organisiert, zielstrebig und effektiv. Für sein Handeln übernimmt er Verantwortung und erweist sich als zuverlässig und diszipliniert. Sehr gewissenhafte Menschen können auch pedantisch sein.
Weniger gewissenhafte Menschen handeln eher spontan und sind nicht besonders sorgfältig und genau. Sie gelten als locker und unbeständig, oft auch als unordentlich.

Resilienz entsteht meist früh – Wie man sie auch als Erwachsener noch lernen kann

> *Mitten im Winter habe ich erfahren,*
> *dass es in mir einen unbesiegbaren Sommer gibt.*
> Albert Camus

Psychische Widerstandskraft entsteht meist früh. Wem die dazugehörenden Eigenschaften und Fähigkeiten in den ersten Jahren seines Lebens mitgegeben wurden, der kann dafür einfach nur dankbar sein. Für seine zupackende Art, das fröhliche Temperament, die sichere Bindung. Für die Fähigkeit, sich Hilfe zu suchen, vor allem das Schöne im Leben zu sehen und an Niederlagen nicht immer nur sich selbst die Schuld zu geben.

Wenn einem aber mit zwanzig, dreißig oder auch viel später im Leben bewusst wird, dass man im Vergleich zu anderen empfindlich ist; dass man Erlebnisse, die Freunde einfach so wegstecken, viel zu schwer nimmt, dann kann man seine Resilienz durchaus noch stärken. Jeder Mensch kann auch jenseits des 30. Geburtstages aktiv dazu beitragen, dass Widerstandskraft in ihm wächst – wobei das Potenzial der wenig resilienten Personen dafür sogar größer ist als das der resilienten.

Resiliente Menschen nämlich sind nicht nur psychisch stabil, sondern auch in vielen Persönlichkeitsmerkmalen. Das haben Untersuchungen an Kindergartenkindern ergeben. Für eine Studie haben Erzieher den Charakter und das Temperament der Kinder eingeschätzt, als diese vier und sechs Jahre alt waren; später, um den 10. Geburtstag, äußerten sich noch einmal die Eltern. Dabei zeigte sich ein klarer Zusammenhang: Die Kinder, die von den Erwachsenen als resilient eingestuft worden waren, änderten sich besonders wenig. »Das hat wahrscheinlich mehrere Gründe«, sagt Karena Leppert. Zum einen haben Resilienz und eine stabile Persönlichkeit oft schlicht dieselbe Ursache. Denn es ist nun einmal so, dass Kinder, die in einer stabilen Umwelt aufwachsen, gemeinhin auch eine stabilere Persönlichkeit besitzen; sie können deshalb leichter ein hohes Maß an Resilienz entwickeln.

Doch die Resilienz sorgt vermutlich auch aktiv dafür, dass die Persönlichkeit von Menschen über die Jahre stabil bleibt: Weil starke Kinder sich auf Umweltänderungen einstellen können, suchen sie sich in einer sich verändernden Umwelt leichter neue Nischen, in denen sie sich wohlfühlen und in denen sie geschützt sind. »Resiliente Kinder können ihre Umwelt besser kontrollieren«, so Leppert. Wenn also eine geliebte Erzieherin den Kindergarten verlässt, dann tun sich die widerstandsfähigen Kinder leichter, eine Beziehung zu deren Nachfolgerin aufzubauen. »So schaffen sich diese Menschen selbst stabile Umwelten, was wiederum zu einer stabilen Persönlichkeit beiträgt.« Und schließlich kommen resiliente Persönlichkeiten mit Frust, Niederlagen und Krisen nun einmal besser zurecht als Menschen mit geringerer seelischer Widerstandskraft. Es besteht für sie deshalb auch nur wenig Anlass, sich zu ändern.

Bei den weniger Resilienten dagegen sind die Not und der Druck, einen neuen Umgang mit den Tiefschlägen des Lebens zu finden, erheblich größer – und das Gleiche gilt auch für ihre Entwicklungsmöglichkeiten. »Man kann Resilienz lernen«, betont denn auch Karena Leppert. Dem pflichtet der Kinder- und Jugendpsychologe Georg Kormann bei. Der Aufbau von Bewältigungspotenzial funktioniere zwar in den ersten zehn Lebensjahren am besten: »Doch auch Erwachsene sind zu jeder Zeit des Lebens grundsätzlich in der Lage, Widerstandsfähigkeit zu schulen«, betont Kormann. »Ein wichtiger Aspekt ist dabei, sich resiliente Menschen zum Vorbild zu nehmen und aus deren Verhalten in einer Lebenskrise zu lernen.«

Einen resilienten Menschen, meint Kormann, könne man mit einem Boxer vergleichen, »der im Ring zu Boden geht, angezählt wird, aufsteht und danach seine Taktik grundlegend ändert.« Wer nicht so widerstandsfähig ist, mache dagegen weiter wie zuvor und lasse sich erneut niederschlagen. »Nicht-Widerstandsfähige machen zwei grundlegende Fehler«, so Kormann: »Sie klagen über ihr schweres Schicksal – wodurch die ganze Angelegenheit nur noch schlimmer wird. Und sie befördern die Krise, indem sie die ganze Aufmerksamkeit dem Problem und seiner Entstehung widmen, aber über die Frage, wie es gelöst werden könnte, nicht genügend nachdenken.«

Ein gigantisches Psychoexperiment

Wie und in welchem Maße sich das ändern lässt, erkunden Wissenschaftler mit großem Aufwand. Das größte Projekt dazu betreibt derzeit die US-Regierung. In einer Kultur, in der man keine Schwäche zeigen und immer gut drauf sein sollte, ist die Politik besonders daran interessiert, wie man psychische Widerstandskraft erlangt. Noch dazu produzierten die vielen schwierigen Kriege der vergangenen Jahrzehnte, die die USA in aller Welt geführt haben, eine immer größere Gruppe an schwer traumatisierten Kriegsheimkehrern, die nicht nur menschliches Leid bedeuten, sondern alljährlich auch noch viele Millionen Dollar kosten.

Ob nach dem Vietnamkrieg, nach dem Krieg im Irak oder in Afghanistan: Im Alltag kommen viele der von dort heimgekehrten Veteranen nicht mehr zurecht. Unter den Überlebenden des für die US-Soldaten besonders furchteinflößenden Vietnamkriegs soll es jeder Dritte gewesen sein. Aber auch nach den Einsätzen im Irak oder in Afghanistan, wo weniger Zweikämpfe stattfinden, der Krieg vielfach im Panzerwagen oder am Computer geführt wird und die Zahl der Toten kleiner ist, kommen 17 Prozent der Soldaten traumatisiert nach Hause zurück, wie die Arbeitsgruppe um den Resilienzforscher George Bonanno in einer Langzeitstudie über elf Jahre herausgefunden hat. Die Daten gelten als sehr verlässlich, weil die Soldaten schon vor ihrem Abflug in die Fremde psychisch untersucht wurden. Bei knapp sieben Prozent der Heimkehrer ist das Leid so groß, dass eine posttraumatische Belastungsstörung (PTBS) diagnostiziert wird. Im Jahr 2010 war das bei exakt 10756 US-Soldaten der Fall.

So beschloss die US Army im Oktober 2009 ein gigantisches Psychoexperiment: Mit 125 Millionen Dollar finanziert sie seither ein Trainingsprogramm namens »Comprehensive Soldier Fitness« (CSF), an dem mehr als eine Million Soldaten teilnehmen sollen, um ihre Seele gegen Traumata zu feien. Von ihren Kriegen will die Army nicht lassen, aber die Soldaten sollen in Zukunft nach Monaten großer psychischer Belastung unter ständigen Terrordrohungen und Anschlägen seelisch möglichst unbeschadet zurückkehren. »Ich möchte eine Armee erschaffen, die psychisch ebenso fit ist, wie sie körperlich fit ist«, sagte der Vier-Sterne-General George Casey, bis April 2011 Generalstabschef der US-Armee, bei der offiziellen Einweihung des Programms. »Und der Schlüssel zur seelischen Fitness ist Resilienz.« Deshalb werde von nun an Resilienz in der US-Armee trainiert und gemessen.

Hinter all dem steht Martin Seligman, jener Psychologe, der in den 1960er-Jahren mit seinen Studien an Hunden die »erlernte Hilflosigkeit« entdeckt und definiert hat (siehe Seite 76). Er ist auch der Begründer der »Positiven Psychologie«. Bei seiner Antrittsrede als Präsident der American Psychological Association im Jahr 1998 überraschte Seligman die Fachwelt mit dem Ansatz, die Psychologie von einer Wissenschaft der Krankheiten zu einer Wissenschaft der Gesundheit machen zu wollen.

Den Schlüssel zur psychischen Widerstandskraft sieht der 1942 geborene Psychologe im Optimismus. Eine heitere, positive und lebensbejahende Grundhaltung allein schafft noch keine Resilienz. Aber die Zuversicht, sich nicht unterkriegen zu lassen, mache vor allen anderen Eigenschaften eine starke Seele aus, sagt Seligman. Denn es waren die Optimisten unter seinen Testpersonen, die in Versuchen zur erlernten Hilflosigkeit nicht aufgaben.

Im Jahr 1975 nämlich wiederholte Seligman gemeinsam mit seinem Kollegen Donald Hiroto die Experimente, die Hunde in die erlernte Hilflosigkeit getrieben hatten, mit Menschen. Diesen versetzten die beiden Wissenschaftler aber keine Elektroschocks. Sie forderten ihre Testpersonen vielmehr auf, sich zu konzentrieren, und störten sie dabei ständig durch laute Geräusche. Die Teilnehmer der ersten Gruppe konnten die störenden Geräusche stoppen, indem sie auf einen Knopf drückten. Die Teilnehmer der zweiten Gruppe konnten das nicht.

Am folgenden Tag wurden alle Testpersonen in einer ähnlichen Situation wieder dem nervigen Krach ausgesetzt. Diesmal konnten ihn alle abstellen – sie mussten ihre Hände dazu nur ein paar Zentimeter bewegen und auf einen Knopf drücken. Das fand die erste Gruppe auch schnell heraus. Aber die

Mitglieder der zweiten Gruppe taten mehrheitlich – nichts. »Sie waren passiv geworden und versuchten nicht einmal mehr zu entkommen«, erzählt Seligman. Auch sie hatten also Hilflosigkeit erlernt.

Und doch waren in der Gruppe der Hilflosen nicht alle gleich. Etwa jeder Dritte probierte – trotz seiner erfolglosen Versuche im früheren Experiment – noch einmal aus, ob es ihm denn diesmal nützen würde, auf den Knopf zu drücken. Für diese Leute, die nicht aufgaben, interessierte sich Seligman vor allem. Was war an diesen Unermüdlichen so außergewöhnlich? »Die Antwort ist Optimismus«, sagt er. Bei den Unermüdlichen handelt es sich um Menschen, die ihre Rückschläge als vorübergehend und veränderlich betrachten. In ihrem Innern sagen sie sich Sätze wie: »Es wird bald vorbei sein.« Oder: »Es ist nur diese eine Situation, und ich kann etwas daran tun.« Diese Menschen sehen die Ursache von Schicksalsschlägen im Verhalten anderer Menschen und suchen den Fehler eher nicht bei sich selbst. Und sie glauben fest daran, ihre Lage bessern zu können.

Den Hilflosen beizubringen, wie die Optimisten denken: Das hat sich Seligman seither zur Aufgabe gemacht. Denn deren Denkweise braucht man, um seine Widerstandskraft in psychischen Krisensituationen auszubauen. Wer sein Leid akzeptiert, aber zugleich fest daran glaubt, dass es vorübergeht, der entwickelt nicht so leicht eine PTBS oder eine Depression, sondern hat die Kraft, an den Umständen etwas zu ändern.

Jedes Jahr füllen die US-Soldaten im Rahmen des »Comprehensive Soldier Fitness«-Programms deshalb einen Online-Fragebogen aus, der ihre psychische Gesundheit erfasst. Darin sollen sie entscheiden, wie gut 105 Aussagen auf sie zutreffen. »In unsicheren Zeiten erwarte ich gewöhnlich das Beste«, ist einer dieser Sätze. Ein anderer lautet: »Wenn etwas schiefgehen kann, dann tut es das.« Die Auswertung zeigt den Soldaten am Ende, in welchen Bereichen ihre seelischen Stärken liegen und wo sie eher verwundbar sind. Die Ergebnisse sind vertraulich, werden aber anonymisiert vom Generalstab ausgewertet.

Diejenigen, um deren psychische Stärke es nicht zum Besten steht, können sich professionelle Hilfe holen oder an Online-Schulungen nach Seligmans Vorgaben teilnehmen. Eine der zentralen Übungen, mit denen man den Optimisten in sich wecken kann, nennt Seligman »To Hunt the Good Stuff«. Das bedeutet so viel wie »den guten Stoff aufstöbern«. Das ist gar nicht so schwierig. Seligman empfiehlt, jeden Abend vor dem Zubettgehen drei Dinge aufzuschreiben, die am zu Ende gehenden Tag gut gelaufen sind.

Das funktioniere durchaus, bestätigt der Soldat Brian Hinkley. Der junge Mann war bei einem Auslandseinsatz in Afghanistan und fühlte sich dort furchtbar – vor allem, weil er und seine Kameraden so unerwünscht waren. Die Kinder in den Dörfern warfen Steine nach den Soldaten und spuckten auf sie. Aber es half Hinkley tatsächlich, den guten Stoff aufzustöbern, wie er einmal einem Reporter erzählte: »Die wenigen Menschen, die einen einladen und einem Brot anbieten und Chai, die gleichen die 50 aus, die Steine werfen und einen in die Luft sprengen wollen.«

Teil des Programms ist es auch, die Ausbilder in der Armee zu schulen. Statt ihre sowieso schon angeschlagenen Soldaten in Grund und Boden zu schreien, sollen sie ihnen eine positive Weltsicht vermitteln. Sie sollen ihnen erzählen, dass alle Menschen verletzbar und Angst und Trauer gesunde Reaktionen sind. Auch ermuntern sie die Soldaten, offen über ihre Schwierigkeiten zu sprechen. Es gibt immer schlechte Tage, lautet die Devise. Aber man kann versuchen, mit ihnen auf möglichst gute Weise umzugehen. So will die Armee langsam wegkommen vom Image der beinharten Marines, die durch nichts zu erschüttern sind.

Im Dezember 2011 legte die US Army einen ersten Bericht zum »Comprehensive Soldier Fitness«-Programm vor. Dazu wurden die Daten von acht Kampfbrigaden mit ihren jeweils mehreren tausend Mitgliedern ausgewertet; nur in vier von ihnen war das Programm bisher angewendet worden. Nach 15 Monaten erreichten die geschulten Truppen erheblich höhere Resilienzwerte als die übrigen, teilte die Army mit. Die Soldaten hatten eine größere emotionale und soziale Fitness entwickelt und dachten weniger selbstzerstörerisch. »Es gibt jetzt gründliche wissenschaftliche Belege dafür, dass CSF die Resilienz und die psychische Gesundheit von Soldaten verbessert«, kommentierten die Autoren um den Psychologen Paul Lester.

Auch den Soldaten gefiel das Programm – zum Teil zum Erstaunen seiner Initiatoren. Während die Oberen in der Armee schon gefürchtet hatten, die »hartgesottenen Soldaten« würden das Resilienztraining für »mädchenhaft«, »gefühlsduselig« oder einen »Psychoquatsch« halten, taten sie das ganz und gar nicht: Sie gaben dem Kurs im Durchschnitt 4,9 von 5,0 möglichen Punkten! Etwa die Hälfte von ihnen sagte sogar, es sei der beste Kurs gewesen, den die Armee jemals angeboten habe. Das Training habe ihnen auch geholfen, Probleme im Privatleben zu bewältigen.

Von außen wurde allerdings Kritik laut. Das Psycho-Fitness-Programm erfasse nur allgemeine, wenig aussagekräftige Parameter, monierten Roy Eidelson und Stephen Soldz von der Coalition for an Ethical Psychology im Mai 2012. Sie hatten schon ein Jahr zuvor Kritik an dem Army-Programm geäußert, dem aus ihrer Sicht die Wissenschaftlichkeit fehlt. Ausgerechnet die wichtigen Messgrößen für PTBS, Suizidgedanken, Depressionen und andere psychische Krankheiten, würden nicht valide erfasst, obwohl es doch das große Ziel sei, eben diese zu verhindern, schrieben sie. Deshalb werde man am Ende auch nicht sagen können, ob die Intervention wirklich dabei hilft, so schwierige Situationen wie einen Kriegseinsatz besser zu bewältigen. Der Resilienzforscher Bonanno glaubt jedenfalls nicht daran: »Diese Programme wurden entwickelt, um Menschen glücklicher und gesünder zu machen«, lästert er. »Das ist nicht dasselbe, wie Menschen auf Stresssituationen vorzubereiten, in denen sie sich wirklich in die Hose machen; in denen sie eine Art von Stress haben, den sie hoffentlich nur einmal in ihrem Leben erleben.«

Für Normalsterbliche ist der Erfolg von Resilienztrainings tatsächlich besser untersucht. Wer nicht gerade in den Krieg zieht, sondern nur den üblichen Schrecken und Verletzungen des Alltags begegnet, dem scheinen Programme wie die von Martin Seligman ganz gut helfen zu können. Am besten untersucht ist Seligmans Stärkentraining bei Kindern und Jugendlichen. Gemeinsam mit seinen Mitarbeiterinnen Karen Reivich und Jane Gillham hat er an Schulen in Pennsylvania das »Penn Resiliency Program« gegen Ängstlichkeit und Depressionen entwickelt. Es gelang ihnen damit, den Optimismus der Kinder hervorzulocken; unter den Teilnehmern traten Ängstlichkeit und Depressionssymptome seltener auf, wie zahlreiche Studien belegen. Inzwischen wurde das Programm auch an Hochschulen erfolgreich angewendet.

Die Schüler sollen erkennen, dass die »Selbstgespräche, die wir alle in unseren Köpfen führen«, nicht immer ein Spiegel der Wirklichkeit sind, erzählt die Philosophin und Politikwissenschaftlerin Amy Challen, die zusammen mit Kollegen das Penn Resiliency Program an britischen Schulen etabliert hat. Die Kinder sollen sich klarmachen, dass diese Gespräche Reaktionen auf Gefühle sind und dabei selbst Gefühle in ihnen verursachen – und dass sie meist auch ganz anders geführt werden könnten. Die Kinder »werden ermutigt, negative Sichtweisen zu erkennen und in Frage zu stellen«, so Challen. Statt »Das muss auch immer mir passieren« kann man sich nach einem Missgeschick auch sagen: »Da habe ich jetzt aber Pech gehabt.« Die Kinder sollen erkennen, wann negative Emotionen übermächtig werden und wie sie dann die Reißleine ziehen können. Zum Beispiel erfahren sie, wie man eigene positive Gefühle verstärkt. Darüber hinaus lernen sie, wie sie sich entspannen können und wie sie mit anderen besser zurechtkommen. So habe das Resilienztraining auch geholfen, »die Beziehungen mit Gleichaltrigen und Familienmitgliedern zu verbessern, die schulischen Leistungen zu befördern und die Kinder für andere Aktivitäten zu interessieren«, fasst Amy Challen zusammen.

Wie man Charakterstärken trainiert

»Build what's strong!« (Baue auf, was stark ist!) statt »Fix what's wrong!« (Bringe in Ordnung, was falsch ist!), lautet Martin Seligmans Credo. Dass das funktioniert, legt eine Studie nahe, die Seligman mit 577 Testpersonen durchgeführt hat. Die Psychologen haben diese Teilnehmer aufgefordert, eine Woche lang abends zu notieren, was gut an diesem Tag war – ähnlich, wie dies auch Teil des CSF-Programms in der U.S. Army ist. Eine Gruppe von Kontrollpersonen sollte am Ende des Tages einfach nur über ihre Erlebnisse schreiben; von einem Fokus aufs Positive wurde ihnen nichts gesagt. Tatsächlich hatten diejenigen, die abends den guten Stoff des Tages aufstöberten, noch sechs Monate nach Abschluss des Trainings eine optimistischere Grundhaltung und weniger depressive Symptome.

Ebenso wirkungsvoll erwies sich eine zweite Strategie: Die Testpersonen sollten mit Hilfe eines Online-Fragebogens ihre Charakterstärken erkennen. So erfuhren sie, welches ihre fünf herausragenden Stärken sind. Diese sollten sie eine Woche lang jeden Tag auf eine für sie neue Art nutzen. So könnte ein Mensch, der sich durch Großzügigkeit auszeichnet, einem Unbekannten mit abgelaufenem Parkzettel einen neuen hinter den Scheibenwischer klemmen, damit der Fremde keinen Strafzettel bekommt. Und jemand, der besonders kreativ ist, könnte seinem Partner auf die Frage, was es zu essen gibt, die Mahlzeit pantomimisch erläutern. Wer gut im Verzeihen ist, könnte sich selbst einmal einen Fehler nachsehen. Und wer viel Lebensfreude besitzt, könnte diese durch ein besonders verrücktes Outfit ausdrücken oder mal wieder wie ein Kind auf dem Bett herumhüpfen.

Auf das Trainieren von Stärken setzt auch Willibald Ruch mit seinem »Zürcher Stärken Programm«. Der Professor für Persönlichkeitspsychologie hat dieses Programm nach dem Vorbild Seligmans entwickelt und ebenfalls in Studien getestet. Über welche Stärken man verfügt, kann man auf Ruchs Homepage testen (www.charakterstaerken.org).

In seiner bislang wichtigsten Studie zum Thema übten sich die Probanden zum Beispiel in Dankbarkeit, indem sie jemandem, der in ihrem Leben eine wichtige Rolle gespielt hat, dies in einem Brief sagten. Ihren Sinn für das Schöne konnten sie dadurch trainieren, dass sie in ihrem Alltag auf Momente und Situationen achteten, in denen sie Bewunderung für etwas Schönes empfanden. Das konnten Menschen oder Dinge sein, aber auch besondere Gesten oder Bewegungen.

»Charakterstärken trainieren macht glücklich«, lautet Ruchs Fazit. Auch in seinen Studien zeigte sich, dass der Effekt eines kurzen Trainings sechs Monate andauern kann. Dabei ist aber nicht gleichgültig, welche seiner starken Seiten ein Mensch trainiert. Den größten Effekt, sagt Ruch, habe es, wenn man sich auf seine Neugier, seine Dankbarkeit, seinen Optimismus, seinen Humor oder seinen Enthusiasmus besinnt und dies weiter ausbaut.

Die zehn Wege zur Resilienz

Inzwischen hat die American Psychological Association auf der Grundlage von Seligmans Programm sogar einen Zehn-Punkte-Plan als »Road to Resilience« ins Internet gestellt (http://www.apa.org/helpcenter/road-resilience.aspx). Die zehn Wege zu mehr seelischer Widerstandskraft lauten wie folgt:

1. **Bauen Sie soziale Kontakte auf:** Gute Beziehungen zur engeren Familie, zu Freunden und anderen sind wichtig. Akzeptieren Sie Hilfe und Unterstützung von Leuten, die sich etwas aus Ihnen machen. Stehen Sie anderen bei, wenn diese Hilfe brauchen. Wer sich in Aktionsgruppen, Religionsgemeinschaften oder politischen Vereinen engagiert, kann daraus selbst Stärke beziehen.
2. **Sehen Sie Krisen nicht als unlösbare Probleme:** Auch wenn man nichts daran ändern kann, dass sehr unangenehme Dinge passieren, kann man doch beeinflussen, wie man solche Krisen interpretiert und darauf reagiert. Malen Sie sich aus, dass es Ihnen in Zukunft wieder besser gehen wird. Versuchen Sie auszutüfteln, was beim nächsten Mal besser laufen könnte, wenn Ihnen wieder mal etwas Unangenehmes widerfährt.
3. **Akzeptieren Sie, dass Veränderungen zum Leben gehören:** In einer widrigen Lebenslage lassen sich manche Ziele nun mal nicht erreichen. Akzeptieren Sie die Umstände, die sich nicht ändern lassen, und konzentrieren Sie sich auf das, was Sie ändern können.
4. **Versuchen Sie, Ziele zu erreichen:** Setzen Sie sich einige realistische Ziele, anstatt von Dingen zu träumen, die un-

erreichbar sind. Nehmen Sie sich etwas vor. Tun Sie regelmäßig etwas – selbst wenn es nur eine Kleinigkeit zu sein scheint –, das Sie Ihren Zielen ein Stückchen näherbringt.
5. **Handeln Sie entschlossen:** Setzen Sie sich gegen widrige Situationen zur Wehr, so gut Sie können. Stecken Sie nicht den Kopf in den Sand, in der Hoffnung, dass Ihre Schwierigkeiten möglichst bald vorübergehen. Ergreifen Sie die Initiative und versuchen Sie, Ihre Probleme zu bewältigen.
6. **Finden Sie zu sich selbst:** Halten Sie nach Möglichkeiten Ausschau, wie Sie etwas über sich lernen können. Vielleicht entdecken Sie, dass Sie an schwierigen Situationen gewachsen sind. Viele Menschen, die schlechte Zeiten hinter sich gebracht haben, berichten danach von intensiveren Beziehungen und einem größeren Gefühl von Stärke. Auch wenn sie sich verletzbar fühlen, haben sie oft mehr Selbstwertgefühl und eine größere Wertschätzung des Lebens erlangt.
7. **Entwickeln Sie eine positive Sicht auf sich selbst:** Vertrauen Sie auf Ihre Fähigkeit, Probleme zu lösen, und auf Ihre Instinkte.
8. **Behalten Sie die Zukunft im Auge:** Versuchen Sie, auch in schwierigen Situationen eine Langzeitperspektive zu bewahren und die Lage in einem breiteren Kontext zu betrachten. Versuchen Sie das Ereignis nicht größer zu machen, als es tatsächlich ist.
9. **Erwarten Sie das Beste:** Versuchen Sie, eine optimistische Einstellung zu gewinnen. Sie befähigt zu einer positiven Erwartungshaltung. Versuchen Sie sich vorzustellen, was Sie möchten, statt darüber nachzudenken, wovor Sie Angst haben.
10. **Sorgen Sie für sich selbst:** Achten Sie auf Ihre Bedürfnisse und Gefühle. Machen Sie Dinge, an denen Sie Spaß haben und die Sie entspannend finden. Verschaffen Sie sich regelmäßig Bewegung. Wer sich um sich selbst kümmert, stärkt Körper und Geist, um auch mit schwierigen Situationen zurechtzukommen.

Man könnte auch noch sagen: **Werden Sie spirituell!** Zahlreichen Studien zufolge kommen Menschen besser durch schwierige Lebensphasen hindurch, wenn sie an etwas Höheres glauben. Dabei kommt es nicht darauf an, ob sie auf Gott, Allah, Jahwe, Buddha oder die vielen hinduistischen Gottheiten vertrauen. Auch müssen sie sich gar keiner der großen Religionen zugehörig fühlen. Manchen Menschen hilft die Überzeugung, die Natur sei die Kraft, die über sie wache; andere finden ihr Glück in esoterischen Gemeinschaften. Und wieder andere sehen den Sinn ihres Lebens in einer politischen Idee. Es ist wohl die Energie der Gruppe und die Überzeugung, auf dieser Erde zu einem großen Ganzen zu gehören, die hilft, die Tiefschläge des Lebens zu verkraften.

Ohnehin muss man natürlich nicht alle zehn Punkte abarbeiten, um auf dem Weg zur Resilienz ans Ziel zu gelangen. Auch das ist Resilienz: Für sich selbst entscheiden, was einem gut tut. »Stärke ist immer eine Kombination von vielen Faktoren«, sagt der Gesundheitspsychologe Ralf Schwarzer. Am wichtigsten ist es in seinen Augen, dass sich Menschen ein soziales Netzwerk aufbauen und es dann auch erhalten. »Deshalb ist es auch besser, wenn man sein Leben im Alltag nicht so konfliktträchtig gestaltet«, so Schwarzer. Er empfiehlt zudem, öfter mal etwas Neues auszuprobieren: »Das stärkt die Selbstwirksamkeit.« Das müssen nicht immer komplizierte Dinge sein. Asiatisch kochen zu lernen wäre eine Idee. Oder so lange üben, bis man auch rückwärts sicher einparken kann.

Gegen Stress geimpft

Die Teenager aus Minnesota genossen ihr Leben weit weniger, als es ihre Schulkameraden taten. Sie mussten während ihrer Highschool-Zeit schuften, um sich etwas kaufen zu können, oder gar, um mit dem verdienten Geld zum Lebensunterhalt der Familie beizutragen. Während ihre Kumpel zum Sport gingen, ein Instrument lernten oder in ihrer Freizeit einfach Spaß mit Freunden hatten, jobbten die jungen Leute aus den ärmeren Familien in Gaststätten oder an Tankstellen. Im Unterricht fielen ihnen oft fast die Augen zu. Und von zu Hause fehlte es nicht nur an der finanziellen Unterstützung, sondern auch an Zuspruch und Hilfe in allen Belangen eines krisengeschüttelten Teenagerlebens. So waren die jungen Leute schließlich weniger selbstbewusst als ihre wohlbehüteten Klassenkameraden. Sie hatten häufiger depressive Symptome und auch höhere Stresslevel.

Doch zehn Jahre später hatte sich das Bild gewandelt. Als junge Erwachsene hatten die gestressten Teenager sogar ein weniger depressives Gemüt als die jungen Leute aus den besseren Vierteln des Ortes. »Eigentlich hatten wir erwartet, dass es den Jugendlichen, die schon früh in ihrem Leben Geld verdienen mussten, auf Dauer schlechter ergehen würde«, sagen die amerikanischen Psychologen Jeremy Staff und Jeylan Mortimer. Denn die Zeit, die sie fürs Kellnern aufwendeten, konnten andere mit Aktivitäten zubringen, die der Entwicklung eines jungen Menschen aus pädagogischer Sicht förderlich sind. Auch hatten die Jugendlichen ohne Job nicht so viel Stress und nicht so viele unangenehme Erlebnisse, für die sie eigentlich noch nicht reif waren.

Doch in dem Moment, in dem die Teenager die Schule verließen, entpuppten sich ihre frühen Arbeitsplatzerfahrungen als Quelle der Resilienz. Sie waren quasi schon gegen den Stress geimpft, der ihnen im Erwerbsleben bevorstand.

Die Idee von einer Impfung gegen Stress setzt sich in der Resilienzforschung immer mehr durch. »Moderate Mengen an Stress können Resilienz fördern«, sagt die Psychologin Julia Kim-Cohen. »Sie stählen, sie machen zäh, sie ertüchtigen.« Allerdings dürfe der Stress nicht zu groß werden. »Werden unangenehme Lebensereignisse zu zahlreich und zu schwerwiegend, dann kann das eine Person überfordern und nicht zur Impfung gegen Stress, sondern zum Gegenteil führen.«

Das ist eigentlich ganz ähnlich wie bei echten Impfungen. Hier verwenden Ärzte schließlich auch eine moderate Zahl an Krankheitserregern, damit der Körper den Umgang mit ihnen erst einmal spielerisch lernen kann und nicht gleich einer vernichtenden Attacke ausgesetzt ist. So ist er vorbereitet, wenn eines Tages der Ernstfall einer echten Infektion mit vielen Viren eintritt. Wären zu wenige Viren oder Bakterien im Impfstoff, dann würde dieser nichts nützen; zu viele Krankheitserreger aber würden die Krankheit auslösen. Auch der Impfeffekt des Stresses »scheint daraus zu resultieren, dass man Erfahrungen sammelt, wie man effektiv mit Widrigkeiten umgeht«, sagt Julia Kim-Cohen.

Wissenschaftler haben solche Stressimpfungen inzwischen im Tierversuch gezielt eingesetzt. Schließlich kann man nur Tiere absichtlich in unangenehme Situationen bringen, die man dann später auswertet. Bei Menschen können Forscher, das ist leicht einsichtig, nur abwarten, wie das Leben ihnen mitspielt, oder sie nach längst vergangenen Ereignissen fragen. Die wenige Monate alten Totenkopfäffchen aber, die Verhaltensforscher um David Lyons für ihre Experimente benutzten, konnten keine Klagen wegen psychischer Grausamkeit einreichen. So wurden sie von den Wissenschaftlern immer mal wieder für kurze Zeit von ihrer Gruppe getrennt.

Dass sich das auf das Seelenleben der Affenkinder auswirkte, zeigte sich in späteren Experimenten. Allerdings waren die Folgen anderer Art, als mitfühlende Menschen zunächst annehmen mögen: Als die Tiere ein Jahr alt waren, setzten die Forscher sie in ein anderes Gehege, das die Affen erkunden sollten. Dabei waren die Tiere, die im Alter von wenigen Monaten auch mal allein zurechtkommen mussten, deutlich weniger ängstlich als Äffchen, die immer von ihren Müttern umsorgt worden waren. Auch konnten sie sich auf die neuen Situationen besser einstellen und fraßen ihr Futter mit mehr Appetit. Im Speichel der stressgeimpften Totenkopfäffchen fanden die Forscher signifikant geringere Mengen von dem Stresshormon Cortisol.

»Duckt euch nicht weg!«

Bei Menschenkindern scheint das nicht anders zu sein, auch wenn es sich weniger leicht untersuchen lässt. Eine besonders spannende Studie auf diesem Gebiet hat wieder einmal etwas mit Adoptionen zu tun. Und zwar untersuchte ein Team um den Pädagogischen Psychologen Mark Van Ryzin Kinder aus aller Welt, die von amerikanischen Eltern adoptiert worden waren. Sie verglichen deren Stressreaktionen mit Kindern, die immer bei ihren leiblichen Eltern in den USA gelebt hatten. Die Adoptivkinder teilten sie zudem in zwei Gruppen ein. Die einen hatten früh in ihrem Leben anhaltende Belastungen erfahren, da sie lange Zeit in Waisenhäusern verbracht hatten. Die anderen waren schon als Baby adoptiert worden – nach höchstens zwei Monaten im Heim. Zum Zeitpunkt der Studie waren alle Kinder zwischen zehn und zwölf Jahre alt.

Mark Van Ryzin machte einen überraschenden Fund: Das Schicksal der Kinder ließ sich an der Menge an Cortisol ablesen, das sie in Stresssituationen produzierten. Doch die Kinder, die als Babys adoptiert worden waren, hatten von allen Kindern die niedrigsten Stresslevel! Die behüteten US-Kinder gerieten dagegen genauso leicht unter Stress wie die Kinder mit der langen Waisenhaushistorie.

Dass ein bisschen Gegenwind im Leben etwas Gutes ist, gilt offenbar auch noch für Erwachsene, wie Befragungen ergeben haben. Menschen mit einer nicht ganz leichten Lebensgeschichte haben demnach eine bessere psychische Gesundheit als Menschen mit einem schwierigen oder allzu leichten Leben. Sie entwickeln seltener eine PTBS, haben weniger Angst und sind mit sich und ihrer Situation zufriedener, fasst der Psychologe Mark Seery seine Forschung zusammen. »Außerdem werden Menschen mit einem gewissen Maß an durchlittenem Elend auch weniger durch aktuelle Stressereignisse beeinträchtigt«, sagt er.

Die Alltagsweisheit »Was uns nicht umbringt, macht uns stärker« sieht auch der Persönlichkeitspsychologe Jens Asendorpf »mehr und mehr durch Forschung bestätigt«. »Duckt euch nicht weg!«, übersetzt er das ins praktische Leben. »Man muss Herausforderungen auch mal annehmen.« Wenn man es beispielsweise hasst, vor fremden Menschen zu sprechen, und die tägliche Routine im Büro eigentlich gemütlicher findet, sollte man einer Einladung zu einem Vortrag ruhig mal folgen, rät Asendorpf. Am Tag vorher, während man den Vortrag vorbereitet, bereut man es wahrscheinlich furchtbar. In den Minuten vor dem großen Ereignis dann erst recht. Aber wenn man es hinter sich bringt und möglichst auch noch die Erfahrung macht, dass es ganz gut gelaufen ist, dann hat man wieder etwas für seine Resilienz getan.

Die U-Kurve des Glücks

Das Leben hält für jeden Menschen im Laufe der Zeit natürlich sowieso eine Reihe von Stressimpfungen bereit, ob wir das nun möchten oder nicht. Insofern gibt es noch eine ganz einfache Möglichkeit, wie man seine psychische Widerstandskraft stärken kann: schlichtweg, indem man älter wird.

Erste Indizien dafür liefern die aktuellen Studien zur Glücksforschung. Seelische Stärke ist ja nicht ganz unabhängig vom Glück. Denn es ist zweifelsohne leichter, Schicksalsschläge aus einer Situation heraus zu parieren, in der man sich grundsätzlich wohl fühlt. Das Glück aber ist bei allen Menschen in der Jugend besonders groß und nimmt dann kontinuierlich ab. Bis etwa Mitte 40 schwindet das Glück mehr und mehr, dann setzt die berühmt-berüchtigte Midlife-Crisis ein. Doch es gibt Hoffnung: Wenn man das Tief etwa mit seinem 50. Geburtstag hinter sich gebracht hat, dann wächst das Glücksgefühl der meisten Menschen ebenso kontinuierlich wieder an – und wächst und wächst bis kurz vor dem Tod, wie die Neurowissenschaftlerin Tali Sharot erzählt. »Überall auf der Welt wurde das beobachtet«, sagt sie. »Von der Schweiz bis nach Ecuador, von Rumänien bis China.« Unterschiedlich ist nur, wann der Tiefpunkt erreicht wird. Die Deutschen trifft er im Durchschnitt mit 42,9 Jahren, die Briten finden sich schon mit 35,8 Jahren im Stimmungstief. Die Italiener haben dagegen mehr zufriedene Jahre vor sich, bevor sie dann mit 64,2 Jahren an ihrem Glücksminimum angelangt sind. Manch einer erlebt das gar nicht mehr.

Wissenschaftler haben schon viele Daten zur U-Kurve des Glücks gesammelt. Aber worauf ist diese eigentlich zurückzuführen? Vielleicht darauf, dass das Leben in den 30ern und 40ern besonders anstrengend ist, wenn man im Beruf etwas auf die Beine zu stellen versucht und zugleich kleine Kinder hat, die umsorgt sein wollen? »Nein«, sagt Sharot, »das ist nicht der Grund.« Denn die U-Kurve des Glücks gilt auch für Menschen ohne Kinder. Sie ist zudem unabhängig vom Bildungsstatus, vom Einkommen, von Partnerschaften. »Und sie ist sogar bei Menschenaffen zu finden«, ergänzt der Primatenforscher Alexander Weiss.

Weiss hat vor Kurzem die Pfleger von 508 Affen in Zoos gefragt, wie sie das Wohlbefinden ihrer Schützlinge einschätzen. Das Ergebnis war verblüffend: Glaubt man den Tierpflegern, dann leiden auch Affen unter Midlife-Crisis. Womöglich ist das seelische Tief in der Mitte des Lebens also gar nicht auf die menschliche Zivilisation zurückzuführen, sondern biologisch begründet und in den Hirnstrukturen schon bei der Geburt festgelegt. Oder das Phänomen, dass es bald nach diesem Tiefpunkt auch wieder bergauf geht, hat schlicht etwas mit sozialem Lernen zu tun.

Auch Krisen können resilient machen

Emmy Werner würde wohl auf Letzteres tippen. Oft führen Wendepunkte im Leben erst zu der Stärke, die man braucht, sagt die Psychologin. Ein solcher kann nach Werners Erfahrung auf Kauai zum Beispiel der Eintritt ins Arbeitsleben sein. Das Selbstbild der jungen Erwachsenen dort, die in der Schule laufend Schwierigkeiten hatten, änderte sich schlagartig zum Besseren, sobald sie einen Job bekamen, der ihnen Spaß machte, in dem sie ihre Stärken nutzen konnten und Anerkennung fanden. Auch im Erwachsenenleben gibt es solchen Wandel immer wieder. Manchmal resultiert er sogar aus einem zunächst unerfreulichen Anlass – etwa, wenn man einen Arbeitsplatz verliert, an dem es aber mehr Ärger gab als Anerkennung.

Manche der Jugendlichen von Kauai hätten auch eine »Art der Erleuchtung« gehabt, sagt Emmy Werner. Bei einigen sei das nach einer lebensbedrohlichen Krankheit in der Familie der Fall gewesen. »Die nahe Begegnung mit dem Tod zwang sie, sich mit dem Leben auseinanderzusetzen, das sie bis dahin geführt hatten, und über die Möglichkeiten einer positiven Veränderung nachzudenken«, erzählt die Psychologin und folgert: »Krisen machen resilient.«

Das sah auch die inzwischen verstorbene Schweizer Paar- und Familientherapeutin Rosmarie Welter-Enderlin so: »Manchmal kommt die Resilienz erst in den ganz großen Krisen zutage, obwohl man mit den kleinen immer haderte.« Das gelte auch für Paare, die gemeinsam Kraft mobilisieren, um ihre Ehe vor dem Aus zu retten. »Ihre Fähigkeit zu Resilienz mag bisher in den alltäglichen Turbulenzen untergegangen oder Außenstehenden nicht zugänglich gewesen sein«, so Welter-Enderlin. »Aber in der Krise beleben sie manchmal Fähigkeiten, von denen sie nichts mehr gewusst hatten.«

Die gesammelten Krisen eines Menschenlebens bieten dem, der aus ihnen lernt, am Ende einen bunten Strauß an Bewältigungsstrategien. »Es geht ja nicht so sehr darum, dass man bestimmte Ressourcen hat«, erläutert der Heilpädagoge Michael Fingerle. »Wenn man Schwierigkeiten bewältigen muss, kommt es darauf an, wie man die Ressourcen, die man hat, einsetzt.« Und das lasse sich erlernen. Zum Beispiel helfe es, sich regelmäßig an die Tiefpunkte seines Lebens zu erinnern – daran, dass und wie man sie überstanden hat.

Das soziale Lernen mag auch der Grund dafür sein, dass sich viele – wenn auch nicht alle – Negativereignisse im Leben nicht mehr so schlimm anfühlen, wenn sie ein zweites Mal eintreten. Das gilt zum Beispiel für die Trennung vom Ehepartner. »Scheidung gilt als eines der stressigsten Ereignisse, die man erleben kann«, schreiben die Entwicklungspsychologen Maike Luhmann und Michael Eid. »Die zweite Scheidung wird aber nicht mehr als so schlimm empfunden wie die erste.« Menschen gewöhnten sich offenbar an wiederholte Scheidungen. Das muss kein Abstumpfungseffekt sein. Wahrscheinlich haben die Betroffenen auch einfach gelernt, wie sie aus dieser schwierigen Situation weniger belastet herauskommen. Sie wissen, dass sie eines Tages wieder glücklich sein können und vielleicht auch wieder einen neuen Partner finden.

Die Gelassenheit der Älteren

Fast bis zum Lebensende geht es mit der Resilienz bergauf. »Ältere Menschen können Schwierigkeiten besser meistern«, meint auch der Resilienzforscher George Bonanno. Zunächst mag das erstaunlich anmuten, schließlich werden ab der Lebensmitte »zahlreiche entwicklungsbedingte Abbauprozesse und Funktionseinbußen« sichtbar, wie die Altersforscherin Ursula Staudinger sagt. Deshalb waren Experten lange Zeit davon ausgegangen, dass es mit der Zufriedenheit, der Lebensfreude und der psychischen Stärke im Alter nicht so weit her sein könne. Für Hochbetagte gilt das auch – wahrscheinlich weil Krankheiten im hohen Alter immer quälender werden und weil die Leistungsfähigkeit und die Mobilität dann dramatisch nachlassen. Doch bis wenige Jahre vor dem Tod ist das Gegenteil der Fall. Da wächst die Resilienz.

»Im Alter hat man einen größeren Erfahrungsschatz«, sagt der Psychologe Denis Gerstorf. Das helfe, Krisen zu bewältigen. »Man kennt sich auch selbst besser und weiß daher, wie man mit schwierigen Situationen fertig wird«, so Gerstorf. Schließlich hat jeder, der eine Reihe von Geburtstagen hinter sich hat, schon so manche Krise bewältigt.

Allerdings scheint es nicht nur um Erfahrungen zu gehen. »Wir werden im Alter im Durchschnitt umgänglicher, verlässlicher und emotional stabiler«, sagt Ursula Staudinger. Das liege vor allem daran, dass Menschen mit dem Alter automatisch ihre soziale Anpassungsfähigkeit steigern. Die sorgt dann für stabile Netzwerke, gute Beziehungen und auch mehr Zufriedenheit mit den Dingen, die sich eben nicht ändern lassen. Woher diese Altersmilde kommt, ist noch nicht ganz klar. Doch Experimente, die sie belegen, gibt es zuhauf.

Dass ältere Menschen mehr Verständnis für andere haben, konnte die Entwicklungspsychologin Ute Kunzmann in einem Experiment zeigen: Sie führte ihren Testpersonen eine kurze Filmsequenz vor, in der sich ein Paar streitet. Das regte die älteren Zuschauer erheblich weniger auf als die jüngeren. Sie reagierten gelassener und zeigten auch mehr Mitgefühl mit den Streithähnen.

Das unaufgeregte Wesen der Alten verändert wohl auch die Art, wie sie schwierige Situationen bewältigen. »Resilienz ist im Alter mehr und mehr auf externe Ressourcen angewiesen«, sagt Ursula Staudinger. »Probleme werden seltener gelöst, aber relativiert und akzeptiert.« Das sorgt für Entlastung. So spendet die Gelassenheit denjenigen, die schon viel im Leben gesehen haben, auf ganz besondere Weise Kraft.

Wie man Stärke bewahrt

Man kann Resilienz also erwerben. Das Dumme ist nur: Man kann sie auch jederzeit wieder verlieren. Selbst Menschen, die in vielen Situationen schon ihre innere Stärke gespürt haben, können sich nicht auf sie verlassen. »Resilienz ist ein sehr dynamisches Phänomen, das verschwinden und wieder auftauchen kann«, sagt der Heilpädagoge Michael Fingerle. Wer viele Jahrzehnte festen Schrittes durchs Leben ging, den erwischt es eines Tages womöglich doch noch. Entweder weil seine Resilienz im Laufe der Jahre durch schwerwiegende Ereignisse kleiner geworden ist. Oder weil die eine, spezielle Situation nun ausgerechnet den verwundbaren Punkt seiner Seele trifft.

Es ist ja nicht so, dass Eigenschaften oder Fähigkeiten, die in einer Situation Stärke verleihen, dies auch bei der folgenden Gelegenheit tun. Kaum ein Charakterzug, kaum ein äußerer Umstand ist immer gut oder schlecht. »Was sich heute als Schutzfaktor darstellt, kann sich morgen als Risikofaktor herausstellen«, sagt der Soziologe Bruno Hildenbrand. So kann ein großer Familienzusammenhalt Kinder schützen, wenn sie klein sind. Er behindert sie aber womöglich, wenn es darum geht, sich abzulösen und ein eigenes Leben zu beginnen. Ein anderes Beispiel ist die Spiritualität: »Spirituelle Erfahrungen können sehr hilfreich im Leben sein«, sagt der Psychologe Friedrich Lösel. Aber es passiere eben auch, dass sich Menschen in Sekten verlieren. »Das alles hat sein Doppelgesicht«, so Lösel. Ob einzelne Faktoren die Psyche schützen oder bedrohen, hänge immer auch von Zeit und Ort ab. So ist Ängstlichkeit eigentlich keine Eigenschaft, die besonders stark macht. In einem gewalttätigen Elternhaus aber werden, wie erwähnt, ängstliche Kinder nicht so leicht zu Gesetzesbrechern wie ihre selbstbewussten Geschwister. Ihre Ängstlichkeit schützt sie vor überbordender Aggressivität.

»Es gibt eben nicht *die* Resilienz-Eigenschaft«, sagt der Persönlichkeitspsychologe Jens Asendorpf. Resilienz setze sich nun einmal aus verschiedenen Persönlichkeitsmerkmalen und äußeren Faktoren zusammen und sei damit auch immer wieder anders ausgeprägt. »Man muss sich eingestehen, dass man nicht in jeder Situation stark ist«, pflichtet dem Michael Fingerle bei. Seine Stärken zu kennen und zu wissen, vor welchen Situationen man sich hüten sollte, das kann somit ein wichtiger Schutz gegen anhaltendes psychisches Leid sein.

Friedrich Lösel empfiehlt zudem, an seine Stärke nicht zu viele Anforderungen auf einmal zu stellen: »Wenn du Prüfungen zu bewältigen hast, dann zieh nicht auch noch um«, sagt er. Sich fordern, aber nicht überfordern, lautet das Credo. »Wenn man sich auf ein oder zwei Herausforderungen konzentriert, kann man mit seinen seelischen Ressourcen nun einmal besser auskommen, als wenn man gleich vier oder fünf Baustellen hat.«

Wie sehr äußere Umstände die zerstörerische Kraft von Krisen beeinflussen, beschäftigt den Psychiater und Systemtherapeuten Urs Hepp. Er hat in den vergangenen Jahren immer wieder Menschen befragt, die trotz eines Unfalls mit schweren körperlichen Folgen keine seelischen Verletzungen erlitten haben. Er wollte wissen, wie die Betroffenen selbst sich das eigentlich erklärten.

Da war zum Beispiel ein Patient, der gerade Anfang 30 war, als er betrunken – und ohne, dass er sich etwas antun wollte – vom Bahnsteig auf die Schienen fiel. Der Mann war zwar furchtbar alkoholisiert, aber bei vollem Bewusstsein. So sah er den Zug auf sich zurollen, ohne dass er ihm entkommen konnte. Er verlor ein Bein. Weshalb ging das für sein Seelenleben trotz allem so glimpflich aus? Sein Chef habe ihn am ersten Tag nach dem Unfall im Krankenhaus besucht und ihm versprochen, dass er auf jeden Fall an seinen Arbeitsplatz zurückkehren könne – egal, wie lange seine Genesung dauern werde, erzählte der junge Mann. Das habe ihm ein Gefühl von Zuversicht und Sicherheit gegeben, das seinen ganzen Rehabilitationsprozess positiv beeinflusst habe.

Um den eigenen Beitrag zu ihrem Unglück ging es bei einer

Mutter von drei Kindern, die ihr Auto an einem Hang parkte und vergaß, die Handbremse anzuziehen. Als der Wagen losrollte, versuchte sie ihn aufzuhalten und zog sich dabei schwere Verletzungen zu. Ihre Seele aber blieb heil. »Ich war selber schuld, ich konnte die Verantwortung für den Unfall auf niemanden abschieben«, erklärte sie. Sie war fest davon überzeugt, dass sie viel länger arbeitsunfähig gewesen wäre, wenn jemand anderes vergessen hätte, die Handbremse zu ziehen.

Diese und andere Geschichten, die Urs Hepp von seinen Patienten gehört hat, illustrieren, wie sehr die Bewältigung schwieriger Situationen auch dadurch beeinflusst wird, wie die Betroffenen ihren Hergang wahrnehmen. Hepp verweist auf eine Studie von Psychiatern der Universität Zürich um Ulrich Schnyder, die das untermauert. Wie lange Patienten nach einem Unfall krank sind, hängt demnach vor allem von ihrer subjektiven Einschätzung der Schwere des Unfalls ab – und die korreliert kaum mit dem tatsächlichen Sachverhalt, erzählt Hepp.

Angesichts all der Unwägbarkeiten gilt es auch für die Starken, weiter an ihrer Stärke zu arbeiten. »Ich muss versuchen, meine Resilienz in jeder Situation neu zu modulieren«, sagt die Soziologin Karena Leppert. Auch Friedrich Lösel empfiehlt, sich geschmeidig der sich verändernden Umwelt anzupassen: »Setz dir Ziele, aber lass sie nicht zum Muss werden.« Ziele sind etwas Wunderbares. Sie können das Selbstbewusstsein und die Selbstwirksamkeitserwartung stärken. »Aber man darf auch nicht ständig unter Druck und Spannung stehen«, warnt Lösel. »Wenn man das Ziel nicht wie vorgesehen erreicht, dann muss man es eben neu stecken.«

Bleiben Sie flexibel!

»Flexibel bleiben« ist auch der wichtigste Tipp der American Psychological Association (APA): »Resilienz zu erhalten, bedeutet, auch in schwierigen Lebenslagen Flexibilität und Balance zu bewahren«, schreibt die APA. Das kann auf folgenden Wegen passieren:

1. Lassen Sie starke Emotionen zu. Aber nehmen Sie auch wahr, wenn das mal keine gute Idee ist. In manchen Momenten muss man seine Emotionen hintanstellen, um weiter funktionieren zu können.
2. Packen Sie Probleme aktiv an und stellen Sie sich den Herausforderungen des täglichen Lebens. Aber halten Sie auch mal inne, um auszuruhen und neue Kraft zu schöpfen.
3. Verbringen Sie viel Zeit mit Menschen, die Sie lieben. Jeder Mensch braucht Unterstützung und Zuspruch. Geben Sie diesen Zuspruch aber auch sich selbst.
4. Vertrauen Sie auf andere. Und vertrauen Sie auch auf sich selbst.

»Ich bin ja so im Stress!« – Der eigene Beitrag zur Verletzbarkeit

Stress kann impfen gegen den Zusammenbruch. Aber er kann auch zerstören. Fürs Impfen braucht man nun mal die richtige Dosis, das ist bei allen Impfstoffen so. Es gelte, rechtzeitig die Notbremse zu ziehen, warnt deshalb die Deutsche Gesellschaft für Psychiatrie und Psychotherapie, Psychosomatik und Nervenheilkunde. Das Risiko für einen Burn-out wachse immens, wenn »der Einzelne seinem Arbeitsbereich überhöhte Bedeutung im Hinblick auf Selbstverwirklichung, Selbstbestätigung und Leistungserwartung zumisst«. Dann nehme die Arbeitszeit immer mehr zu, Familie und Freizeitgestaltung würden vernachlässigt. Am Ende laufe der mit seiner Arbeit so Verwachsene Gefahr, in eine psychische Krise zu geraten. »Umso wichtiger sind Stressmanagement und Kräftigung der inneren Ressourcen.«

An diesem Punkt ist Gert Kaluza zur Stelle. Der Psychologe vom GKM-Institut für Gesundheitspsychologie in Marburg beschäftigt sich seit Jahren mit dem Thema Stressbewältigung, gibt Kurse und hat zahlreiche Bücher geschrieben.

Sie sind schwer ans Telefon zu kriegen – Ihr Alltag scheint auch nicht gerade ohne Stress zu verlaufen?
Ich habe viel zu tun, ja. Klienten gibt es schließlich genug.
Wird das Leben der Menschen denn tatsächlich immer stressiger, wie es so oft heißt?
Da bin ich mir nicht so sicher. Im Dreißigjährigen Krieg war es wahrscheinlich auch nicht angenehmer. Aber wenn man Umfragen anschaut, dann fühlen sich die Menschen heutzutage sehr gestresst. Und es sind auch mehr geworden, die das von sich sagen.
Wenn Sie so viel darüber wissen, warum liegen Sie dann nicht längst irgendwo in der Südsee in der Hängematte?
Das Leben in der Hängematte ist ja nicht das Ziel. Es ist gewiss nicht meine Botschaft, ein anforderungsloses Leben entlang der Energienulllinie zu führen. Wichtig ist aber der gesundheitsförderliche Umgang mit der eigenen Energie. Wobei es dafür kein allgemeines Patentrezept gibt.
Warum nicht? Stress ist doch letztlich ein biologisches Phänomen.
Das ist richtig. Aber Stress wirkt sich sehr unterschiedlich auf die Menschen aus. Es handelt sich um ein sehr subjektives Empfinden. Das biologische Stressprogramm wird bei einem Menschen dann angeworfen, wenn er sich in einer Situation befindet, die ihm selbst wichtig erscheint. Es geht immer um persönliche Ideale und Motive. Und zugleich gehen alle Menschen auf sehr individuelle Art mit dem Stress um. Dass jeder seinen persönlichen Umgang damit findet, ist übrigens auch nötig. Schon deshalb kann man keine Patentrezepte formulieren.
Muss ich denn lernen, mit dem Stress umzugehen? Ich würde ihn lieber abschaffen.
An sich ist Stress ja nichts Schlechtes. Wir brauchen Stressphasen, um besser zu werden, um Neues zu erlernen und um Erfolg zu haben. Das hat unser Körper so eingerichtet. Unser biologisches Stressprogramm ist ein wichtiger Katalysator für Erfolg und Zufriedenheit. Deshalb empfehle ich jedem, zunächst einmal eine Bestandsaufnahme zu machen.
Um welchen Bestand geht es?
Sie sollten sich anschauen, wie groß die Anteile stressiger und

nicht stressiger Phasen in Ihrem Leben sind. Ziel sollte es sein, ein lebendiges Gleichgewicht zwischen Stress und Entspannung zu finden. Phasen der Anforderung, des Einsatzes und des Engagements müssen sich abwechseln mit Phasen der Distanzierung, Entspannung und Erholung. Das ist lebendiges Leben! Selbst im Leistungssport ist es ja so, dass man Regenerationsphasen braucht. Der Fußball-Bundestrainer plant solche Phasen ganz gezielt ein. Vor einem großen Spiel gibt es mittags nur ein leichtes Aufwärmtraining. Und nachmittags ruhen sich die Spieler aus.

Und woran merkt man, dass das Leben aus dem Gleichgewicht gerät? Wer viel arbeitet, tut das oft gerne.

Am Anfang wird man noch mit einem Leistungsvorteil belohnt. Im Vergleich zu dem Kollegen, der pünktlich Feierabend macht, schafft man mehr, hat vielleicht in der Firma auch ein höheres Ansehen. Aber irgendwann kommen Konzentrationseinbußen, und man macht blöde Fehler. Das ist das erste Warnsignal. Das muss am Anfang gar nichts Schlimmes sein. Da verschickt man E-Mails mit dem falschen Termin oder vergisst, einen Brief zu beantworten. Viele versuchen dann, noch mehr und noch länger zu arbeiten.

Ist das der vielzitierte Einstieg in die Burn-out-Karriere?

Ja, irgendwann brauchen solche Menschen dann Medikamente, damit sie durchhalten: Aufputschmittel zum Beispiel. Die Betroffenen gehen fälschlicherweise davon aus, ihren berufsbedingten Stress nicht reduzieren zu können. Stattdessen versuchen sie, ihre Belastbarkeit immer weiter zu erhöhen, bis gar nichts mehr geht. Die meisten dieser Menschen suchen erst Hilfe, nachdem sie zusammengeklappt sind.

Ist ein bestimmter Persönlichkeitstypus für einen Burn-out prädestiniert?

Das ist schwer zu sagen. Manche Persönlichkeitszüge steigern sicherlich die Gefahr. Das sind ausgerechnet solche Eigenschaften, die in unserer Gesellschaft eigentlich hoch angesehen sind. Leistungsbereitschaft zum Beispiel, Identifikation mit dem Beruf, Bereitschaft, sich für andere einzusetzen.

Das will man eigentlich auch nicht alles ändern.

Diese grundlegenden Eigenschaften muss man auch nicht ändern. Aber das Thema Muße ist wichtig. Das muss man wieder lernen.

Endlich einmal nichts tun – was manche verführerisch finden, ist für andere aber Horror pur.

Ja, Nichtstun fällt vielen schwer. Es muss ja auch nicht für jeden die richtige Art sein, sich zu erholen. Wer im Beruf schon den ganzen Tag vorm Computer sitzt und viel liest, für den mag der Strandurlaub im Liegestuhl mit einem Stapel Bücher gerade das Falsche sein. Aus dem gleichen Grund erholen sich Menschen, die den ganzen Tag in Meetings verbringen und sich am Ende der Woche fragen, was sie eigentlich geschafft haben, wahrscheinlich besser bei der Gartenarbeit oder beim Heimwerken. Kraft schöpfen kann man am besten, wenn es gelingt, einen Kontrapunkt zu seinem Berufsalltag zu setzen.

Wer genügend pausiert hat, darf sich auch wieder richtig in die Arbeit stürzen?

Natürlich. Wenn es ein Gleichgewicht zwischen Anstrengung und Entspannung gibt, dann bedeutet das eben auch, dass die Hälfte des Lebens schwierig, anstrengend oder kompliziert sein darf. Nur sollte das nicht als übermäßig belastend erlebt werden. Den Seelenfrieden und die Gesundheit jedenfalls sollte es nicht zerstören.

Stress ist ja nicht gleich Stress. Mancher fühlt sich ganz gut an, mancher ist furchtbar unangenehm. Muss man den unangenehmen auch in seine Balance einbauen?

Die Frage ist doch, ob es äußere Stressoren in meinem Leben gibt, an denen ich etwas ändern kann. Wenn es die gibt, dann kann ich genau dort lernen, Grenzen zu setzen und auch mal Nein zu sagen. Das ist gutes Selbstmanagement.

Und was macht man mit den unangenehmen Dingen, die man nicht ändern kann?

Wenn man an etwas nun einmal nicht rütteln kann, dann muss man versuchen, diesen Dingen mit einer anderen inneren Haltung zu begegnen, damit sie einen nicht so stressen. Mentale Stresskompetenz nennen wir das. Man sollte eine förderliche Einstellung entwickeln: die Realität annehmen, wie sie ist. Dazu ist es wichtig zu erkennen, wogegen es sich zu kämpfen lohnt und wo man besser Ressourcen spart.

Dann kann man das Unvermeidliche auch leichter hinnehmen und bewältigen. Viele Menschen lassen sich von ihrem eigenen Perfektionismus unter Druck setzen. Die könnten lernen, sich zu sagen, dass sie es nicht immer allen recht machen müssen.

Manchmal ist es nicht unbedingt die Art des Stresses, sondern einfach die überbordende Menge von Aufgaben, die man zu erledigen hat.

Dann muss man als Erstes mal seine eigenen Prioritäten klären. Alles geht eben nicht, schon gar nicht alles auf einmal. Was ist wirklich wichtig? Die Frage muss man für sich beantworten und dann alles Schritt für Schritt, ohne schlechtes Gewissen, abarbeiten. So hilft es oft schon erheblich, eine Struktur in die übervolle Arbeitswoche zu bringen. Da sind zum Teil ganz einfache Dinge nützlich – wie etwa, nur das zu sehen, was unbedingt an diesem Tag erledigt werden muss, und die große Zahl der ungelösten Aufgaben, die danach schon wieder warten, erst einmal nur auf eine To-do-Liste für den folgenden Tag zu schreiben und sie bis zum nächsten Morgen auch nicht zu beachten. Mit den Dingen aber, die aktuell einfach dran und nicht aufzuschieben sind, sollte man sich auch befassen. Sonst droht am Ende nur noch größerer Stress, weil Termine versäumt wurden, andere Menschen in ihrer Arbeit gestört sind oder Prozesse durcheinandergeraten. Grenzen zu setzen ist wichtig. Gerade in unserer Multioptionsgesellschaft müssen wir dringend lernen, Nein zu sagen. Auch zu uns selbst: Wie wichtig ist es mir wirklich, dass ich den günstigsten Handyvertrag habe? Fünf Euro mehr oder weniger im Monat: Ich kann auch einfach entscheiden, dass ich mich darum nicht auch noch kümmern will.

Was ist eigentlich wie stressig?

Für den einen Menschen sind es Liebesdinge, die ihn in die tiefsten Tiefen reißen können. Der Zweite ist verletzlich, wenn seine Mitmenschen seine Leistungen in Frage stellen. Und eine dritte Person hat ihren wunden Punkt in Sachen Heimweh. Dennoch gibt es in den westlichen Kulturen auch Durchschnittswerte dafür, als wie stressig verschiedene Lebensereignisse üblicherweise empfunden werden.

Eine solche Skala mit 43 erschütternden Begebenheiten haben die amerikanischen Psychiater Thomas Holmes und Richard Rahe schon vor gut 40 Jahren entwickelt. Die beiden befragten rund 5000 Patienten danach, welche für sie bedeutsamen Dinge in den vergangenen Monaten in ihrem Leben passiert sind, und setzten diese mit den Krankheiten der Befragten in Beziehung.

Die daraus entstandene *Social Readjustment Rating Scale* (auch bekannt als Holmes-und-Rahe-Stress-Skala) kann helfen, die Bedeutung aufregender Ereignisse für die Gesundheit einzuschätzen. Dazu haben Holmes und Rahe allen Ereignissen Stresswerte von 0 bis 100 zugewiesen. Dass die Skala für verschiedene Ethnien in den USA ebenso gilt wie über kulturelle Grenzen hinweg – etwa nach Malaysia oder Japan – ist von anderen Wissenschaftlern längst bestätigt worden.

Gut zu wissen: Es handelt sich sowohl um Geschehnisse, die üblicherweise als negativ empfunden werden, als auch um solche, die als positiv gelten. Den Psychiatern zufolge ist ein Vorfall umso stressiger, je mehr Bereiche des Lebens danach den neuen Umständen angepasst werden müssen.

Rang	Ereignis	Stresswert
1	Tod des Ehepartners	100
2	Scheidung	73
3	Trennung vom Ehepartner	65
4	Haftstrafe	63
5	Tod eines nahen Familienangehörigen	63
6	Eigene Verletzung oder Krankheit	53
7	Heirat	50
8	Verlust des Arbeitsplatzes	47
9	Aussöhnung mit dem Ehepartner	45
10	Pensionierung	45

Rang	Ereignis	Stresswert
11	Änderung im Gesundheitszustand eines Familienangehörigen	44
12	Schwangerschaft	40
13	Sexuelle Schwierigkeiten	39
14	Familienzuwachs	39
15	Veränderung im Beruf	39
16	Einkommensveränderung	38
17	Tod eines nahen Freundes	37
18	Wechsel des Berufs	36
19	Veränderte Zahl an Auseinandersetzungen mit dem Partner	35
20	Aufnahme eines hohen Krediates	31
21	Kündigung eines Darlehens	30
22	Veränderung im beruflichen Verantwortungsbereich	29
23	Kinder verlassen das Elternhaus	29
24	Ärger mit der angeheirateten Verwandtschaft	29
25	Großer persönlicher Erfolg	28
26	Anfang oder Ende der Berufstätigkeit des Partners	26
27	Schulbeginn oder -abschluss	26
28	Änderung der Lebensumstände	25
29	Änderung persönlicher Gewohnheiten	24
30	Ärger mit dem Vorgesetzten	23
31	Änderung von Arbeitszeit und -bedingungen	20
32	Umzug	20
33	Schulwechsel	20
34	Änderung der Freizeitaktivitäten	19
35	Veränderung in der Gemeinde-/Kirchentätigkeit	19
36	Änderung der sozialen Aktivitäten	18
37	Niedrige Schulden	17
38	Änderung der Schlafgewohnheiten	16

Rang	Ereignis	Stresswert
39	Änderung der Häufigkeit familiärer Zusammenkünfte	15
40	Änderung der Essgewohnheiten	15
41	Urlaub	13
42	Weihnachten	13
43	Geringfügige Gesetzesübertretungen	11

Kleines Achtsamkeitstraining

Das Wasser glitzert im Abendlicht. Sanft und warm rinnt es durch die Finger. Verführerische Schaumhäubchen tanzen auf den Wellen hin und her.

Es ist kein Abend in der Südsee, den Andrea Voigt da genießt. Die Augsburgerin macht gerade den Abwasch. Was von der Spülmaschine übrigblieb, wäscht sie mit der Hand. Früher hat sie es gehasst, die schwer erziehbaren Geschirrteile eigenhändig zu wienern, die Töpfe mit angesetzten Speiseresten etwa oder die teuren Küchenmesser, die nicht in die Spülmaschine dürfen.

Heute würde Andrea Voigt immer noch nicht sagen, dass Abwaschen zu ihren favorisierten Hobbys gehört. Aber sie achtet diese Tätigkeit, sie will sie nicht mehr möglichst im Eiltempo hinter sich bringen. Sie nimmt sich ganz bewusst Stück für Stück vor, macht es ohne Widerwillen sauber und versucht, das Schöne darin zu sehen: wie sich der kühle Stahl unter dem warmen Strahl erwärmt; und wie das warme Wasser am Ende unter dem Schaum einen blitzenden Topf hervorspült.

Andrea Voigt hat ihr Konzept vom Abwasch geändert, würde Ulrike Anderssen-Reuster dazu sagen. Die Psychosomatikerin bringt Menschen eine neue Sicht aufs Leben bei. Sie lehrt sie Achtsamkeit – nach dem Vorbild eines Stressbewältigungsprogramms namens »Mindfulness-Based Stress Reduction«, das der amerikanische Molekularbiologe und Arzt Jon Kabat-Zinn 1979 entwickelt hat.

Um weniger Stress geht es dabei also, aber auch um mehr

Sinnlichkeit. »Achtsame Menschen nehmen mehr wahr, das steigert die Qualität des Erlebens und des Lebens«, sagt die Psychiaterin. Es wird geübt, die Konzentration auf den Augenblick zu lenken, die Umgebung und sich selbst möglichst genau zu beobachten, ohne die Phänomene als gut oder schlecht einzuordnen. So wird Unangenehmes oft weniger unangenehm, weil das Achtsamkeitstraining dazu beiträgt, insgesamt weniger zu werten. Es gilt, das Leben zu nehmen, wie es eben ist.

»Wir tragen sehr viele Konzepte mit uns herum«, sagt Anderssen-Reuster. Auch viele negative: Jetzt muss ich schon wieder den Müll runtertragen!, gehört dazu. Oder: Die Wäsche ist fertig, die muss ich nun auch noch aufhängen! Aus solchen negativen Konzepten vom Müll und von der nassen Wäsche können aber positive werden, wenn man diese Tätigkeiten Moment für Moment erlebt. Denn eigentlich ist das mit dem Müllrunterbringen ja gar nicht so schlimm: Man setzt einen Schritt vor den anderen und hat dabei einen Eimer in der Hand. »Und wenn man beim Wäscheaufhängen jedes Teil ganz bewusst in die Hand nimmt, die nassen Fasern spürt und es dann sorgsam auf die Leine hängt, dann tritt eine gewisse Ruhe ein, die sich sehr gut anfühlt«, ergänzt der Psychologe Stefan Schmidt.

Wenn Schmidt seinen Patienten rät, einmal über Meditation nachzudenken, winken viele zunächst erschrocken ab. Dabei geht es dem Psychologen gar nicht um Esoterik, Gurus oder LSD, wie dies wohl bei den Beatles im Vordergrund stand, als sie Ende der 1960er-Jahre in Indien das Meditieren lernten. Schmidt leitet einen Forschungsschwerpunkt namens »Meditation, Achtsamkeit und Neurophysiologie« am Klinikum der Universität Freiburg. Sein Anliegen ist die Gesundheit. Und dazu können Konzentrations- und Achtsamkeitsübungen, wie sie zur Meditation gehören, tatsächlich beitragen. Das zeigen inzwischen Forschungsarbeiten aus aller Welt.

Bereits Anfang der 1970er-Jahre fanden Forscher der Harvard-Universität heraus, dass Meditationstechniken nicht nur Geist und Körper entspannen, sondern auch messbar den Blutdruck und den Sauerstoffverbrauch senken. Auf diese Weise könne Meditation vor den krank machenden Folgen von übermäßigem Stress schützen, sagte sich Jon Kabat-Zinn und begann sein Programm zur Stressreduktion mittels Achtsamkeit zu entwickeln. Die Grundlagen dieses heute weithin etablierten Trainings lassen sich schon in acht Wochen erlernen.

Kabat-Zinns Buch ›Gesundheit durch Meditation‹ ist inzwischen legendär. Demnach scheint die Technik nicht nur Gesunden zu helfen. Sie wird mittlerweile auch gegen zahlreiche Krankheiten eingesetzt – unter anderem bei Essstörungen und Suchterkrankungen, bei chronischen Schmerzen und Depressionen. Auch die Deutsche Gesellschaft für Psychiatrie und Psychotherapie, Psychosomatik und Nervenheilkunde weist darauf hin, dass es bisher nur »wenige als wirksam evaluierte Präventionsstrategien« gegen Burn-out gibt. Eine Ausnahme aber sei das achtsamkeitsbasierte Stressmanagementprogramm.

So betreiben Menschen mit Depressionen häufig exzessiv, was fast alle Zeitgenossen viel zu viel tun: Sie denken ständig über sich selbst nach. »Man geht von einem Ort zum anderen und ist dabei doch nur die ganze Zeit in seinen Sorgen gefangen«, sagt Anderssen-Reuster. »Es kann aber sehr entlastend sein, aus diesem Grübelkreislauf herauszukommen und Eindrücke zu sammeln.«

Zwar wurden die medizinischen Leistungen der Meditation in den Anfängen der Forschung an Meditationsmeistern festgestellt, die auf dem Weg zur Erleuchtung schon ein gutes Stück vorangekommen waren. Trotzdem muss man nicht gleich tibetischer Mönch werden und in roten Gewändern umherwandeln, um vom Meditieren zu profitieren. Eben das ist es, was auch Stefan Schmidt seinen Patienten vermitteln will: Achtsamkeitsübungen helfen nicht nur Meditationsprofis. Sie bereichern jeden – ob gesund oder krank –, der sich auf sie einlässt. So lassen sich auch einfach Gelassenheit und gute Stimmung durch Achtsamkeitsübungen trainieren.

Wer trotzdem nicht meditieren mag – etwa weil ihm davor graut, auch nur fünf Minuten still sitzen zu müssen –, der kann mit Achtsamkeitsübungen im Alltag anfangen. Der Trick ist, die »Dinge zu bewohnen«, statt sie lästig zu finden und fernhalten zu wollen. Das kann das Leiden durch Schmerzen ebenso mindern wie das durch die drohende Steuererklärung. Auch dabei kann man Ruhe und Entspannung finden. Man muss die vielen Rechnungen einfach wertneutral betrachten, die farbenfrohen Quittungen sortieren, die Zahlen in die graugrünen Bögen des Finanzamts eintragen. Und bei all dem sollte man möglichst bewusst atmen. Bewusstes Atmen nämlich ist eine der Grundübungen der Achtsamkeit, die man jederzeit trainieren kann. Zum Beispiel während man gerade ein Buch über Resilienz in der Hand hält.

Es sind nicht nur die unangenehmen Aufgaben, bei denen Achtsamkeit überraschend positive Effekte hat. Wer auf dem Weg zur Arbeit statt des Zeitdrucks den Wind spürt, den Vögeln lauscht oder staunend die vielen Menschen mit ihren verschiedenen Gesichtern und Kleidungsstilen betrachtet, der hat schon mehr vom Leben. Und statt sich über den Rowdy aufzuregen, der einem gerade die Vorfahrt genommen hat, kann man auch einfach mit Interesse feststellen, dass in einem gerade eine Wut aufsteigt. Und man kann sich fragen, ob diese Wut sinnvoll ist oder ob sie nur negative Gefühle zurücklässt. Womöglich ist der andere gar kein Egoist; vielleicht ist er einfach nur unaufmerksam gewesen, weil er gerade Sorgen hat. Ein solcher Blick macht den Alltag entspannter und das Leben angenehmer.

»Achtsamkeit hilft, besser mit den Widrigkeiten des Lebens umgehen zu lernen«, fasst Stefan Schmidt zusammen. »Dabei ist es gleichgültig, um welche Art von Widrigkeit es im Einzelfall geht. Ein unangenehmer Chef stellt im Sinne der Achtsamkeitslehre eine ganz ähnliche Herausforderung dar wie eine Krebserkrankung.« Zentral seien die Fragen: Wie gehe ich damit um? Reagiere ich auf eine Art, die mich noch mehr leiden lässt? Wie kann ich es im positiven Sinne bewältigen?

Grundsätzlich kann das jeder Mensch jeden Tag üben. Aber ohne professionelle Hilfe oder die Unterstützung einer erfahrenen Gruppe ist es schwierig, meinen die Fachleute. »Mit Hilfe von Meditationstechniken lernt man, die Aufmerksamkeit stabil zu halten«, sagt Schmidt. »Sonst gleitet man allzu leicht ab.«

Achtsam ist jeder Mensch sehr oft in seinem Leben. Beim

Achtsamkeitstraining geht es darum, diese Fähigkeit gezielt zu entwickeln, um sie im Alltag nutzen zu können. So nehmen wir ein beeindruckendes Panorama in einem fremden Land oft tief berührt und mit allen Sinnen wahr. Oder wir genießen es aus vollem Herzen, wenn sich ein Kind vertrauensvoll in unsere Arme kuschelt. »Diese Qualität des Erlebens kann man auch bei weniger starken Reizen erreichen«, sagt Anderssen-Reuster.

Aber bei alldem ist es natürlich völlig okay, auch mal unachtsam zu sein: Es gilt doch, das Leben zu nehmen, wie es eben ist.

Anleitung zum Abschalten

Die Technik hat das Leben leichter gemacht. Erheblich schneller als früher kommen wir an das Kinoprogramm, Telefonnummern oder Bargeld heran. Informationen über Gesprächspartner und Details über wichtige Produkte sind im Nu im Internet zu finden. Und statt einen umständlichen und formvollendeten Geschäftsbrief aufzusetzen, tippen wir ein paar freundliche, ruhig auch orthographisch unkorrekte Sätze in eine E-Mail. Und doch klagen Menschen heute über eine größere Arbeitsbelastung als früher. Offenbar nutzen wir die Technik nicht, um uns mehr Freiraum und Freizeit zu verschaffen. Die Technik hilft uns nur dabei, mehr Arbeit zu erledigen. Und dafür wenden wir insgesamt sogar mehr Zeit auf als früher.

Moderne Arbeitnehmer neigen dazu, sich selbst auszubeuten. Mit Hilfe von World Wide Web und Smartphones lässt sich die Arbeit schließlich jederzeit und überall erledigen. Das ist manchmal tatsächlich eine Erleichterung, die auch als solche empfunden wird: Wenn man bis Feierabend im Büro nicht alle wichtigen Dinge bewältigen kann, dann weiß man: Zu Hause kann ich noch schnell einen Flug buchen oder eine Anfrage beantworten, die schon viel zu lange ohne Rückmeldung geblieben ist. Das verschafft einem zunächst ein gutes Gefühl.

Doch STOPP!

Auch wenn es nur ein paar Minuten am Feierabend sind: Die unaufhörliche Beschäftigung mit der Arbeit auch in der

Freizeit und im Urlaub – das ist ein massiver Angriff auf die so nötige Erholung! Ein echtes Urlaubsgefühl setze erst nach zwei Wochen ein, sagen Stressforscher.

Vielleicht muss man es dem ständig erreichbaren, dem überall einsatzbereiten Handyinternetmailsmartphone-User von heute hier noch einmal in aller Deutlichkeit sagen:

Muße muss sein!

Sie muss sein, weil der Mensch ohne Ruhe und Erholung krank wird. Sie muss aber auch sein, weil sie *der* Quell für neue Ideen, für ungewöhnliche Zugänge zu einem Problem und für unser kreatives Potenzial ist. Ohne einen gewissen Abstand, ohne ein Innehalten erlangen wir keinen neuen Blick auf alte Herausforderungen. Ohne Muße bleiben wir auf unseren Lieblingspfaden und versuchen Aufgaben auf die immer gleiche Weise zu lösen.

Selbst jene energiegeladenen, kraftstrotzenden Menschen, denen ihre psychische Gesundheit derzeit noch egal ist, weil sie meinen, ohnehin genug davon zu haben, sollten sich klarmachen: Das Gehirn braucht die Ruhe, damit es Ballast abwerfen kann, damit es Platz schafft für Neues. Raum für Kreativität ergibt sich nur durch Nichtstun.

Wer Angst um seine Produktivität hat, kann sich gleich mit Forschungen trösten: Menschen, die abends wirklich abschalten, arbeiten am nächsten Tag besser. Das hat erst vor Kurzem die Psychologin Sabine Sonnentag erneut belegt. »Je stärker sich Angestellte in Gedanken von ihrer Arbeit lösen können, desto ausgeruhter und weniger gereizt sind sie am nächsten Morgen«, so Sonnentag. Auch starten Arbeitnehmer, die am Wochenende wirklich mit Freizeit und Familie beschäftigt sind, mit mehr Elan in die Woche. Sie arbeiten eigenständiger und engagierter und ergreifen auch häufiger selbst die Initiative für neue Projekte. »Empirische Studien haben gezeigt, dass Angestellte, die sich in der Freizeit in Gedanken eher von ihrer Arbeit lösen können, zufriedener mit ihrem Leben sind, weniger Symptome psychischer Belastung zeigen und trotzdem im Beruf engagiert sind«, sagt Sonnentag.

Das haben sogar manche Arbeitgeber erkannt. Mitarbeiter von Daimler können automatisch alle E-Mails löschen lassen, die während ihres Urlaubs in ihrem Postfach eintrudeln. Die Absender der Mails werden darüber informiert und müssen sich an jemand anderen wenden oder – wenn ihr Bedarf denn groß genug ist – sich nach dem Urlaub ihres Wunsch-Adressaten eben noch einmal bei ihm melden. In den meisten Fällen hat sich das Anliegen aber bis dahin sowieso erledigt. Der Daimler-Mitarbeiter wird so von ganz allein entlastet.

Weil viele Arbeitnehmer in ihrer Freizeit aber gar nicht mehr von ihrer elektronischen Post lassen wollen und können, hat sich der VW-Konzern sogar zu einer paternalistischen Maßnahme entschieden: Nach 18.15 Uhr werden E-Mails einfach nicht mehr auf die Smartphones der Angestellten weitergeleitet. Das soll ihnen abends den Kopf frei halten und sie fit für den nächsten Arbeitstag machen. Abschalten erfordert im Internet-Zeitalter eben Abschalten. Im wahrsten Sinne des Wortes.

Dass Schlaf als die stärkste Form der Muße nicht nur lebenswichtig ist, sondern auch die Grundlage des Lernens, ist längst bewiesen. »Zu wenig Schlaf macht krank, dick und dumm«, fasst dies der Regensburger Schlafforscher Jürgen Zulley plakativ zusammen. Das Gehirn ist im Schlaf ausgesprochen produktiv. Es verarbeitet die Erlebnisse des Tages, es sortiert sie neu, speichert Wichtiges ab und wirft Unwichtiges weg. Und es lernt sogar weiter. Das zeigte der Harvard-Forscher Robert Stickgold schon 1999 in aufsehenerregenden Experimenten: Er ließ seine Studenten Übungen am Computer machen. Sie sollten lernen, möglichst effizient Strichcodes zu erkennen. Wenn die Probanden übten, wurden sie mit der Zeit besser. Einen wahren Leistungssprung aber erreichten sie über Nacht – nachdem sie geschlafen hatten.

Ein bisschen Leerlauf sollte man sich aber auch tagsüber gönnen – sogar am Arbeitsplatz. Ebenso wichtig wie der ungestörte Feierabend und eine ausreichende Nachtruhe sind Pausen zwischendurch. Niemand sollte ein schlechtes Gewissen haben, wenn er im Laufe des Tages immer wieder einmal mit Hingabe die Wand anstarrt, aus dem Fenster glotzt oder seine großen Zehen beim Spiel mit den kleinen betrachtet, ohne dabei einen bestimmten Gedanken zu verfolgen. Auch in solchen Momenten räumt das Gehirn auf, schüttelt die Gedanken durch, die sich in ihm angesammelt haben – und ordnet sie gewinnbringend neu.

Geistesblitze, Aha-Effekte und Heureka!-Erlebnisse: Sie alle sind schon über jeden von uns gekommen. Und wann? Wenn wir gerade aufgehört hatten, mit gekräuselter Stirn krampfhaft die Lösung für ein Problem zu suchen. Die besten Ideen entstehen, wenn wir das Grübeln einstellen, wenn wir loslassen und unsere Gedanken sich selbst überlassen. Dann scheint eine magische Macht im Gehirn alles, was wir wissen, in seinen Windungen hin und her zu schieben, bis die Antwort fällt. Weil verschiedene Gedanken und Erinnerungen dabei aufeinandertreffen, entstehen plötzlich ganz neue Einblicke, Ideen und Schlussfolgerungen. »Setzen Sie sich erst bewusst-rational mit den Argumenten auseinander, aber vertagen sie die Entscheidung. Lenken Sie sich ab, schlafen Sie drüber. Die vorbewussten, intuitiven Netzwerke in Ihrer Großhirnrinde erledigen den Job für Sie«, empfahl der Hirnforscher Gerhard Roth einmal.

Viele innovative Erfindungen, wie die praktischen Post-it-Zettel, die Teflonbeschichtung und der Klettverschluss, sind durch solche völlig neuen Betrachtungen längst bekannter Tatsachen entstanden. Der US-amerikanische Soziologe Robert Merton hat daran als Erster ein Prinzip erkannt, das er »Serendipity« nannte (auf Deutsch: Serendipität). »Der Zufall begünstigt einen vorbereiteten Geist« lautet dessen Quintessenz. Soll heißen: Zufälle passieren oft, aber zu etwas wirklich Neuem führen sie nur dann, wenn jemand sie ungezwungen auf sich wirken lässt und sie richtig zu deuten weiß.

Das folgende Weiß gibt einmal Gelegenheit zum entspannten Nichtstun:

»Pling!«

Aber wie soll man es schaffen, eine Zeitlang an nichts Bestimmtes zu denken, wenn noch vor Ablauf der ersten Minute ein »Pling« mit dem Hinweis ertönt, man habe eine E-Mail bekommen?

Weg mit dem Ton. Es ist schon schlimm genug, dass wir aus uns selbst heraus immer wieder in unser E-Mail-Postfach schauen und so unsere eigene Konzentration und Leistungsfähigkeit torpedieren. Das »Pling« aber zwingt uns praktisch dazu. Selbst wenn man sich entscheidet, sich nun nicht dem Posteingang zuzuwenden, so ist man doch schon wieder aus der Bahn geworfen, auf der man sich im Geiste gerade bewegt hat. Nach dem Lesen einer Mail, haben Wissenschaftler herausgefunden, braucht man Minuten, um sich wieder auf das zu konzentrieren, was man vorher gemacht hat. Die ständige Ablenkung ist Gift für unsere Aufmerksamkeit und Produktivität.

Was nur würde der französische Mathematiker und Philosoph Blaise Pascal heute über uns denken, der schon im 17. Jahrhundert in seinen ›Gedanken über die Religion‹ schrieb: »Alles Unglück der Menschen kommt davon her, daß sie nicht verstehn, sich ruhig in einer Stube zu halten.« Wir haben uns inzwischen die ganze Welt in dieses Zimmer geholt.

Allzu zerrissen ist unser Alltag von den ständigen Mails und Anrufen. Es ist purer Luxus, wenn man heutzutage einmal eine oder zwei Stunden wirklich ungestört arbeiten kann. Es ist ein Luxus, den man sich gönnen sollte. Zum Beispiel, indem man das E-Mail-Programm zwischendrin einfach herunterfährt. Reicht es nicht aus, drei- oder viermal am Tag zu ganz bestimmten Zeiten in sein E-Mail-Postfach zu schauen? Ist man früher alle zwei Minuten zum Briefkasten gelaufen? Hätte man es als angenehm empfunden, wenn der Briefträger jeden Brief über den Tag verteilt persönlich an der Tür abgegeben und dazu geklingelt hätte?

Am Anfang ist es unglaublich schwierig, offline zu arbeiten. So sehr haben wir uns schon daran gewöhnt, ständig Aufmerksamkeit in Form von E-Mails zu erhalten, immer wieder lustvoll unsere Neugier auf das zu befriedigen, was uns da jemand geschickt hat. Schnell mal eben ins Postfach schauen – das hat etwas sehr Verführerisches. Fast immer gibt es dort etwas Interessantes zu lesen. Es befriedigt die jedem Menschen innewohnende Sehnsucht nach Nachrichten, Mitteilungen und Kontakt. Immer bedeuten Mails, wenn es nicht gerade unpersönliche Rundbriefe sind, dass man Ansprache erhält, Aufmerksamkeit und Zuwendung bekommt und dass man irgendwie wichtig ist. Und schließlich ist es ja auch ein gutes Gefühl, gleich etwas erledigen zu können, nichts zu verpassen und ständig aktiv zu sein.

Aber auch wenn es sich zunächst falsch, komisch, schmerzhaft oder kribbelig anfühlt: Wer sich angewöhnt, sein Handy beim Spaziergang zu Hause liegen zu lassen und beim konzentrierten Arbeiten das E-Mail-Programm herunterzufahren, hat viel gewonnen.

Weil das zunächst so schwer fällt, haben Softwarehersteller schon Tools entwickelt, die das erleichtern. Die Software MacFreedom zum Beispiel kappt den Internetzugang eines Rechners für eine vorher festgelegte Zeitdauer. Um vor Ablauf dieser Zeit wieder ins Internet zu gelangen, müsste man den Computer erst einmal herunterfahren und neu starten. Solche Programme können sehr nützlich sein, um sich selbst überhaupt die Chance zu geben, sich daran zu erinnern, wie herrlich ungestörtes Arbeiten ist.

Unzählige Wagemutige haben in den vergangenen Jahren ihre Erlebnisse mit dem Ab- und Ausschalten berichtet. Allen ging es damit am Anfang nicht so gut. Aber es wurde besser. Man lernt nämlich, dass man plötzlich wieder sehr spannende Dinge wahrnimmt, von denen man gar nicht mehr wusste, dass es sie gibt und wie schön sie sind: den eigenen Atem zum Beispiel. Einfach das Gefühl, dass man mehr ist als ein Kopf. Und dass man lebt.

Anhang

Dank

Ich danke meinem Literaturagenten Michael Gaeb, der mich erst auf die Idee gebracht hat, über das Thema Resilienz nicht nur einen Zeitungsartikel, sondern ein ganzes Buch zu verfassen – ein großartiges Thema, das mich bis zum Schluss keinen Moment gelangweilt hat (und meine Leser hoffentlich auch nicht).

Ein dickes Dankeschön geht auch an meine Lektorin beim Deutschen Taschenbuch Verlag, Katharina Festner, die einen erstaunlichen Überblick über mein Buch bewahrte, der mir selbst mitunter abhanden kam. Mit ihrer Erfahrung und Kompetenz war sie mir nicht nur eine große Hilfe; sie hat auch das Beste aus meinem Manuskript herausgeholt.

Ohne die zahlreichen Interviewpartner, die mir mit ihrem Wissen zur Seite standen, hätte sich das Projekt erheblich zäher entwickelt. Ich danke ihnen allen, dass sie mich in zum Teil langen Gesprächen an ihren eigenen Ergebnissen und ihren Kenntnissen über den Stand der Forschung haben teilhaben lassen, sodass ich dies an meine Leser weitergeben kann.

Für seine Ratschläge und die vielen Gespräche möchte ich auch meinem Kollegen Christian Weber danken, der sein ebenso breites wie fundiertes Wissen stets bereitwillig mit mir geteilt und mir so manche mühsame Suche erspart hat.

Ganz besonders danke ich meiner Mutter, Irmgard Berndt, die ihre eigenen Aktivitäten zurückstellte und regelmäßig quer durch die Republik nach München reiste, um sich um ihre Enkel zu kümmern und mir so Gelegenheit zu geben, mein Buch fertigzustellen.

Am allermeisten aber danke ich meinem Mann, Peter Keulemans, der mir in einer beruflich ohnehin schon fordernden Zeit, in der ich Organ-Schiebereien an deutschen Universitätskliniken aufdeckte, den Rücken gestärkt und freigehalten hat. Nur weil er sich monatelang noch mehr als sonst um unsere beiden Töchter gekümmert hat, konnten mir genügend Zeit, Energie und (psychische) Widerstandskraft bleiben, um dieses Buch zu schreiben.

Verzeichnis der im Buch genannten Wissenschaftler

Ahnert, Lieselotte, Prof. Dr., Institut für Entwicklungspsychologie und Psychologische Diagnostik, Fakultät für Psychologie, Universität Wien

Als, Heidelise, Ph. D., Department of Psychiatry, Neurobehavioral Infant and Child Studies, Children's Hospital, Boston (Massachusetts)

Alvaro, Celeste, Ph. D., Department of Psychology, Simon Fraser University, Burnaby, British Columbia

Anderssen-Reuster, Ulrike, Dr., Zentrum für Psychische Gesundheit Weißer Hirsch, Klinik für Psychosomatik und Psychotherapie, Städtisches Krankenhaus, Dresden-Neustadt

Angleitner, Alois, Prof. Dr. em., Fakultät für Psychologie und Sportwissenschaft, Abteilung für Psychologie, Universität Bielefeld

Antonovsky, Aaron, Ph. D., Medizinsoziologe, ehem. Ben-Gurion-University, 1994 verstorben

Asendorpf, Jens, Prof. Dr., Institut für Psychologie, Persönlichkeitspsychologie, Humboldt-Universität, Berlin

Bakermans-Kranenburg, Marian, Prof. Dr., Faculteit der Sociale Wetenschappen, Instituut Pedagogische Wetenschappen, Algemene en Gezinspedagogiek, Universiteit Leiden

Bamberger, Christoph, Prof. Dr., Medizinisches Präventions-Centrum Hamburg, Universitätsklinikum Hamburg-Eppendorf

Bender, Doris, Dr., Institut für Psychologie, Lehrstuhl für Psychologische Diagnostik, Universität Erlangen-Nürnberg

Binder, Elisabeth, Dr., Arbeitsgruppe Molekulare Genetik der Depression, Max-Planck-Institut für Psychiatrie, München

Boehm, Julia, Department of Social and Behavioral Sciences, Harvard School of Public Health, Harvard University, Cambridge (Massachusetts)

Bonanno, George, Ph. D., Department of Psychology and Education, Clinical Psychology, Columbia University, New York

Borst, Ulrike, Dr., Ausbildungsinstitut für systemische Therapie und Beratung in Meilen (Kanton Zürich)

Bowler, Rosemarie, Ph. D., Psychology Department, San Francisco State University, San Francisco (Kalifornien)

Boyce, Thomas, M.D., Child and Family Research Institute, Interdisciplinary Studies and Pediatrics, University of British Columbia, Vancouver (British Columbia)

Braun, Anna Katharina, Prof. Dr., Institut für Biologie, Abteilung Zoologie/ Entwicklungsneurobiologie, Universität Magdeburg

Brennan, Patricia, Ph. D., Department of Psychology, Clinical Psychology, Emory University, Atlanta (Georgia)

Bullinger, Monika, Prof. Dr., Institut für Medizinische Psychologie, Universitätsklinikum Hamburg-Eppendorf

Calhoun, Lawrence, Ph. D., Department of Psychology, University of North Carolina, Charlotte (North Carolina)

Canli, Turhan, Ph. D., Psychology Department, Biopsychology, Stony Brook University, Stony Brook (New York)

Caspi, Avshalom, Ph. D., Institute for Genome Sciences and Policy, Department of Psychology and Neuroscience Psychiatry & Behavioral Sciences, Duke University, Durham (North Carolina)

Challen, Amy, Coordinator and Lead Researcher of Resilience Programme, Center for Economic Performance, London School of Economics and Political Science, London

Costa, Paul, Ph. D., Scientist Emeritus, Laboratory of Behavioral Neuroscience, National Institute on Aging, National Institutes of Health, Bethesda (Maryland)

Craig, Jeffrey, Dr., Population Health, Genes & Environment, Early Life Epigenetics, Royal Children's Hospital, Victoria

Daniel, Brigid, Ph. D., Department of Applied Social Science, Social Work Subject Group, University of Stirling, Stirling

Davidson, Richard, Ph. D., Laboratory for Affective Neuroscience, University of Wisconsin-Madison, Madison (Wisconsin)

DelVecchio, Wendy, Ph. D., ehem. Department of Psychology, University of Tulsa, Tulsa (Oklahoma)

Diamond, Jared, Ph. D., Department of Geography, University of California in Los Angeles (Kalifornien)

Draganski, Bogdan, Dr., Abteilung Neurologie, Max-Planck-Institut für Kognitions- und Neurowissenschaften, Leipzig

Eid, Michael, Prof. Dr., Fachbereich Erziehungswissenschaft und Psychologie, Arbeitsbereich Methoden und Evaluation, Freie Universität Berlin

Eidelson, Roy, Ph. D., Psychologe, Eidelson Consulting, Boston (Massachusetts)

Esteller, Manel, Dr., Cancer Epigenetics and Biology Program, Grupo de Epigenética del Cáncer, Universität Barcelona

Fingerle, Michael, Prof. Dr., Fachbereich Erziehungswissenschaften, Institut für Sonderpädagogik, Goethe-Universität Frankfurt am Main

Fox, Nathan, Ph. D., Department of Human Development, Child Development Lab, University of Maryland, College Park (Maryland)

Frankl, Viktor, Prof. Dr., Klinik für Neurologie und Psychiatrie, Universität Wien, Österreich, 1997 verstorben

Fredrickson, Barbara, Ph. D., Positive Emotions and Psychophysiology Lab, University of North Carolina, Chapel Hill (North Carolina)

Freudenberger, Herbert, Psychoanalytiker, ehem. New York University und National Psychological Association for Psychoanalysis, 1999 verstorben

Garmezy, Norman, Ph. D., Emeritus of Psychology, University of Minnesota, Minneapolis (Minnesota), 2009 verstorben

Garssen, Bert, Dr., Helen Dowling Instituut, Utrecht

Gerstorf, Denis, Prof. Dr., Institut für Psychologie, Entwicklungs- und Pädagogische Psychologie, Humboldt-Universität zu Berlin

Gillham, Jane, Ph. D., Penn Resiliency Project, Department of Psychology, Positive Psychology Center, University of Pennsylvania, Philadelphia (Pennsylvania)

Göppel, Rolf, Prof. Dr., Institut für Erziehungswissenschaft, Pädagogische Hochschule Heidelberg

Greve, Werner, Prof. Dr., Institut für Psychologie, Universität Hildesheim

Grob, Alexander, Prof. Dr., Fakultät für Psychologie, Lehrstuhl für Entwicklungs- und Persönlichkeitspsychologie, Universität Basel

Harlow, Harry, Ph. D., Department of Psychology, University of Wisconsin-Madison, Madison (Wisconsin), 1981 verstorben

Heckman, James, Ph. D., Department of Economics, University of Chicago, Chicago (Illinois)

Hegerl, Ulrich, Prof. Dr., Klinik und Poliklinik für Psychiatrie und Psychotherapie, Universität Leipzig; Vorsitzender des Deutschen Bündnisses gegen Depression

Heim, Christine, Ph. D., Department of Psychiatry and Behavioral Sciences, Emory University School of Medicine, Atlanta (Georgia)

Heisenberg, Martin, Prof. Dr., Lehrstuhl Genetik und Neurobiologie, Biozentrum, Universität Würzburg

Hepp, Urs, Dr., Ausbildungsinstitut für systemische Therapie und Beratung in Meilen (Kanton Zürich) sowie Privatdozent für Psychiatrie und Psychotherapie, Medizinische Fakultät, Universität Zürich

Hildenbrand, Bruno, Prof. Dr., Institut für Soziologie, Arbeitsbereich Sozialisationstheorie und Mikrosoziologie, Universität Jena

Hiroto, Donald, Ph. D., Psychologe, Santa Monica (Kalifornien)

Holland, Jimmie, M. D., Psychiatric Oncology, Memorial Sloan-Kettering Cancer Center, New York

Holmes, Thomas, M. D., ehem. University of Washington School of Medicine, Seattle (Washington)

Holsboer, Florian, Prof. Dr., Max-Planck-Institut für Psychiatrie, München

Holtmann, Martin, Prof. Dr. Dr., Klinik für Kinder- und Jugendpsychiatrie, Psychotherapie und Psychosomatik im LWL-Psychiatrieverbund Westfalen, Hamm

Hosser, Daniela, Prof. Dr., Institut für Psychologie, Lehrstuhl für Entwicklungs-, Persönlichkeits- und Forensische Psychologie, Technische Universität Braunschweig

Ittel, Angela, Prof. Dr., Pädagogische Psychologie, Institut für Erziehungswissenschaft, Technische Universität Berlin

Jacobi, Frank, Prof. Dr., Klinische Psychologie (Schwerpunkt Verhaltenstherapie), Psychologische Hochschule Berlin

Jaenisch, Rudolf, Ph. D., Massachusetts Institute of Technology und Whitehead Institute for Biomedical Research, Cambridge (Massachusetts)

Jaursch, Stefanie, Prof. Dr., Institut für Psychologie, Universität Erlangen-Nürnberg

Kabat-Zinn, Jon, Ph. D., ehem. Stress Reduction Clinic und Center for Mindfulness in Medicine, Health Care, and Society an der University of Massachusetts Medical School, Worcester (Massachusetts)

Kaluza, Gert, Prof. Dr., GKM-Institut für Gesundheitspsychologie, Marburg

Kappauf, Herbert, Dr., Facharzt für Psychosomatische Medizin und Psychotherapie, Internistische Schwerpunktpraxis, MediCenter, Starnberg

Kendler, Kenneth, M. D., Virginia Institute for Psychiatric and Behavioral Genetics, Virginia Commonwealth University, Richmond (Virginia)

Kilpatrick, Dean, Ph. D., Department of Psychiatry and Behavioral Sciences, Medical University of South Carolina, Charleston (South Carolina)

Kim-Cohen, Julia, Ph. D., Department of Psychology, Yale University, New Haven (Connecticut)

Kirschbaum, Clemens, Prof. Dr., Lehrstuhl für Biopsychologie, Technische Universität Dresden

Klengel, Torsten, Dr., Arbeitsgruppe Molekulare Genetik der Depression, Max-Planck-Institut für Psychiatrie, München

Koenen, Karestan, Ph. D., School of Public Health, Harvard University, Cambridge (Massachusetts)

Kormann, Georg, Dr., Kinder- und Jugendlichen-Psychotherapeut in Mosbach und Dozent für Psychologie an der Pädagogischen Hochschule in Schwäbisch Gmünd

Kunzmann, Ute, Prof. Dr., Institut für Psychologie, Lehrstuhl für Entwicklungspsychologie, Universität Leipzig

Lamb, Michael, Ph. D. , Professor of Psychology, University of Cambridge, Cambridge

Landgraf, Rainer, Prof. Dr., Arbeitsgruppe Verhaltensneuroendokrinologie, Max-Planck-Institut für Psychiatrie, München

Laucht, Manfred, Prof. (hon.) Dr., Abteilung Psychiatrie und Psychotherapie des Kindes- und Jugendalters, Arbeitsgruppe Neuropsychologie des Kindes- und Jugendalters, Zentralinstitut für Seelische Gesundheit, Mannheim

Lederbogen, Florian, Prof. (apl.) Dr., Abteilung Psychiatrie und Psychotherapie, Arbeitsgruppe Stressbezogene Erkrankungen, Zentralinstitut für Seelische Gesundheit, Mannheim

Leppert, Karena, Dr., Institut für Psychosoziale Medizin und Psychotherapie, Universitätsklinikum Jena

Lesch, Klaus-Peter, Prof. Dr., Klinik und Poliklinik für Psychiatrie, Psychosomatik und Psychotherapie, Forschungsschwerpunkt Molekulare Psychiatrie, Universitätsklinikum Würzburg

Lester, Paul, Ph. D., Department of Behavioral Sciences and Leadership, United States Military Academy, West Point (New York)

Lösel, Friedrich, Prof. Dr., Institut für Psychologie, Universität Erlangen-Nürnberg; Institute of Criminology, University of Cambridge, Cambridge

Lucas-Thompson, Rachel, Ph. D., Assistant Professor of Human Development and Family Studies, Colorado State University, Fort Collins (Colorado)

Luhmann, Maike, Dr., Fachbereich Erziehungswissenschaft und Psychologie, Arbeitsbereich Methoden und Evaluation, Freie Universität Berlin

Lyons, David, M. D., Department of Psychiatry & Behavioral Science, Stanford School of Medicine, Stanford (Kalifornien)

Maercker, Andreas, Prof. Dr. Dr., Psychologisches Institut, Psychopathologie und Klinische Intervention, Universität Zürich

Maier, Steven, Ph. D., Department of Psychology and Neuroscience, University of Colorado, Boulder (Colorado)

Maier, Wolfgang, Prof. Dr., Klinik und Poliklinik für Psychiatrie und Psychotherapie, Universitätsklinikum Bonn; Präsident der Deutschen Gesellschaft für Psychiatrie und Psychotherapie, Psychosomatik und Nervenheilkunde

May, Arne, Prof. Dr., Institut für Systemische Neurowissenschaften, Universitätsklinikum Hamburg-Eppendorf

Mayr, Toni, Dipl.-Psychologe, Staatsinstitut für Frühpädagogik, München

McCrae, Robert, Ph. D., Senior Investigator, Personality, Stress and Coping Section, Laboratory of Personality and Cognition, National Institute on Aging, National Institutes of Health, Bethesda (Maryland)

McFarland, Cathy, Ph. D., Department of Psychology, Simon Fraser University, Burnaby, British Columbia

Meaney, Michael, Ph. D., Departments of Psychiatry and Neurology & Neurosurgery, McGill University, Montreal (Quebec)

Merton, Robert, Ph. D., ehem. Lehrstuhl für Soziologie, Columbia University, New York, 2003 verstorben

Meyer-Lindenberg, Andreas, Prof. Dr., Zentralinstitut für Seelische Gesundheit, Mannheim

Mitte, Kristin, Dr., Fakultät für Sozial- und Verhaltenswissenschaften, Institut für Psychologie, Universität Jena

Moffitt, Terrie, Ph. D., Institute for Genome Sciences and Policy, Department of Psychology and Neuroscience Psychiatry & Behavioral Sciences, Duke University, Durham (North Carolina); Dunedin Multidisciplinary Health and Development Research Unit, Dunedin School of Medicine, Dunedin

Mortimer, Jeylan, Ph. D., Department of Sociology, University of Minnesota, Minneapolis (Minnesota)

Mund, Marcus, Fakultät für Sozial- und Verhaltenswissenschaften, Institut für Psychologie, Universität Jena

Nelson, Charles, Ph. D., Division of Developmental Medicine, Laboratories of Cognitive Neuroscience, Boston Children's Hospital, Boston (Massachusetts)

Nestler, Eric, M.D., Ph. D., Department of Psychiatry, Neuroscience, Mount Sinai Medical Center, New York

Obradovic, Jelena, School of Education, Stanford University, Stanford (Kalifornien)

Olshansky, Stuart Jay, Ph. Dr., Institute of Epidemiology, School of Public Health, University of Illinois at Chicago, Chicago (Illinois)

Ostendorf, Fritz, Dr., Fakultät für Psychologie und Sportwissenschaft, Abteilung für Psychologie, Universität Bielefeld

Pauen, Sabina, Prof. Dr., Psychologisches Institut, Abteilung für Entwicklungspsychologie und Biologische Psychologie, Universität Heidelberg

Petermann, Franz, Prof. Dr., Zentrum für Klinische Psychologie und Rehabilitation, Universität Bremen

Pieper, Georg, Dr., Praxis für Trauma- und Stressbewältigung, Friebertshausen bei Marburg

Pitman, Roger, M.D., Department of Psychiatry, Massachusetts General Hospital, Boston (Massachusetts)

Pollak, Seth, Ph. D., Department of Psychology, Child Emotion Lab, University of Wisconsin-Madison, Madison (Wisconsin)

Price, Cathy, Ph. D., Institute of Cognitive Neuroscience, University College London, London

Rahe, Richard, M.D., ehem. US Navy; University of Washington School of Medicine, Seattle (Washington)

Raine, Adrian, Departments of Criminology, Psychiatry, and Psychology, University of Pennsylvania, Philadelphia (Pennsylvania)

Rehan, Virender, M.D., Professor of Pediatrics, Division of Neonatology, Harbor-UCLA Medical Center, Torrance (Kalifornien)

Reivich, Karen, Ph. D., Penn Resiliency Project, Department of Psychology, Positive Psychology Center, University of Pennsylvania, Philadelphia (Pennsylvania)

Richter, Horst-Eberhard, Prof. Dr., ehem. Lehrstuhl für Psychosomatik, Universität Gießen; Sigmund-Freud-Institut, Frankfurt am Main, 2011 verstorben

Roberts, Brent, Ph. D., Department of Psychology, Division Social-Personality, University of Illinois, Urbana-Champaign (Illinois)

Robinson, Gene, Ph. D., Department of Entomology and Institute for Genomic Biology, University of Illinois, Urbana-Champaign (Illinois)

Roseboom, Tessa, Ph. D., Dutch Famine Birth Cohort Study, Academisch Medisch Centrum, Universiteit van Amsterdam

Roth, Gerhard, Prof. Dr. Dr., Institut für Hirnforschung, Abteilung Verhaltensphysiologie und Entwicklungsneurobiologie, Universität Bremen

Ruch, Willibald, Prof. Dr., Psychologisches Institut, Fachgruppe Persönlichkeitspsychologie und Diagnostik, Universität Zürich

Saffery, Richard, Dr., Department of Cell Biology, Development and Disease, Institute of Cancer & Disease Epigenetics, Royal Children's Hospital, Victoria

Scheithauer, Herbert, Prof. Dr., Fachbereich Erziehungswissenschaft und Psychologie, Arbeitsbereich Entwicklungswissenschaft und Angewandte Entwicklungspsychologie, Freie Universität Berlin

Scherl, Hermann, Prof. Dr. em., ehem. Professor für Sozialpolitik, Universität Erlangen-Nürnberg

Schmidt, Stefan, Prof. Dr., Institut für Umweltmedizin und Krankenhaushygiene, Komplementärmedizinische Evaluationsforschung, Universitätsklinikum Freiburg

Schnyder, Ulrich, Prof. Dr., Ordinarius für Poliklinische Psychiatrie und Psychotherapie, Medizinische Fakultät, Universität Zürich

Schumann, Monika, Prof. Dr., Fachbereich Heilpädagogik, Katholische Hochschule für Sozialwesen, Berlin

Schwarzer, Ralf, Univ.-Prof. Dr., Fachbereich Erziehungswissenschaft und Psychologie, Arbeitsbereich Gesundheitspsychologie, Freie Universität Berlin

Seery, Mark, Ph. D., Department of Psychology, University at Buffalo, Buffalo (New York)

Seligman, Martin, Ph. D., Department of Psychology, University of Pennsylvania, Philadelphia (Pennsylvania)

Selye, Hans, Ph. D., M. D., D. Sc., ehem. McGill University, Montreal, Kanada, 1982 verstorben

Sharot, Tali, Ph. D., Division of Psychology and Language Sciences, Faculty of Brain Sciences, University College London

Soldz, Stephen, Ph. D., Boston Graduate School of Psychoanalysis, Boston (Massachusetts)

Sonnentag, Sabine, Prof. Dr., Fachbereich Psychologie, Lehrstuhl für Arbeits- und Organisationspsychologie, Universität Mannheim

Staff, Jeremy, Ph. D., Department of Crime, Law, and Justice and Sociology, Penn State University, University Park (Pennsylvania)

Stangl, Werner, Prof. Dr., Abteilung für Pädagogik und Pädagogische Psychologie, Johannes-Kepler-Universität Linz

Staudinger, Ursula, Prof. Dr., Jacobs Center on Lifelong Learning and Institutional Development, Jacobs University Bremen

Stickgold, Robert, Ph. D., Division of Sleep Medicine, Center for Sleep and Cognition, Harvard Medical School, Cambridge (Massachusetts)

Szyf, Moshe, Ph. D., Pharmacology and Therapeutics, McGill University, Montreal (Quebec)

Tedeschi, Richard, Ph. D., Department of Psychology, Health Psychology, University of North Carolina, Charlotte (North Carolina)

Thorn, Petra, Dr., Praxis für Paar- und Familientherapie, Mörfelden

Torday, John, Ph. D., Professor of Pediatrics and Obstetrics/Gynecology, Division of Neonatology, Harbor-UCLA Medical Center, Torrance (Kalifornien)

Tscharnezki, Olaf, Dr., Werksärztlicher Dienst, Unilever Deutschland, Hamburg

Turecki, Gustavo, M.D., Ph. D., McGill Group for Suicide Studies (MGSS), McGill University, Montreal (Quebec)

Uddin, Monica, Ph. D., Assistant Professor in the Center for Molecular Medicine and Genomics, Wayne State University School of Medicine, Detroit (Michigan)

Ulich, Michaela, Dr., ehem. wissenschaftliche Referentin am Staatsinstitut für Frühpädagogik, München

Van Ryzin, Mark, Ph. D., Child and Family Center, University of Oregon, Eugene (Oregon)

Walsh, Froma, Ph. D., Chicago Center for Family Health und Department of Psychiatry, University of Chicago (Illinois)

Weiss, Alexander, Dr., Scottish Primate Research Group, Department of Psychology, School of Philosophy, Psychology and Language Sciences, The University of Edinburgh, Edinburgh

Welter-Enderlin, Rosmarie, ehem. Leiterin am Ausbildungsinstitut für systemische Therapie und Beratung in Meilen (Kanton Zürich) sowie Lehrbeauftragte an der Universität Zürich, 2010 verstorben

Werner, Emmy, Ph. D., Department of Human and Community Development, University of California, Davis (Kalifornien)

Wittchen, Hans-Ulrich, Prof. Dr., Institut für Klinische Psychologie und Psychotherapie, Technische Universität Dresden

Wustmann Seiler, Corina, Projekt Bildungs- und Resilienzförderung im Frühbereich, Marie-Meierhofer-Institut für das Kind, Zürich

Yehuda, Rachel, Ph. D., Department of Psychiatry and Neuroscience, Traumatic Stress Studies Division, Mount Sinai School of Medicine, New York

Zeanah, Charles, Ph. D., Psychiatry and Behavioral Sciences, Institute of Infant and Early Childhood Mental Health, Tulane University, New Orleans (Louisiana)

Zierath, Juleen, Prof. Dr., Clinical Integrative Physiology, Karolinska-Institut, Stockholm

Zöllner, Tanja, Dr., Schön-Kliniken Roseneck, Zentrum für Psychosomatische Medizin, Prien

Zulley, Jürgen, Prof. Dr. em., ehem. Leiter des Schlafmedizinischen Zentrums am Universitätsklinikum Regensburg

Literaturverzeichnis

Die Literaturangaben erfolgen jeweils bei der ersten Erwähnung im Buch.

HIER IST STÄRKE GEFRAGT:

Der tagtägliche Stress

Berndt C (2010): Von allem zuviel. Wohlfühlen, 15. Dezember.

Lederbogen F, Kirsch P, Haddad L, Streit F, Tost H, Schuch P, Wüst S, Pruessner JC, Rietschel M, Deuschle M und Meyer-Lindenberg A (2011): City living and urban upbringing affect neural social stress processing in humans. Nature, Bd. 474, S. 498.

Luhmann M und Eid M (2009): Does it really feel the same? Changes in life satisfaction following repeated life events. Journal of Personality and Social Psychology, Bd. 97, S. 363.

Selye H (1936): A syndrome produced by diverse nocuous agents. Nature, Bd. 138, S. 32.

Wenn der Seele das Rüstzeug fehlt

Boehm JK, Peterson C, Kivimaki M und Kubzansky LD (2011): Heart health when life is satisfying: Evidence from the Whitehall II cohort study. European Heart Journal, Bd. 32, S. 2672.

Deutsche Gesellschaft für Psychiatrie und Psychotherapie, Psychosomatik und Nervenheilkunde (2012): Positionspapier zum Thema Burnout, 7. März.

Freudenberger H (1974): Staff burn-out. Journal of Social Issues. Bd. 30, S. 159.

Liesemer D (2011): Ausgebrannt am Arbeitsplatz. GEO Wissen, 1. November.

Lohmann-Haislah A (2012): Stressreport Deutschland 2012. Psychische Anforderungen, Ressourcen und Befinden. Bundesanstalt für Arbeitsschutz und Arbeitsmedizin, Dortmund.

Olshansky SJ (2011): Aging of US presidents. Journal of the American Medical Association, Bd. 306, S. 2328.

Pan A, Sun Q, Okereke OI, Rexrode KM und Hu FB (2011): Depression and risk of stroke morbidity and mortality: A meta-analysis and systematic review. Journal of the American Medical Association, Bd. 306, S. 1241.

Towfighi A, Valle N, Markovic D und Ovbiagele B (2013): Depression is associated with higher risk of death among stroke survivors. American Academy of Neurology 2013 Annual Meeting, Abstract 3498.

Weber C (2011): Epidemie des 21. Jahrhunderts? Die Zahl der psychischen Störungen nimmt nicht dramatisch zu, aber ihre absolute Häufigkeit wird unterschätzt. Süddeutsche Zeitung, 12. März.

Wittchen HU, Jacobi F, Rehm J, Gustavsson A, Svensson M, Jönsson B, Olesen J, Allgulander C, Alonso J, Faravelli C, Fratiglioni L, Jennum P, Lieb R, Maercker A, van Os J, Preisig M, Salvador-Carulla L, Simon R und Steinhausen HC (2011): The size and burden of mental disorders and other disorders of the brain in Europe 2010. European Neuropsychopharmacology, Bd. 21, S. 655.

Selbsttest: Wie gestresst bin ich?
Stangl W: http://arbeitsblaetter.stangl-taller.at/

Menschen und ihre Krisen
Die verwaiste Mutter
Hönscheid U (2005): Drei Kinder und ein Engel. Ein tödlicher Behandlungsfehler und der Kampf einer Mutter um die Wahrheit. Pendo-Verlag, München.

Der Selbstausbeuter
Witte H (2011): Hart am Wind. Thorsten Rarreck, 47, Mannschaftsarzt des Fußball-Bundesligisten Schalke 04, über den Rücktritt des am Burn-out-Syndrom erkrankten Trainers Ralf Rangnick. Der Spiegel, 26. September.

Die Frau, die ihre Identität verlor
Berndt C (2007): Auf der Suche nach dem Ich. Immer mehr Kinder anonymer Samenspender drängen darauf, die Namen ihrer biologischen Väter zu erfahren. Süddeutsche Zeitung, 17. Dezember.

Die Männer, die dem Mörder entkamen
Pracon A (2012): Hjertet mot steinen. En overlevendes beretning fra Utøya. Verlag Cappelen Damm, Oslo.

Der Schwerstbehinderte

Bruno MA, Bernheim JL, Ledoux D, Pellas F, Demertzi A und Laureys S (2011): A survey on self-assessed well-being in a cohort of chronic locked-in syndrome patients: Happy majority, miserable minority. British Medical Journal Open, Bd. 1, S. e000039.

Lucas RE (2007): Long-term disability is associated with lasting changes in subjective well-being: Evidence from two nationally representative longitudinal studies. Journal of Personality and Social Psychology, Bd. 92, S. 717.

Die Geisel

Amend C (2006): »Wir können von Natascha nur lernen«: Der Psychoanalytiker Horst-Eberhard Richter kritisiert den Voyeurismus seiner Kollegen im Fall Kampusch und erzählt von seinen eigenen Erfahrungen in Isolationshaft. Die Zeit, 21. September.

Brüning, A (2006): »Der starke Wille dieser jungen Frau ist bemerkenswert«: Die Psychologin Daniela Hosser über Natascha Kampusch. Berliner Zeitung, 8. September.

Kampusch N (2012): 3096 Tage. Ullstein Taschenbuch Verlag, Berlin.

WAS ZEICHNET DIE WIDERSTÄNDIGEN IM ALLTAG AUS?

Die Widerstandskraft ruht auf mehreren Säulen

Bender D und Lösel F (1997): Protective and risk effects of peer relations and social support on antisocial behaviour in adolescents from multiproblem milieus. Journal of Adolescence, Bd. 20, S. 661.

Berndt C (2010): Das Geheimnis einer robusten Seele: Wer früh erfahren hat, dass er anderen etwas bedeutet, findet auch nach Schicksalsschlägen neuen Mut. Süddeutsche Zeitung, 30. Oktober.

Borst U (2012): Von psychischen Krisen und Krankheiten, Resilienz und »Sollbruchstellen«. In: Welter-Enderlin R und Hildenbrand B (Hrsg.): Resilienz – Gedeihen trotz widriger Umstände. Verlag Carl Auer, Heidelberg.

Shamai M, Kimhi S und Enosh G (2007): Social systems and personal reactions to threats of war and terror. Journal of Social and Personal Relationships, Bd. 24, S. 747.

Werner E (1992): The Children of Kauai: Resiliency and recovery in adolescence and adulthood. Journal of Adolescent Health, Bd. 13, S. 262.

Wustmann C (2005): Die Blickrichtung der neueren Resilienzforschung: Wie Kinder Lebensbelastungen bewältigen. Zeitschrift für Pädagogik, Heft 2, S. 192.

Wer stark ist, kennt sich selbst oft besonders gut

Berndt C (2011): Von der Melancholie der Insekten. Was Psychiater von Fruchtfliegen und Hamstern über Erkrankungen der menschlichen Seele lernen können. Süddeutsche Zeitung, 16. Februar.

Eisenstein EM und Carlson AD (1997): A comparative approach to the behavior called »learned helplessness«. Behavioural Brain Research, Bd. 86, S. 149.

Seligman ME und Maier SF (1967): Failure to escape traumatic shock. Journal of Experimental Psychology, Bd. 74, S. 1.

Wassell S (2008): The early years. Assessing and promoting resilience in vulnerable children 1. Jessica Kingsley Publishers, London.

Tabelle: Was stark macht und was schwach

Lösel F und Farrington D (2012): Direct protective and buffering protective factors in the development of youth violence. American Journal of Preventive Medicine, Bd. 43, S. 8.

Der Irrtum des Immerfröhlichseins: Resilienz und Gesundheit

Bowler RM, Harris M, Li J, Gocheva V, Stellman SD, Wilson K, Alper H, Schwarzer R und Cone JE: Longitudinal mental health impact among police responders to the 9/11 terrorist attack. American Journal of Industrial Medicine, Bd. 55, S. 297.

Garmezy N (1991): Resilience in children's adaptation to negative life events and stressed environments. Pediatric Annals, Bd. 29, S. 459.

Mancini AD und Bonanno GA (2010): Resilience to potential trauma: toward a lifespan approach. In: Reich J, Zautra AJ und Hall JS (Hrsg.) (2010): Handbook of adult resilience. Guilford Press, New York.

Schröder K, Schwarzer R und Konertz W (1998): Coping as a mediator in recovery for cardiac surgery. Psychology and Health, Bd. 13, S. 83.

Strauss B, Brix C, Fischer S, Leppert K, Füller J, Röhrig B, Schleussner C, Wendt TG (2007): The influence of resilience on fatigue in cancer pa-

tients undergoing radiation therapy (RT). Journal of Cancer Research and Clinical Oncology, Bd. 133, S. 511.
Walsh F (1998): The resilience of the field of family therapy. Journal of Marital and Family Therapy, Bd. 24, S. 269.
Welter-Enderlin R und Hildenbrand B (Hrsg.) (2012): Resilienz – Gedeihen trotz widriger Umstände. Verlag Carl Auer, Heidelberg.

Verdrängen ist erlaubt

Bonanno GA, Brewin CR, Kaniasty K und La Greca AM (2010): Weighing the costs of disaster: Consequences, risks, and resilience in individuals, families, and communities. Psychological Science in the Public Interest, Bd. 11, S. 1.
Garssen B (2007): Repression: Finding our way in the maze of concepts. Journal of Behavioral Medicine, Bd. 30, S. 471.
Mund M und Mitte K (2012): The costs of repression: A meta-analysis on the relation between repressive coping and somatic diseases. Health Psychology, Bd. 31, S. 640.
Sharot T, Korn CW und Dolan RJ (2011): How unrealistic optimism is maintained in the face of reality. Nature Neuroscience, Bd. 14, S. 1475.
Weber C (2012): Der Körper schlägt zurück. Seit Sigmund Freud erstmals über Verdrängung geschrieben hat, streiten Forscher über diesen Begriff. Eine Studie zeigt nun, dass unterdrückte Gefühle mit Krankheiten zumindest zusammenhängen. Süddeutsche Zeitung, 30. November.

Am Unglück wachsen

Frankl VE (2005): Der Wille zum Sinn. Verlag Hans Huber, Bern.
Fredrickson BL, Tugade MM, Waugh CE und Larkin GR (2003): What good are positive emotions in crises? A prospective study of resilience and emotions following the terrorist attacks on the United States on September 11th, 2001. Journal of Personality and Social Psychology, Bd. 84, S. 365.
Holland JC und Lewis S (2001): The human side of cancer: living with hope, coping with uncertainty. Harper Perennial, New York.
McFarland C und Alvaro C (2000): The impact of motivation on temporal comparisons: Coping with traumatic events by perceiving personal growth. Journal of Personality and Social Psychology, Bd. 79, S. 327.

Nietzsche F (2005): Ecce homo – Wie man wird, was man ist. Deutscher Taschenbuch Verlag, München.

Paulsen S (2009): Wenn das Leben ins Wanken gerät. GEO Wissen, 1. Juni.

Smith SG und Cook S (2004): Are reports of PTG positively biased? Journal of Trauma and Stress, Bd. 12, S. 353.

Tedeschi RG und Calhoun LG (1996): The posttraumatic growth inventory: Measuring the positive legacy of trauma. Journal of Traumatic Stress, Bd. 9, S. 455.

Tedeschi RG, Park CL und Calhoun LG (Hrsg.) (1998): Posttraumatic growth: positive changes in the aftermath of crisis. Psychology Press, New York.

Wortman CB (2004). Posttraumatic growth: progress and problems. Psychological Inquiry, Bd. 15, S. 81.

Zoellner T und Maercker A (2006): Posttraumatic growth in clinical psychology – a critical review and introduction of a two component model. Clinical Psychology Review, Bd. 26, S. 626.

Zoellner T, Rabe S, Karl A und Maercker A (2008): Posttraumatic growth in accident survivors: openness and optimism as predictors of its constructive or illusory sides. Journal of Clinical Psychology, Bd. 64, S. 245.

Wer ist hier eigentlich das starke Geschlecht?

Holtmann M und Laucht M (2007): Biologische Aspekte der Resilienz. In: Opp G und Fingerle M (Hrsg.): Was Kinder stärkt. Erziehung zwischen Risiko und Resilienz. Ernst-Reinhardt-Verlag, München.

Ittel A und Scheithauer H (2008): Geschlecht als »Stärke« oder »Risiko«? Überlegungen zur geschlechterspezifischen Resilienz. In: Opp G und Fingerle M (Hrsg.): Was Kinder stärkt. Erziehung zwischen Risiko und Resilienz. Ernst-Reinhardt-Verlag, München.

Selbsttest: Wie resilient bin ich?

Hildenbrand B (2012): Resilienz, Krise und Krisenbewältigung. In: Welter-Enderlin R und Hildenbrand B (Hrsg.): Resilienz – Gedeihen trotz widriger Umstände. Verlag Carl Auer, Heidelberg.

Leppert K, Koch B, Brähler E und Strauß B (2008): Die Resilienzskala (RS) – Überprüfung der Langform RS-25 und einer Kurzform RS-13. Klinische Diagnostik und Evaluation, Bd. 2, S. 226 ff.

Schumacher J, Leppert K, Gunzelmann T, Strauß B und Brähler E (2005):

Die Resilienzskala: Ein Fragebogen zur Erfassung der psychischen Widerstandsfähigkeit als Personmerkmal. Zeitschrift für Klinische Psychologie, Psychiatrie und Psychotherapie, Bd. 53, S. 16.

DIE HARTEN FAKTEN ZU DEN STARKEN MENSCHEN: WOHER KOMMT DIE WIDERSTANDSKRAFT?

Wie das Umfeld das Leben eines Menschen modelliert (Umwelt)

Als H, Lawhon G, Duffy FH, McAnulty GB, Gibes-Grossman R und Blickman JG (1994): Individualized developmental care for the very low-birth-weight preterm infant. Medical and neurofunctional effects. Journal of the American Medical Association, Bd. 272, S. 853.

Borge AIH, Rutter M, Côté S und Tremblay RE (2004): Early childcare and physical aggression: Differentiating social selection and social causation. Journal of Child Psychology and Psychiatry, Bd. 45, S. 367.

Brennan PA, Raine A, Schulsinger F, Kirkegaard-Sorensen L, Knop J, Hutchings B, Rosenberg R und Mednick SA (1997): Psychophysiological protective factors for male subjects at high risk for criminal behavior. American Journal of Psychiatry, Bd. 154, S. 853.

Harlow HF (1959): Love in infant monkeys. Scientific American, Bd. 200, S. 68.

Harlow HF, Dodsworth RO und Harlow MK (1965): Total social isolation in monkeys. Proceedings of the National Academy of Sciences of the USA, Bd. 54, S. 91.

Laucht M, Esser G und Schmidt MH (2001): Differential development of infants at risk for psychopathology: The moderating role of early maternal responsivity. Developmental Medicine and Child Neurology, Bd. 43, S. 292.

Nelson CA 3rd, Zeanah CH, Fox NA, Marshall PJ, Smyke AT und Guthrie D (2007): Cognitive recovery in socially deprived young children: the Bucharest early intervention project. Science, Bd. 318, S. 1937.

Raine A, Venables PH und Williams M (1995): High autonomic arousal and electrodermal orienting at age 15 years as protective factors against criminal behavior at age 29 years. American Journal of Psychiatry, Bd. 152, S. 1595.

Raine A, Liu J, Venables PH, Mednick SA und Dalais C (2010): Cohort profile: the Mauritius child health project, Bd. 39, S. 1441.

Shirtcliff EA, Coe CL und Pollak SD (2009): Early childhood stress is associated with elevated antibody levels to herpes simplex virus type 1. Proceedings of the National Academy of Sciences of the USA, Bd. 106, S. 2963.

Was sich im Gehirn abspielt (Neurobiologie)

Canli T und Lesch KP (2007): Long story short: The serotonin transporter in emotion regulation and social cognition. Nature Neuroscience, Bd. 10, S. 1103.

Davidson RJ und Fox NA (1982): Asymmetrical brain activity discriminates between positive and negative affective stimuli in human infants. Science, Bd. 218, S. 1235.

Gilbertson MW, Shenton ME, Ciszewski A, Kasai K, Lasko NB, Orr SP und Pitman RK (2002): Smaller hippocampal volume predicts pathologic vulnerability to psychological trauma. Nature Neuroscience, Bd. 5, S. 1242.

von dem Hagen EAH, Passamonti L, Nutland S, Sambrook J und Caldera AJ (2011): The serotonin transporter gene polymorphism and the effect of baseline on amygdala response to emotional faces. Neuropsychologia, Bd. 49, S. 674.

Heim C, Newport DJ, Heit S, Graham YP, Wilcox M, Bonsall R, Miller AH und Nemeroff CB (2000): Pituitary-adrenal and autonomic responses to stress in women after sexual and physical abuse in childhood. Journal of the American Medical Association, Bd. 284, S. 592.

Helmeke C, Poeggel G und Braun K (2001): Differential emotional experience induces elevated spine densities on basal dendrites of pyramidal neurons in the anterior cingulate cortex of Octodon degus. Neuroscience, Bd. 104, S. 927.

Meaney MJ (2001): Maternal care, gene expression, and the transmission of individual differences in stress reactivity across generations. Annual Review of Neuroscience, Bd. 24, S. 1161.

Murmu MS, Salomon S, Biala Y, Weinstock M, Braun K und Bock J (2006): Changes of spine density and dendritic complexity in the prefrontal cortex in offspring of mothers exposed to stress during pregnancy. European Journal of Neuroscience, Bd. 24, S. 1477.

Shakespeare-Finch JE, Smith SG, Gow KM, Embleton G und Baird L (2003): The prevalence of posttraumatic growth in emergency ambulance personnel. Traumatology, Bd. 9, S. 58.

Was die Erbanlagen einem Menschen mitgeben (Genetik)

Bakermans-Kranenburg MJ, van IJzendoorn MH, Pijlman FT, Mesman J und Juffer F (2008): Experimental evidence for differential susceptibility: Dopamine D4 receptor polymorphism (DRD4 VNTR) moderates intervention effects on toddlers' externalizing behavior in a randomized controlled trial. Developmental Psychology, Bd. 44, S. 293.

Belsky J, Bakermans-Kranenburg MJ und van IJzendoorn MH (2007): For better and for worse: Differential susceptibility to environmental influences. Current Directions in Psychological Science, Bd. 16, S. 300.

Bouchard TJ und McGue M (2003): Genetic and environmental influences on human psychological differences. Journal of Neurobiology, Bd. 54, S. 4.

Canli T, Qiu M, Omura K, Congdon E, Haas BW, Amin Z, Herrmann MJ, Constable RT und Lesch KP (2006): Neural correlates of epigenesis. Proceedings of the National Academy of Sciences of the USA, Bd. 103, S. 16033.

Caspi A, McClay J, Moffitt TE, Mill J, Martin J, Craig IW, Taylor A und Poulton R (2002): Role of genotype in the cycle of violence in maltreated children. Science, Bd. 297, S. 851.

Caspi A, Sugden K, Moffitt TE, Taylor A, Craig IW, Harrington H, McClay J, Mill J, Martin J, Braithwaite A und Poulton R (2003): Influence of life stress on depression: Moderation by a polymorphism in the 5-HTT gene. Science, Bd. 301, S. 386.

Karg K, Burmeister M, Shedden K und Sen S (2011): The serotonin transporter promoter variant (5-HTTLPR), stress, and depression meta-analysis revisited: Evidence of genetic moderation. Archives of General Psychiatry, Bd. 68, S. 444.

Kendler KS, Kuhn JW, Vittum J, Prescott CA und Riley B (2005): The interaction of stressful life events and a serotonin transporter polymorphism in the prediction of episodes of major depression: a replication. Archives of General Psychiatry, Bd. 62, S. 529.

Kilpatrick DG, Koenen KC, Ruggiero KJ, Acierno R, Galea S, Resnick HS, Roitzsch J, Boyle J und Gelernter J (2007): The serotonin transporter genotype and social support and moderation of posttraumatic stress disorder and depression in hurricane-exposed adults. American Journal of Psychiatry, Bd. 164, S. 1693.

Koenen KC, Aiello AE, Bakshis E, Amstadter AB, Ruggiero KJ, Acierno R, Kilpatrick DG, Gelernter J und Galea S (2009): Modification of the association between serotonin transporter genotype and risk of post-traumatic stress disorder in adults by county-level social environment. American Journal of Epidemiology, Bd. 169, S. 704.

Lesch K-P, Bengel D, Heils A, Sabol SZ, Greenber BD, Petri S, Benjamin J, Muller CR, Hamer DH und Murphy DL (1996): Association of anxiety-related traits with a polymorphism in the serotonin transporter gene regulatory region. Science, Bd. 274, S. 1527.

Mueller A, Armbruster D, Moser DA, Canli T, Lesch KP, Brocke B und Kirschbaum C (2011): Interaction of serotonin transporter gene-linked polymorphic region and stressful life events predicts cortisol stress response. Neuropsychopharmacology, Bd. 36, S. 1332.

Murgatroyd C, Patchev AV, Wu Y, Micale V, Bockmühl Y, Fischer D, Holsboer F, Wotjak CT, Almeida OF und Spengler D (2009): Dynamic DNA methylation programs persistent adverse effects of early-life stress. Nature Neuroscience, Bd. 12, S. 1559.

Obradovic J, Bush NR, Stamperdahl J, Adler NE und Boyce WT (2010): Biological sensitivity to context: the interactive effects of stress reactivity and family adversity on socio-emotional behavior and school readiness. Child Development, Bd. 81, S. 270.

Radtke KM, Ruf M, Gunter HM, Dohrmann K, Schauer M, Meyer A und Elbert T (2011): Transgenerational impact of intimate partner violence on methylation in the promoter of the glucocorticoid receptor. Translational Psychiatry, Bd. 1, S. e21.

Rutter M (2002): Nature, nurture, and development: From evangelism through science toward policy and practice. Child Development, Bd. 73, S. 1.

Rytina S und Marschall J (2010): Gegen Stress geimpft. Gehirn und Geist, Bd. 3, S. 51.

Wie Eltern ihre eigenen Erlebnisse ungewollt weitervererben (Epigenetik)

Barrès R, Yan J, Egan B, Treebak JT, Rasmussen M, Fritz T, Caidahl K, Krook A, O'Gorman DJ und Zierath JR (2012): Acute exercise remodels promoter methylation in human skeletal muscle. Cell Metabolism, Bd. 15, S. 405.

Caldji C, Hellstrom IC, Zhang T-Y, Diorio J und Meaney M (2011): Environmental regulation of the neural epigenome. FEBS Letters, Bd. 585, S. 2049.

Caspi A, Williams B, Kim-Cohen J, Craig IW, Milne BJ, Poulton R, Schalkwyk LC, Taylor A, Werts H und Moffitt TE (2007): Moderation of breastfeeding effects on the IQ by genetic variation in fatty acid metabolism. Proceedings of the National Academy of Sciences of the USA, Bd. 104, S. 18 860.

Fraga MF, Ballestar E, Paz MF, Ropero S, Setien F, Ballestar ML, Heine-Suñer D, Cigudosa JC, Urioste M, Benitez J, Boix-Chornet M, Sanchez-Aguilera A, Ling C, Carlsson E, Poulsen P, Vaag A, Stephan Z, Spector TD, Wu YZ, Plass C und Esteller M (2005): Epigenetic differences arise during the lifetime of monozygotic twins. Proceedings of the National Academy of Sciences of the USA, Bd. 26, S. 10 604.

Gordon L, Joo JE, Powell JE, Ollikainen M, Novakovic B, Li X, Andronikos R, Cruickshank MN, Conneely KN, Smith AK, Alisch RS, Morley R, Visscher PM, Craig JM und Saffery R (2012): Neonatal DNA methylation profile in human twins is specified by a complex interplay between intrauterine environmental and genetic factors, subject to tissue-specific influence. Genome Research, Bd. 22, S. 1395.

Kim-Cohen J und Gold AL (2009): Measured gene-environment interactions and mechanisms promoting resilient development. Current Directions in Psychological Science, Bd. 18, S. 138.

Kim-Cohen J, Moffitt TE, Caspi A und Taylor A (2004): Genetic and environmental processes in young children's resilience and vulnerability to socioeconomic deprivation. Child Development, Bd. 75, S. 651.

Klengel T, Mehta D, Anacker C, Rex-Haffner M, Pruessner JC, Pariante CM, Pace TW, Mercer KB, Mayberg HS, Bradley B, Nemeroff CB, Holsboer F, Heim CM, Ressler KJ, Rein T und Binder EB (2013). Allele-specific FKBP5 DANN demethylation mediates gene-childhood trauma interactions. Nature Neuroscience, Bd. 16, S. 33.

Koenen KC, Uddin M, Chang SC, Aiello AE, Wildman DE, Goldmann E und Galea S (2011): SLC6A4 methylation modifies the effect of the number of traumatic events on risk for posttraumatic stress disorder. Depression and Anxiety, Bd. 28, S. 639.

Labonté B, Suderman M, Maussion G, Navaro L, Yerko V, Mahar I, Bureau A, Mechawar N, Szyf M, Meaney MJ und Turecki G (2012): Genome-wide epigenetic regulation by early-life trauma. Archives of General Psychiatry, Bd. 69, S. 722.

McGowan PO, Sasaki A, D'Alessio AC, Dymov S, Labonté B, Szyf M, Turecki G und Meaney MJ (2009): Epigenetic regulation of the glucocorticoid receptor in human brain associates with childhood abuse. Nature Neuroscience, Bd. 12, S. 342.

Nestler EJ (2012): Stress makes its molecular mark. Nature, Bd. 490, S. 171.

Phillips AC, Roseboom TJ, Carroll D und de Rooij SR (2012): Cardiovascular and cortisol reactions to acute psychological stress and adiposity: cross-sectional and prospective associations in the Dutch famine birth cohort study. Psychosomatic Medicine, Bd. 74, S. 699.

Rehan VK, Liu J, Naeem E, Tian J, Sakurai R, Kwong K, Akbari O und Torday JS (2012): Perinatal nicotine exposure induces asthma in second generation offspring. BMC Medicine, Bd. 10, S. 129.

Roseboom TJ, van der Meulen JH, Ravelli AC, Osmond C, Barker DJ und Bleker OP (2001): Effects of prenatal exposure to the Dutch famine on adult disease in later life: An overview. Molecular and Cellular Endocrinology, Bd. 185, S. 93.

Spork P (2010): Der zweite Code: Epigenetik oder: Wie wir unser Erbgut steuern können. Rowohlt-Verlag, Reinbek.

Spork P (2012): Schutz aus dem Erbgut. Süddeutsche Zeitung, 3. Dezember.

Sun H, Kennedy PJ und Nestler EJ (2013): Epigenetics of the depressed brain: Role of histone acetylation and methylation. Neuropsychopharmacology, Bd. 38, S. 124.

Weaver IC, Cervoni N, Champagne FA, D'Alessio AC, Sharma S, Seckl JR, Dymov S, Szyf M und Meaney MJ (2004): Epigenetic programming by maternal behavior. Nature Neuroscience, Bd. 7, S. 847.

Yehuda R, Bell A, Bierer LM und Schmeidler J (2008): Maternal, not paternal, PTSD is related to increased risk for PTSD in offspring of Holocaust survivors. Journal of Psychiatric Research, Bd. 42, S. 1104.

WIE MAN KINDER STARK MACHT

»Man soll seine Kinder nicht in Watte packen«

Kim-Cohen J und Turkewitz R (2012): Resilience and measured gene-environment interactions. Development und Psychopathology, Bd. 24, S. 1297.

Das Prinzip der Resilienz hält Einzug in die Bildungspläne der Kindergärten

Beelmann A, Jaursch S und Lösel F (2004): Ich kann Probleme lösen: Soziales Trainingsprogramm für Vorschulkinder. Universität Erlangen-Nürnberg: Institut für Psychologie.

Göppel R (2007): Lehrer, Schüler und Konflikte. Verlag Julius Klinkhardt, Bad Heilbrunn.

Kormann G (2007): Resilienz – Was Kinder stärkt und in ihrer Entwicklung unterstützt. In: Plieninger M und Schumacher E (Hrsg.): Auf den Anfang kommt es an – Bildung und Erziehung im Kindergarten und im Übergang zur Grundschule. Gmünder Hochschulreihe, Nr. 27, S. 37.

Lösel F und Bender D: Von generellen Schutzfaktoren zu spezifischen protektiven Prozessen: Konzeptuelle Grundlagen und Ergebnisse der Resilienzforschung. In: Opp G und Fingerle M (Hrsg.) (2007): Was Kinder stärkt. Erziehung zwischen Risiko und Resilienz. Ernst-Reinhardt-Verlag, München.

Lösel F, Beelmann A, Stemmler M und Jaursch S (2006): Prävention von Problemen des Sozialverhaltens im Vorschulalter: Evaluation des Eltern- und Kindertrainings EFFEKT. Zeitschrift für Klinische Psychologie und Psychotherapie, Bd. 35, S. 127.

Lösel F, Hacker S, Jaursch S, Runkel D, Stemmler M und Eichmann A (2006): Training im Problemlösen (TIP). Sozial-kognitives Kompetenztraining für Grundschulkinder. Universität Erlangen-Nürnberg, Institut für Psychologie.

Mayr T und Ulich M (2006): Basiskompetenzen von Kindern begleiten und unterstützen – der Beobachtungsbogen Perik. Kindergarten heute, Heft 6–7, S. 26.

Opp G und Fingerle M (Hrsg.) (2007): Was Kinder stärkt. Erziehung zwischen Risiko und Resilienz. Ernst-Reinhardt-Verlag, München.

Opp G und Teichmann J (Hrsg.) (2008): Positive Peerkultur: Best Practices in Deutschland. Verlag Julius Klinkhardt, Bad Heilbrunn.

Schick A und Cierpka M (2010): Förderung sozial-emotionaler Kompetenzen mit Faustlos: Konzeption und Evaluation der Faustlos-Curricula. Bildung und Erziehung, Bd. 63, S. 277.

Wie viel Mutti braucht das Kind?
Adi-Japha E und Klein PS (2009): Relations between parenting quality and cognitive performance of children experiencing varying amounts of childcare. Child Development, Bd. 80, S. 893.

Ahnert L (2010): Wieviel Mutter braucht ein Kind? Bindung – Bildung – Betreuung. Spektrum Akademischer Verlag, Heidelberg.

Ahnert L, Rickert H und Lamb ME (2000): Shared caregiving: Comparison between home and child care. Developmental Psychology, Bd. 36, S. 339.

Berndt C (2008): Der gebildete Säugling. Nie wieder lernen Menschen so viel wie in den ersten Jahren ihres Lebens. Kinder früh zu fördern, bringt der Gesellschaft mehr Gewinn als jede Eliteuniversität. SZ Wissen, 10. Mai.

Bredow R (2010): »Mütter, entspannt euch!« Die Entwicklungspsychologin Lieselotte Ahnert über emotionale Bedürfnisse von Kleinkindern, Anforderungen an die Eltern und die Fremdbetreuung bei Naturvölkern. Der Spiegel, 8. März.

Campbell FA, Ramey CT, Pungello EP, Sparling J und Miller-Johnson S (2002): Early childhood education: young adult outcomes from the Abecedarian project. Applied Developmental Science, Bd. 6, S. 42.

Fritschi T und Oesch T (2008): Volkswirtschaftlicher Nutzen von frühkindlicher Bildung in Deutschland. Eine ökonomische Bewertung langfristiger Bildungseffekte bei Krippenkindern. Bertelsmann Stiftung, Bielefeld.

Heckman J, Moon SH, Pinto R, Savelyev P und Yavitz A (2010): Analyzing social experiments as implemented: a reexamination of the evidence from the HighScope Perry Preschool Program. Forschungsinstitut zur Zukunft der Arbeit (IZA), DP Nr. 5095.

Huston AC und Rosenkrantz AS (2005): Mothers' time with infant and time in employment as predictors of motherchild relationships and children's early development. Child Development, Bd. 76, S. 467.

Jaursch S und Lösel F (2011): Mütterliche Berufstätigkeit und kindliches Sozialverhalten. Kindheit und Entwicklung, Bd. 20, S. 164.

Lucas-Thompson RG, Goldberg WA und Prause JA (2010): Maternal work early in the lives of children and its distal associations with achievement and behavior problems: A metaanalysis. Psychological Bulletin, Bd. 136, S. 915.

NICHD Early Child Care Research Network (1997): The effects of infant child care on infant-mother attachment security: Results of the NICHD study of early child care. Child Development, Bd. 68, S. 860.

NICHD Early Child Care Research Network (2000): The relation of child care to cognitive and language development. Child Development, Bd. 71, S. 960.

NICHD Early Child Care Research Network (2001): Nonmaternal care and family factors in early development: An overview of the NICHD Study of Early Child Care. Applied Developmental Psychology, Bd. 22, S. 457.

NICHD Early Child Care Research Network (2003): Does amount of time spent in child care predict socioemotional adjustment during the transition to kindergarten? Child Development, Bd. 74, S. 976.

NICHD Early Child Care Research Network (2005): Duration and developmental timing of poverty and children's cognitive and social development from birth through third grade. Child Development, Bd. 76, S. 795.

Ramey CT, Campbell FA, Burchinal M, Skinner ML, Gardner DM und Ramey SL (2000): Persistent effects of early intervention on high-risk children and their mothers. Applied Developmental Science, Bd. 4, S. 2.

Scherl H (2007): Für viele Kinder wäre es ein Segen, wenn sie betreut würden. Die Zeit, 14. Juni.

Scheuer J und Dittmann A (2007): Berufstätigkeit von Müttern bleibt kontrovers. Einstellungen zur Vereinbarkeit von Beruf und Familie in Deutschland und Europa. Informationsdienst Soziale Indikatoren, Bd. 38, S. 1.

LEHREN FÜR DEN ALLTAG

Menschen können sich ändern

Costa PT und McCrae RR (2006): Age changes in personality and their origins: comment on Roberts, Walton, and Viechtbauer. Psychological Bulletin, Bd. 132, S. 26.

Draganski B, Gaser C, Kempermann G, Kuhn HG, Winkler J, Büchel C und May A (2006): Temporal and spatial dynamics of brain structure changes during extensive learning. The Journal of Neuroscience, Bd. 26, S. 6314.

Rakic P (2002): Neurogenesis in adult primate neocortex: An evaluation of the evidence. Nature Reviews Neuroscience, Bd. 3, S. 65.

Ramsden S, Richardson FM, Josse G, Thomas MS, Ellis C, Shakeshaft C, Seghier ML und Price CJ (2011): Verbal and non-verbal intelligence changes in the teenage brain. Nature, Bd. 479, S. 113.

Roberts BW und DelVecchio WF (2000): The rank-order consistency of personality traits from childhood to old age: A quantitative review of longitudinal studies. Psychological Bulletin, Bd. 126, S. 3.

Srivastava S, John OP, Gosling SD und Potter J (2003): Development of personality in early and middle adulthood: Set like plaster or persistent change? Journal of Personality and Social Psychology, Bd. 84, S. 1041.

Die »Big Five«

Borkenau P und Ostendorf F (2008): NEO-Fünf-Faktoren-Inventar nach Costa und McCrae (NEO-FFI). Verlag Hogrefe, Göttingen. 2. Auflage.

Costa PT und McCrae RR (1992): Revised NEO Personality Inventory (NEO-PI-R) and NEO Five-Factor Inventory (NEO-FFI) manual. Psychological Assessment Resources, Odessa (Florida).

Resilienz entsteht meist früh – Wie man sie auch als Erwachsener noch lernen kann

American Psychological Association (2002): The Road to Resilience. In: http://www.apa.org/helpcenter/road-resilience.aspx.
This material originally appeared in English as »Ten Ways to build resilience« und »Staying flexible«. Copyright © 2002 by the American Psychological Association. Translated and Adapted with permission. The American Psychological Association is not responsible for the accuracy of this translation. This translation cannot be reproduced or distributed further without prior written permission from the APA.

Asendorpf JB und van Aken MA (1999): Resilient, overcontrolled, and undercontrolled personality prototypes in childhood: Replicability, predictive power, and the trait-type issue. Journal of Personality and Social Psychology, Bd. 77, S. 815.

Bonanno GA, Mancini AD, Horton JL, Powell TM, Leardmann CA, Boyko EJ, Wells TS, Hooper TI, Gackstetter GD und Smith TC (2012): Trajectories of trauma symptoms and resilience in deployed U.S. military service members: prospective cohort study. British Journal of Psychiatry, Bd. 200, S. 317.

Challen A, Noden P, West A und Machin S (2009): UK Resilience Programme Evaluation Interim Report. Department for Children, Schools and Families Research Report (DCSF-RR) Nr. 094.

Cornum R, Matthews MD und Seligman ME (2011): Comprehensive soldier fitness: building resilience in a challenging institutional context. The American Psychologist, Bd. 66, S. 4.

Eidelson R und Soldz S (2012): Does comprehensive soldier fitness work? CSF research fails the test. Coalition for an Ethical Psychology, working paper, Nr. 1, Mai 2012.

Eidelson R, Pilisuk M und Soldz S (2011): The dark side of comprehensive soldier fitness. American Psychologist, Bd. 66, S. 643.

Gander F, Proyer RT, Ruch W und Wyss T (2012): Strength-based positive interventions: Further evidence on their potential for enhancing well-being and alleviating depression. Journal of Happiness Studies.

Gillham JE, Jaycox LH, Reivich KJ, Seligman MEP und Silver T (1990): The Penn Resiliency Program. Unpublished manuscript, University of Pennsylvania, Philadelphia.

Gillham JE, Reivich KJ, Brunwasser SM, Freres DR, Chajon ND, Kash-Macdonald VM, Chaplin TM, Abenavoli RM, Matlin SL, Gallop RJ und Seligman ME (2012): Evaluation of a group cognitive-behavioral depression prevention program for young adolescents: a randomized effectiveness trial. Journal of Clinical Child and Adolescent Psychology, Bd. 41, S. 621.

Gillham JE, Reivich KJ, Freres DR, Chaplin TM, Shatté AJ, Samuels B, Elkon AG, Litzinger S, Lascher M, Gallop R und Seligman ME (2007): School-based prevention of depressive symptoms: A randomized controlled study of the effectiveness and specificity of the Penn Resiliency Program. Journal of Consulting and Clinical Psychology, Bd. 75, S. 9.

Hiroto DS und Seligman MEP (1975): Generality of learned helplessness in man. Journal of Personality and Social Psychology, Bd. 31, S. 311.

Lester PB, Harms PD, Herian MN, Krasikova DV, Beal, SJ (2011): The comprehensive soldier fitness program evaluation, Report #3: Longitudinal analysis of the impact of master resilience, Training on Self-Reported Resilience and Psychological Health Data.

McNally RJ (2012): Are we winning the war against posttraumatic stress disorder? Science, Bd. 336, S. 872.

Proyer RT, Ruch W und Buschor C (2012): Testing strengths-based interventions: A preliminary study on the effectiveness of a program targeting curiosity, gratitude, hope, humor, and zest for enhancing life satisfaction. Journal of Happiness Studies.

Reivich KJ, Seligman MEP und McBride S (2011): Master resilience training in the U.S. Army. American Psychologist, Bd. 66, S. 25.

Rendon J (2012): Post-traumatic stress's surprisingly positive flip side. New York Times, 22. März.

Ruch W und Proyer RT (2011): Positive Interventionen: Stärkenorientierte Ansätze. In: Frank R (Hrsg.): Therapieziel Wohlbefinden. Springer-Verlag, Berlin/Heidelberg, 2. Auflage.

Seligman ME (2012): Flourish – Wie Menschen aufblühen: Die Positive Psychologie des gelingenden Lebens. Kösel-Verlag, München.

Seligman ME, Steen TA, Park N und Peterson C (2005): Positive psychology progress: empirical validation of interventions. American Psychologist, Bd. 60, S. 410.

Gegen Stress geimpft

Gunnar MR, Frenn K, Wewerka SS und van Ryzin MJ (2009): Moderate versus severe early life stress: Associations with stress reactivity and regulation in 10–12-year-old children. Psychoneuroendocrinology, Bd. 34, S. 62.

Leppert K und Strauß B (2011): Die Rolle von Resilienz für die Bewältigung von Belastungen im Kontext von Altersübergängen. Zeitschrift für Gerontologie und Geriatrie, Bd. 44, S. 313.

Leppert K, Gunzelmann T, Schumacher J, Strauß B und Brähler E (2005): Resilienz als protektives Persönlichkeitsmerkmal im Alter. Psychotherapie, Psychosomatik, Medizinische Psychologie, Bd. 55, S. 365.

Mortimer J und Staff J (2004): Early work as a source of developmental discontinuity during the transition to adulthood. Development and Psychopathology, Bd. 16, S. 1047.

Parker KJ, Buckmaster CL, Schatzberg AF und Lyons DM (2004): Prospective investigation of stress inoculation in young monkeys. Archives of General Psychiatry, Bd. 61, S. 933.

Richter D und Kunzmann U (2011): Age differences in three facets of empathy: Performance-based evidence. Psychology and Aging, Bd. 26, S. 60.

Seery MD, Holman EA und Silver RC (2010): Whatever does not kill us: cumulative lifetime adversity, vulnerability, and resilience. Journal of Personality and Social Psychology, Bd. 99, S. 1025.

Staudinger UM und Baltes PB (1996): Weisheit als Gegenstand psychologischer Forschung. Psychologische Rundschau Bd. 47, S. 1.

Staudinger UM und Greve W (2007): Resilienz im Alter aus der Sicht der Lebensspannen-Psychologie. In: Opp G und Fingerle M (Hrsg.): Was Kinder stärkt. Erziehung zwischen Risiko und Resilienz. Ernst-Reinhardt-Verlag, München.

Weiss A, King JE, Inoue-Murayama M, Matsuzawa T und Oswald AJ (2012): Evidence for a midlife crisis in great apes consistent with the U-shape in human well-being. Proceedings of the National Academy of Sciences of the USA, Bd. 109, S. 19 949.

Wie man Stärke bewahrt

American Psychological Association: Road to resilience, staying flexible, Internet Psychology Help Center: http://www.apa.org/helpcenter/road-resilience.aspx.

Hepp U (2012): Trauma und Resilienz – Nicht jedes Trauma traumatisiert. In: Welter-Enderlin R und Hildenbrand B (Hrsg.) (2012): Resilienz – Gedeihen trotz widriger Umstände. Verlag Carl Auer, Heidelberg.

Schnyder U, Moergeli H, Klaghofer R, Sensky T und Buchi S (2003): Does patient cognition predict time off from work after life-threatening accidents? American Journal of Psychiatry, Bd. 160, S. 2025.

»Ich bin ja so im Stress!« – Der eigene Beitrag zur Verletzbarkeit

Kaluza G (2011): Stressbewältigung: Trainingsmanual zur psychologischen Gesundheitsförderung. Springer-Verlag, Heidelberg, 2. Auflage.

Kaluza G (2012): Gelassen und sicher im Stress: Das Stresskompetenzbuch. Stress erkennen, verstehen, bewältigen. Springer-Verlag, Heidelberg, 4. überarbeitete Auflage.

Was ist eigentlich wie stressig?

Holmes TH und Rahe RH (1967): The social readjustment rating scale. Journal of Psychosomatic Research, Bd. 11, S. 213.

Kleines Achtsamkeitstraining

Kabat-Zinn J (2011): Gesundheit durch Meditation: Das große Buch der Selbstheilung. Knaur Verlag, München.

Anleitung zum Abschalten

Merton RK (1949): Social theory and social structure. Free Press Publisher, New York.

Pascal B (1840): Gedanken über die Religion und einige andere Gegenstände. Verlag Wilhelm Besser, Berlin.

Schneider M (2006): Teflon, Post-it und Viagra. Große Entdeckungen durch kleine Zufälle. Verlag Wiley-VCH, Weinheim.

Schwenke P (2008): Niemand ist frei: Ein Gespräch mit dem Gehirnforscher Gerhard Roth über schwierige Entscheidungen, den freien Willen und warum Menschen ihr Verhalten nur schwer ändern können. Zeit Campus, 11. April.

Sonnentag S (2012): Psychological detachment from work during leisure time: the benefits of mentally disengaging from work. Current Directions in Psychological Science, Bd. 21, S. 114.

Stickgold R, Scott L, Rittenhouse C und Hobson JA (1999): Sleep-induced changes in associative memory. Journal of Cognitive Neuroscience, Bd. 11, S. 182.

Abkürzungsverzeichnis

5-HTT Der Serotonintransporter oder auch 5-Hydroxytryptamintransporter ermöglicht den Transport des Nervenbotenstoffs Serotonin im Gehirn. Serotonin wird auch Glückshormon genannt. Es vermittelt aber vor allem Zufriedenheit.

ADHS Aufmerksamkeits-Defizit-Hyperaktivitätssyndrom (= Zappelphilipp-Syndrom), eine Verhaltensstörung, die sich schon in der Kindheit äußern kann.

ALS2 Dieses Gen enthält den Bauplan für das Protein Alsin. Dieses spielt zum Beispiel eine Rolle bei der Amyotrophen Lateralsklerose, einer Krankheit, bei der die Nervenzellen zugrunde gehen, die für die Muskelbewegung zuständig sind. Das Gen scheint aber auch für die Veränderlichkeit des Gehirns mitverantwortlich zu sein.

APA American Psychological Association (= Amerikanische Gesellschaft für Psychologie)

BDNF Dieser Nervenwachstumsfaktor (engl. Brain-Derived Neurotrophic Factor) fördert das Wachstum neuer Nervenzellen und Synapsen und schützt aber auch bereits existierende Nervenzellen.

CHRM2 Einige Variationen dieses Gens für den muskarinischen Acetylcholinrezeptor (Cholinergic Receptor, muscarinic 2) scheinen für Erinnerungen und Gedächtnis bedeutsam zu sein. Bei manchen neuropsychiatrischen Störungen fehlt es an CHRM2. Zudem scheinen Varianten des Gens in schwierigen Familien das Risiko für Aggressivität, Regelübertritte und Alkoholismus zu erhöhen.

CRHR-1 Corticotropin-releasing Hormone Receptor-1, eine Andockstelle für Hormone

CRP	C-reaktives Protein, ein Entzündungsparameter, der auf ein höheres Schlaganfallrisiko und andere Herz-Kreislauf-Erkrankungen hinweist
CSF	Comprehensive Soldier Fitness, ein Trainingsprogramm
DGPPN	Deutsche Gesellschaft für Psychiatrie und Psychotherapie, Psychosomatik und Nervenheilkunde
DNA	Desoxyribonukleinsäure, das Erbgutmolekül
DRD4	Der Dopamin-Rezeptor D4 ist im Gehirn eine Andockstelle für den Botenstoff Dopamin. Er scheint Neugier zu vermitteln; Varianten von DRD4 gelten aber auch als Veranlagung für das Zappelphilipp-Syndrom ADHS.
EFFEKT	Entwicklungsförderung in Familien: Eltern und Kindertraining. Das von der Universität Erlangen-Nürnberg entwickelte Programm soll helfen, Resilienz zu entwickeln.
FK506	oder auch Tacrolimus ist ein natürliches Immunsuppressivum aus Bakterien.
FKBP5	FK506 binding protein 5, spielt als Bindungsstelle für FK506 eine Rolle bei der Immunregulierung.
fMRT	funktionelle Magnetresonanztomographie; bei diesem bildgebenden Verfahren können physiologische Abläufe in Echtzeit verfolgt werden.
ICD-10	Internationale statistische Klassifikation der Krankheiten und verwandter Gesundheitsprobleme, 10. Ausgabe
IKPL	Ich kann Probleme lösen: Ein Stärkentraining für Kindergartenkinder, das vom Institut für Psychologie der Universität Erlangen-Nürnberg entwickelt wurde.
IQ	Intelligenzquotient

MAO-A	Das Enzym Monoaminooxidase-A ist vor allem in Nervenzellen zu finden und wirkt am Abbau des Hirnbotenstoffs Serotonin mit, der auch Glückshormon genannt wird. Das Hormon vermittelt aber vor allem Zufriedenheit.
NEO-FFI	NEO-Fünf-Faktoren-Inventar, ein international gebräuchlicher Persönlichkeitstest
NICHD	National Institute of Child Health and Development
PERIK	Positive Entwicklung und Resilienz im Kindergartenalter: Ein Fragebogen, der vom Staatsinstitut für Frühpädagogik in München entwickelt wurde und in bayerischen Kindergärten verwendet wird.
PTBS	Posttraumatische Belastungsstörung
PTG	Posttraumatic Growth (engl.) = Posttraumatisches Wachstum
TIP	Training im Problemlösen: Ein Stärkentraining für Grundschulkinder, das vom Institut für Psychologie der Universität Erlangen-Nürnberg entwickelt wurde
WHO	Weltgesundheitsorganisation
WTCHP	World Trade Center Health Program

Personenregister

A

Ahnert, Lieselotte 173 f., 177, 179
Als, Heidelise 120
Alvaro, Celeste 99
Anderssen-Reuster, Ulrike 221 ff., 225
Angleitner, Alois 187
Antonovsky, Aaron 104 f.
Asendorpf, Jens 81, 85, 188, 206, 212

B

Bakermans-Kranenburg, Marian 142
Bamberger, Christoph 16
Bender, Doris 70, 165
Binder, Elisabeth 150 f., 155
Boehm, Julia 30
Bonanno, George 88, 95, 194, 198, 210
Borst, Ulrike 68
Bowler, Rosemarie 87
Boyce, Thomas 141 f.
Braun, Anna Katharina 126 f.
Brennan, Patricia 123
Bullinger, Monika 15

C

Calhoun, Lawrence 97 f., 100, 105
Canli, Turhan 137
Caspi, Avshalom 130 f., 133 ff.
Challen, Amy 199
Clinton, Bill 31, 63, 67
Costa, Paul 186, 188
Craig, Jeffrey 147

D

Daniel, Brigid 81
Davidson, Richard 129
DelVecchio, Wendy 188
Diamond, Jared 174
Draganski, Bogdan 187

E

Eid, Michael 19, 209
Eidelson, Roy 198
Esteller, Manel 146 f.

F

Fingerle, Michael 66 f., 79 f., 170, 209, 211 f.
Fox, Nathan 121
Frankl, Viktor 105

Fredrickson, Barbara 105
Freud, Sigmund 90f., 184
Freudenberger, Herbert 22

G

Galton, Sir Francis 137
Garmezy, Norman 85
Garssen, Bert 94
Gerstorf, Denis 19, 210
Gillham, Jane 199
Göppel, Rolf 170
Greve, Werner 187, 190
Grob, Alexander 178f.

H

Harlow, Harry 119
Heckman, James 177
Hegerl, Ulrich 27, 31
Heim, Christine 126
Heisenberg, Martin 75ff.
Hepp, Urs 212f.
Hildenbrand, Bruno 114, 211
Hiroto, Donald 195
Holland, Jimmie C. 100
Holmes, Thomas 219
Holsboer, Florian 154
Holtmann, Martin 108, 122, 127, 136
Hosser, Daniela 59

I/J

Ittel, Angela 107–111
Jacobi, Frank 28f.
Jaenisch, Rudolf 145
Jaursch, Stefanie 172f., 179

K

Kabat-Zinn, Jon 221, 223
Kaluza, Gert 214
Kampusch, Natascha 11, 59ff., 71
Kappauf, Herbert 92
Kendler, Kenneth 134
Kilpatrick, Dean 135
Kim-Cohen, Julia 137ff., 159, 204
Kirschbaum, Clemens 15
Klengel, Torsten 151
Koenen, Karestan 153
Kormann, Georg 170ff., 193
Kunzmann, Ute 210

L

Lamb, Michael 178f.
Landgraf, Rainer 143
Laucht, Manfred 109, 122, 127, 136
Lederbogen, Florian 20
Leppert, Karena 68f., 72f., 80, 89f., 95, 111f., 184, 192f., 213
Lesch, Klaus-Peter 131ff., 137, 143
Lester, Paul 198

Lösel, Friedrich 21, 67, 69 ff., 73 f., 78, 80, 82, 86, 108, 139 f., 159, 168 f., 173, 211 ff.
Lucas-Thompson, Rachel 172 f., 175
Luhmann, Maike 19, 209
Lyons, David 205

M

Maerker, Andreas 99–103, 105
Maier, Steven 76
Maier, Wolfgang 27
May, Arne 187
Mayr, Toni 165 ff.
McCrae, Robert 186, 188
McFarland, Cathy 99
Meaney, Michael 25 f., 129, 149 f.
Merton, Robert 228
Meyer-Lindenberg, Andreas 20
Mitte, Kristin 91 f.
Moffitt, Terrie 130 f., 133 ff.
Mortimer, Jeylan 204
Mund, Marcus 91 ff.

N

Nelson, Charles 121
Nestler, Eric 148 f., 155
Nietzsche, Friedrich 98

O

Obama, Barack 31, 78
Obradovic, Jelena 140 f.
Olshansky, Stuart Jay 31
Ostendorf, Fritz 187

P

Pascal, Blaise 229
Pauen, Sabina 176–179
Petermann, Franz 111
Pieper, Georg 94, 98
Pitman, Roger 129
Pollak, Seth 120
Price, Cathy 189

R

Rahe, Richard 219
Raine, Adrian 123
Rehan, Virender 153
Reivich, Karen 198
Richter, Horst-Eberhard 60
Roberts, Brent 188
Robinson, Gene 143
Roseboom, Tessa 152
Roth, Gerhard 228
Ruch, Willibald 200

S

Saffery, Richard 147
Schavan, Annette 28
Scheithauer, Herbert 107 f., 111

Scherl, Hermann 175
Schmidt, Stefan 222 ff.
Schnyder, Ulrich 213
Schumann, Monika 68, 79, 81, 166
Schwarzer, Ralf 81, 86 ff., 90, 104, 203
Seery, Mark 206
Seligman, Martin 76, 195–200
Selye, Hans 15
Sharot, Tali 93, 207
Soldz, Stephen 198
Sonnentag, Sabine 226
Spork, Peter 145
Staff, Jeremy 204
Stangl, Werner 32
Staudinger, Ursula 210 f.
Stickgold, Robert 227
Szyf, Moshe 149 f.

T

Tedeschi, Richard 97 f., 100, 105
Thorn, Petra 50
Torday, John 153
Tscharnezki, Olaf 24
Turecki, Gustavo 148

U/V

Uddin, Monica 153
Ulich, Michaela 165, 167
Van Ryzin, Mark 205 f.

W

Walsh, Froma 86
Weiss, Alexander 208
Welter-Enderlin, Rosmarie 86, 209
Werner, Emmy 65 ff., 86, 107, 133, 165, 185, 208
Wittchen, Hans-Ulrich 28 f.
Wustmann Seiler, Corina 72, 74, 78 f., 170 f.

Y/Z

Yehuda, Rachel 152 f.
Zeanah, Charles 121
Zierath, Juleen 146 f.
Zöllner, Tanja 95 f., 98–104, 106
Zulley, Jürgen 227

Sachregister

A

Abwehrmechanismus 92, 95
Achtsamkeit 17 f., 32, 221–225
ADHS 107, 122, 142 (siehe auch Abkürzungsverzeichnis)
Adrenalin 15, 90
Aggression, Aggressivität 71, 83, 107, 109 ff., 120, 122 f., 131, 140 f., 161, 170, 175, 211
Alkohol 28, 65, 70, 110 f., 117, 140
Amygdala 20, 136
Anforderungen 10, 13
Angst 20, 50, 54, 57, 88, 91 f., 94 f., 118, 122, 131 f., 137, 152, 173, 190, 206
Ängstlichkeit 16, 82, 90, 125, 127, 131, 148, 167, 170, 175, 199, 211
Angststörung 20, 23, 28, 121, 150, 155
Angstzentrum 20, 136
Anti-Stress-Training 16, 18, 155
Antriebslosigkeit 75 f.
Arbeitsbedingungen 25
Arbeitslosigkeit 13, 19, 134, 208
Arbeitsunfähigkeit 24
Asthma 91, 154
Ausdauer 79, 82 f.
Ausgeglichenheit 71, 83, 136
Auszeit *siehe auch* Pausen und Ruhephasen 10, 17, 24, 43 ff.
Autistische Störung 107
Autogenes Training 17
Autonomie 111
Autosuggestion 17

B

Begeisterungsfähigkeit 69, 186, 190
Belastbarkeit 114, 138, 216
Belastungen 9, 15, 17 f., 73 f., 81, 117, 126 f., 134, 141, 151, 167, 206, 226
Bewältigungsstrategien 11, 16 ff., 27, 36, 64, 72, 81, 101, 107, 111, 157, 171, 214, 221
Beziehung *siehe auch* Bindung 83
Bezugsperson 67 ff., 71, 83, 165, 167
Bielefelder Invulnerabilitätsstudie / Resilienzstudie 71, 78, 86
Big Five 186–190
Bindung *siehe auch* Beziehung 36, 61, 67, 163, 165, 177, 179, 192, 210
Blut(hoch)druck 15, 17, 20, 30 f., 90 ff., 132, 222
Burn-out 10, 13, 16, 22–27, 31, 45, 72, 138, 214, 216, 223
Bypass-Operation 88 f.

C

Comprehensive Soldier Fitness (CSF; siehe auch Abkürzungsverzeichnis) 194, 196 ff., 200
Cortisol *siehe auch* Stresshormon 20, 125, 149 ff., 153, 205 f.

D

Debriefing 94
Depression 10 f., 13, 16, 20, 23, 26–31, 76 f., 80, 88, 109 f., 114, 121 f., 129, 133 ff., 138, 140, 149–153, 173, 178, 196, 198 ff., 204, 223
Diabetes *siehe auch* Zuckerkrankheit 89, 152
DNA 133, 143–146, 148 f., 151 (siehe auch Abkürzungsverzeichnis)
Drogen 14, 26, 28, 70 f., 88, 111, 145 f., 151
Durchsetzungsvermögen 36 f., 71, 83

E

EFFEKT-Programm 168 (siehe auch Abkürzungsverzeichnis)
Ehrgeiz 18, 43
Energie 13, 15, 18, 39, 42 f., 71
Entspannung 17 f., 27, 216
Epigenetik 118, 143, 145, 147–155
Epistase 143
Erbanlagen 118, 130, 137 f., 143 f., 147 f., 154, 184
Erbgut 133, 143–149, 151, 153
Erholung 105, 127, 216, 226
Erkrankung, körperliche 29, 91, 114
Erkrankung, psychische 25, 27 ff., 65, 71, 73, 91, 132, 138
Ernährung 27, 30, 45, 118, 124, 145, 151
Erziehung 16, 66, 70, 74, 84, 118 f., 122, 124, 142, 157, 161 f., 164, 170, 174, 185
Essstörung 109, 223
Explorationsfreude 166
Extraversion 69, 139, 186, 190

F

Fatigue 89
Faulsein *siehe auch* Nichtstun 13, 182
Fehlzeiten am Arbeitsplatz *siehe auch* Krankmeldung und Krankschreibung 24
Flexibilität 29, 71 f., 82, 113, 115, 213
Frühverrentung 25
Frust, Frustration 10, 26, 37, 63, 75, 85
Frustresistenz 37
Frusttoleranz 71, 77, 83, 107

G

Geborgenheit 124
Gelassenheit 17, 209 ff.
Gene 118, 130 ff., 134–140, 142–145, 147–150, 154, 157, 184 ff.
Genetik 117, 130, 135
Gen-Umwelt-Interaktion 137 f., 143
Gesundheit, psychische 14, 19
Gesundheitsrisiko 13, 16
Gewalt 36, 63, 70 f., 98, 103, 117, 120, 122 f., 135 ff., 151, 211
Gewaltpräventions-Programm 168
»Gewaltspiralen-Gen« 135, 137, 140
Gewissenhaftigkeit 42, 69, 186, 190 f.
Glücksforschung 207
»Glücks-Gen« 134
»Glückshormon« *siehe* Serotonin
Großfamilie 9
Großstadt *siehe* Stadtleben
Gyrus cinguli 126

H

Hautleitfähigkeit 122 f.
»Herdprämie« 175
Herzfrequenz 90, 123
Herzinfarkt 27, 30 f., 152
Herz-Kreislauf-Erkrankungen 23, 91 f.
Hilflosigkeit, erlernte 76 f., 83, 195
Hippocampus 129, 136, 148
Hobbys 13, 31, 74, 83
Höchstleistung 15, 20, 22, 125
Holmes-und-Rahe-Stress-Skala 219
Humor 63, 73, 82, 201
Hybris 80

I

IKPL-Kurs 168 (siehe auch Abkürzungsverzeichnis)
Immunität 86, 131
Immunsystem 44, 120
Impulsivität 71, 83
Intelligenz 36, 63, 73, 83, 122, 176, 184, 189
Intelligenzquotient, IQ 189

K

Kauai-Studie 67, 165
Kernspintomographie *siehe auch* Magnetresonanztomographie 20, 38, 93, 197
Knochenschwund 30
Kompetenz, soziale 110, 141 f., 167 f.
Krankmeldung 10, 24 f.
Krankschreibung 22, 25, 29, 54
Kreativität 18, 29, 226
Krebs 89, 91 f., 100, 103, 152
Krippenkinder 172 f., 175–178

L

Langeweile 13
Lebenserwartung 28
Lebensfreude 39, 41, 200, 210
Lebensqualität 89
Leistungsdruck 22 f.
Leistungsfähigkeit 13, 210, 229
Leistungsgesellschaft 13
Leistungsspirale 9
Löwenzahn-Kinder 142, 155

M

Magnetresonanztomographie *siehe auch* Kernspintomographie 128, 136, 189
Meditation 17, 96, 222 ff.
Midlife-Crisis 207 f.
Migräne 28, 132

N

Narzissmus 80
NEO-FFI-Test 186
Netzwerk, soziales 63, 88, 94, 135, 201, 210
Neurobiologie 117, 124
Neurotizismus 132, 186, 188, 190
Neurotransmitter 131 f.
NICHD-Studie 178 (siehe auch Abkürzungsverzeichnis)
Nichtstun *siehe auch* Faulsein 217, 226, 228
Nikotin *siehe* Rauchen

O

Offenheit 37, 63, 68, 72, 103, 139, 167, 185 f., 188 f., 191
Optimismus 63, 73, 82 f., 90, 93, 100, 105, 190, 195 ff., 199, 201 f.
Orchideen-Kinder 142, 155

P/Q

Panikattacken 11, 28
Pausen *siehe auch* Auszeit und Ruhephasen 24, 227
Peerkultur 170
Perik-Beobachtungsbogen 165 ff. (siehe auch Abkürzungsverzeichnis)
Persönlichkeitstest 185 f.
Positive Psychologie 11, 195
Posttraumatische Belastungsstörung (PTBS) 56, 87 f., 101 ff., 104, 135, 152 ff., 194, 196, 198, 206
Posttraumatisches Wachstum (PTG) 97, 99–102, 105 f.
Präfrontaler Cortex 128 f.
Prävention, psychische 24, 223
Prioritäten 21, 97, 218
Progressive Muskelentspannung 17
Prophezeiung, sich selbst erfüllende 82
Psychosomatik 23, 25, 28 f.
PTBS *siehe* Posttraumatische Belastungsstörung
PTG *siehe* Posttraumatisches Wachstum

Pubertät 108 f., 111, 163 f., 181, 189
Qigong 17

R

Rauchen 30 f., 146, 154
Reaktion, Reaktionsmuster 15 f., 44, 48, 50, 67, 71, 83, 88 f., 92, 102, 108, 111, 113, 120, 122, 127, 129, 133, 138, 141, 161, 178, 199, 206
Reizüberflutung 20
Religiosität 83
Represser 92 f., 95 f.
»Resilienz-Gen« 132 ff., 140
Rheuma 90
Road to Resilience (Zehn-Punkte-Plan) 201
Rosa-Brille-Effekt 93
Rückenschmerzen 23, 25
Ruhephasen *siehe auch* Auszeit und Pausen 18, 45

S

Salutogenese 104
Scheidung 73, 163, 182, 190, 209
Schicksalsschlag 10 f., 13, 35 f., 39, 48, 63, 71, 85, 87, 101, 113, 134, 207
Schizophrenie 20, 137
Schlaf(störung) 26, 28, 227
Schlaganfall 30, 57
Schreckreflex 127 f.

Schutzmechanismus 95
Selbstbewusstsein 11, 14, 36, 59, 66, 79 f., 83, 85, 157, 160, 170
Selbstheilungskräfte 94
Selbstvertrauen 72, 79, 161, 168, 171
Selbstwertgefühl 19, 80, 82, 170
Selbstwirksamkeitserwartung 78 f., 81 ff., 88 ff., 163, 168, 203
Serotonin 131 f., 135
Serotonintransporter 131–136, 140, 153
Spiritualität 72, 83, 102, 203, 211
Sport 27, 30, 45
Stadtleben 19 f.
Stress 13, 15–20, 25, 27, 30 ff., 81, 108, 122–127, 129, 132, 136 f., 141, 145, 148, 151, 159, 167 f., 171, 182, 198, 204, 215–218, 221, 223
Stresshormon *siehe auch* Cortisol 20, 125 f., 141, 149 ff., 205
Stressimpfung 204 f., 207, 214
Stresskompetenz 16, 217
Stressmanagement 114, 214
Stressoren 138, 217
Stressreport 2012 23
Stressresistenz 127, 134
Stresstest 32 ff., 141
Suizid, suizidale Gedanken 88, 133, 150, 198
Synapse 127, 186

T

Taijiquan 17
Temperament 68 f., 71, 82, 122, 139, 184, 192
Tinnitus 23
TIP 169 (siehe auch Abkürzungsverzeichnis)
Trauer 10, 13, 37, 39 f., 54, 61, 71, 85, 88, 91 f., 95, 190
Trauma 65, 73, 87, 94 f., 97, 101–104, 106, 126, 129, 135, 148–152, 154, 162, 194
Traurigkeit 16, 84, 96, 110, 132
»Trübsinns-Gen« 134, 136 f., 140

U

Überbehütung 157, 159, 177
Überforderung 23, 26 f., 111
Übergewicht 31
Umfeld, soziales 16, 31, 36, 64, 69, 71, 74, 103, 121 f., 140
Umwelt(faktoren) 10, 63, 111, 119 f., 133, 137–142, 147, 150 f., 155, 182, 186, 188, 193
Unverletzbarkeit, Unverwundbarkeit 85 f.

V

Verantwortung 72, 74, 79, 104, 154, 157, 160, 171, 191
Verdrängung 91, 93 f., 104

Vergewaltigung 73, 95, 97
Verletzlichkeit 85, 111, 118, 129, 133, 136, 162 f.
Verträglichkeit 69, 186, 191
Verwundbarkeit (Vulnerabilität) 71, 86, 103, 108 f., 140, 211

W

Wahlmöglichkeit 20 f., 75
Wahnvorstellung 11
Wechseljahre 110
Weltsicht, positive 72, 195, 197
Whitehall-Studien 31
Wut 54, 71

Y/Z

Yoga 17
Zappelphilipp-Syndrom 142, 178
Zuckerkrankheit *siehe auch* Diabetes 30, 89 ff.
Zürcher Stärken-Programm 200
Zufriedenheit 17, 21, 31, 57, 67, 82 f., 98, 106, 108, 190, 206, 210, 215, 226
Zufriedenheitshormon *siehe auch* Serotonin 131 f.
Zuwendung 68, 120 f., 129, 161
Zwillinge 129, 134, 137 ff., 146 ff.

Dr. Christina Berndt beschäftigt sich bei der *Süddeutschen Zeitung* mit dem Themenbereich Medizin und Lebenswissenschaften. 1988 begann sie ihr Studium der Biochemie mit dem Ziel, Wissenschaftsjournalistin zu werden. Mit einem Stipendium der Studienstiftung des deutschen Volkes studierte sie in Hannover und an der Universität Witten/Herdecke. Im Anschluss daran arbeitete sie zunächst wissenschaftlich – während ihrer Doktorarbeit am Deutschen Krebsforschungszentrum in Heidelberg, für die sie mit dem Promotionspreis der Deutschen Gesellschaft für Immunologie ausgezeichnet wurde. Schon während ihrer Promotion schrieb sie für die *Rhein-Neckar-Zeitung* über Medizin und Forschung. Seit März 2000 gehört sie zur Redaktion der *Süddeutschen Zeitung*. Im Jahr 2006 erhielt sie den European Science Writers Award und im Jahr 2013 den Wächterpreis der Tagespresse für ihre Enthüllungen der Transplantationsskandale. Zudem wurde sie für den Henri-Nannen-Preis 2013 in der Kategorie Investigation nominiert und unter die Top 3 der Wissenschaftsjournalisten des Jahres 2013 gewählt. 2014 schaffte sie es auf die Shortlist des Georg-von-Holtzbrinck-Preises für Wissenschaftsjournalismus in der Kategorie Print. Ihr Bestseller *Resilienz – Das Geheimnis der psychischen Widerstandskraft* wurde in 11 Sprachen übersetzt. Das Buch wurde von *Bild der Wissenschaft* für die Wissensbücher des Jahres 2014 nominiert.

»DIESE BÜCHER WERDEN IHR DENKEN VERÄNDERN.«

Prof. Dan Goldstein,
London Business School

ALLE LIEFERBAREN TITEL, INFORMATIONEN UND SPECIALS FINDEN SIE ONLINE

www.dtv.de dtv

DIE MACHT DER EMOTIONEN

ALLE LIEFERBAREN TITEL, INFORMATIONEN UND SPECIALS FINDEN SIE ONLINE

www.dtv.de dtv